中国近代法政文献资料丛编

郭云观论学集

郭云观 著

姜增 编

商务印书馆

2017 年度部级法学研究课题"建国前后法学教育转型研究：
以上海为视角"（CLS2017D22）；
上海哲学社会科学规划青年课题"继承与超越：新时代'海派'
法学教育模式探究"（2018EFX012）

郭云观（1889—1961）

Who's Who in China, 1925, p. 440

郭云观先生蒙难时期留影

郭云观:《法学丛论》，张祜辑录，出版社
不详 1948 年版

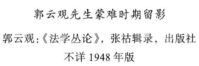

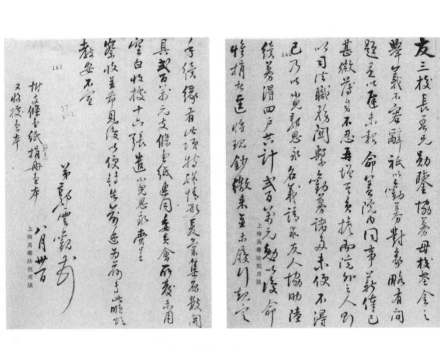

郭云观手迹

徐忠主编：《复旦大学档案馆馆藏名人手札选·续集》，

复旦大学出版社 2005 年版，第 23—24 页

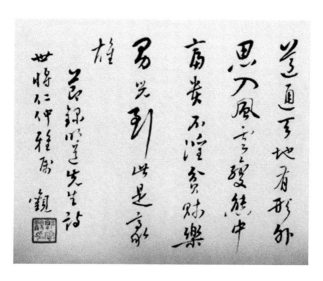

郭云观先生为著名翻译家主万题写的宋儒程明道七律《偶成》的下半段

尤俊意:《我所知道的郭云观先生》,上海《文汇报》2016年7月6日,第12版

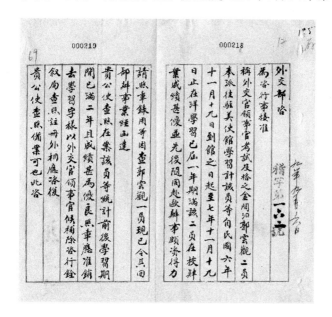

准称金问泗郭云观二员成绩优良办事得力请录用事咨查由

台北"中央研究院"近代史研究所藏,典藏号:03-12-017-07-012

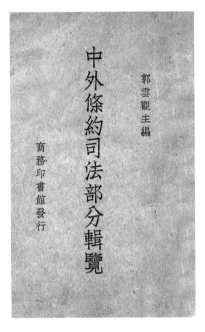

中外條約司法部分輯覽

郭雲觀主編

商務印書館發行

《中外条约司法部分辑览》书影   《法学丛论》书影

编者前言

  一个半世纪以前，中国社会开始了深刻的变化，无数仁人志士先后掀起了向西方学器物、制度、文化以救亡图存的热潮。在向西方学习的浪潮中，上海交通大学的前身——南洋公学应运而生。鉴于当时中国学界对中外交涉的法政之学知之甚少，南洋公学在初创时期便将为近代中国培养高端法政人才及创立近代法政之学作为办学宗旨，故南洋公学之创建者、领导者、任教者以及受教育于其中者，均在中国近代法政史中扮演了极为重要的角色，取得了举世瞩目的成就，也成为今天正在步入世界一流大学的上海交通大学的历史荣光。

  这套《中国近代法政文献资料丛编》即以与南洋公学有学缘关系的著名法政学者的理论著述为基础，兼及同时期与其相关的法政学者论著，期待以此反映这一时期中国法政人筚路蓝缕的学术探索和思想成就。之所以选取近代，尤其是从晚清至1947年，是因为晚近中国是从晚清新政才真正开始了从王朝政治向现代国家的转变。时至今日，当我们站在21世纪的国内与国际的经纬线上回首这段历史，就会发现这个历史的轨迹是如此深刻、厚重和惊心动魄，即便是这套五十卷集的《中国近代法政文献资料丛编》，也不过是一个微小的例证，难以囊括其万一。

  优先选择法律与政治资料为编撰内容，尤其是以著名法政人物的言论作为中国近代国家建设的一个主题，主要是基于两个方面的考虑：其一，目前学术界关于中国近代社会制度变迁方面的资料编辑工作，如近代经济、外交、军事、科技、教育、思想等方面的汇编与梳理工作，已经或多或少地有人做过，但聚焦于国家建设尤其是法政方面的资料汇编却是一个薄弱地带。其二，本丛编收录的近代中国法政人物，依据的是一个社会政治史的标准，不仅包括思想界和政治界的精英，而且囊括了法律、经贸、外交、军事等各界专才。他们的言论深刻地影响着近代中国的社会制度与政治的兴建。

经过数年的准备与努力，这套《中国近代法政文献资料丛编》陆续编撰完成，第一辑即将付梓。在此首先要感谢参与此项工作的近五十位青年学子，他们甘于清贫，奉献于这项辛苦的文献整理和编撰事业；其次，要感谢企业界的朋友们，没有他们的慷慨资助，这项工程根本无法展开，他们的默默资助，使我们深刻感受到中国民间的公益之道；再次，还要感谢上海交通大学和凯原法学院，他们的支持也使得这项工程实至名归，南洋公学的法政传统传续有成；最后，还要感谢商务印书馆的支持，一个多世纪前，张元济主持南洋公学，因图书印刷结缘商务印书馆，此次丛编由商务印书馆出版，可谓赓续前缘。

上海交通大学凯原法学院
宪法与国家治理研究中心

凡　例

一、《中国近代法政文献资料丛编》收录近代法政学人所著，成就斐然、泽被学林的法政作品。入选作品以名作为主，或选录名篇合集。

二、入选作品正文之前加专家导读，意在介绍作者学术成就、选文背景、学术价值及版本流变等情况。

三、入选作品率以原刊或作者修订、校阅本为底本，参校他本，正其讹误。前人引书，时有省略更改，倘不失原意，则不以原书文字改动引文；如确需校改，则出脚注说明版本依据，以"编者注"或"校者注"形式说明。

四、作者自有其文字风格，各时代均有其语言习惯，可不按现行用法、写法及表现手法改动原文；原书专名（人名、地名、术语）及译名与今不统一者，亦不作改动。如确系作者笔误、排印舛误、数据计算与外文拼写错误等，则予径改。

五、原书多为直排繁体，均改作横排简体。原书无标点或仅有简单断句者，增加新式标点；专名号从略。

六、原书篇后注原则上移作脚注，双行夹注改为单行夹注。文献著录则从其原貌，稍加统一。

七、原书因年代久远而字迹模糊或纸页残缺者，据所缺字数用"□"表示；字数难以确定者，则用"（下缺）"表示。

目　　录

人生感怀

横跨东西方：英文及译文作品

"富贵不淫贫贱乐，男儿到此是豪雄"

——郭云观的法律生涯与中国司法近代化

姜　增

郭云观，近代旅沪浙籍司法官的杰出代表，其长期任职于上海法院，担任院长一职，曾任职上海第一特区地方法院院长、上海高等法院院长，前后将近有 13 年之久。作为一院之长，其对近代，尤其是民国时期上海的司法影响巨大。且由于上海在近代中国历史上的重要地位，他的影响通过上海一地亦及于整个近代中国。对郭云观文章著述的收集及对其司法理念的探究，不仅能够明晰浙籍法界先贤丰功伟绩，以启后人无限瞻思，更重要的是，此种探究能在人物的视角观照下，呈现出一种更鲜活生动的样本，这对概观近代上海乃至近代中国的司法运行实态、面对的挑战以及时人的因应等都是大有裨益的。

一、跌宕起伏、为国司法的一生

郭云观，字闵畴，1889 年出生于浙江玉环县坎门镇（现玉环市坎门街道），1961 年病逝于上海，享年 73 岁。[①]从其自填的履历表，我们可以窥见其丰富辉煌的人生历程。1915 年毕业于国立北洋大学法律系，1916 年外交官考试最优等及第，1917 年在奉令派驻美使馆期间，入纽约哥伦比亚大学研究院修毕法学课程（未获得学位），1935 年被复旦大学校董会授予名誉法学博士学位。其先后任职巴黎和会中国代表团秘书、伦敦修订联合国宪章会议中国代表团秘书、瑞士国际联合会中国代表团专门委员、华盛顿会议中国代表团秘书股长、北京大理院推事、燕京大学法律系主任教授兼代理副校长、司法行政部参事、上海第一特区地方法院院长（兼代江苏高等法院第二分院院长）、上海高等法院院长、国际调解委员会委员等职。[②]

综其一生，以空间划之，其在老家玉环县坎门镇出生，接受启蒙教育，求学沪上，继而北上天津攻读法科，毕业后便工作于北京，后又南下上海，从此之后，除抗日期间在宁波避难两年之外，郭氏都一直工作生活于上海。以时间分之，于他而言，大致有几个关键时间点：1905 年（废除科举），1915 年（毕业于国立北洋大学法律系），1932 年（调任上海第一特区地方法院院长），1949 年（坚拒去台或赴美，留守上海）。[③]现综合郭云观一生当中的时间与空间脉络，将其一生作如下分述。

（一）末代秀才，新式学生

郭云观出生的年代，正是中国历史上"千年未有之大变局"的时

---

① 参见郭思永：《郭云观先生年谱》，载玉环县政协文史资料研究委员会编：《玉环文史资料》选辑，1989 年，第 14—19 页。
② 参见上海市档案馆藏：《上海高等法院关于瑞士国政府聘上海高等法院郭云观院长为调解委员会委员卷》，档案号：Q187-1-12，第 4—5 张。
③ 参见建宇：《郭云观传略》，载玉环县政协文史资料研究委员会编：《玉环文史资料》第 2 辑，1986 年，第 12—16 页。

代，在其出生后的第六年（1894 年）发生了著名的甲午战争，其结果深深地刺痛了国人的民族神经。1905 年，又发生了两件大事：其一为日俄战争，日本以立宪小国战胜了俄国这样的专制大国，这从客观上刺激了晚清的立宪活动；其二，对于年轻的郭云观来说也是事关切身利益的事件，便是在是年 9 月份，科举制度被废除。这一举措对士子的冲击不可谓不大。而郭云观于是年科举废除之前，还参加了科考，并名列前茅。废除科举后，其遂成为末代秀才（光绪三十一年乙巳科）。与当时的其他士子一样，进入新式学堂成为他们继续学习深造的主要路径。郭氏这个末代秀才摇身一变，一步步向新式法科学生迈进。废除科举后的次年（1906 年），他来到了上海，考入上海中等商业学堂，后又转入吴淞复旦公学肄业，1910 年复旦公学改名为复旦大学，郭于是年以最优等成绩毕业。1911 年，他考入天津国立北洋大学法律系，并在此学习了四年，于 1915 年毕业，获得法学学士学位，成为一名法科毕业生。值得一提的是，其毕业论文题目为《法官采证准绳》，这也预示了其与司法事业的最初勾连。后 1917 年在奉命驻美使馆期间，郭云观入哥伦比亚大学法学研究院，专攻国际法及外交学，并修毕相应课程，但未取得学位。1935 年在任职上海第一特区地方法院院长期间，他被母校复旦大学校董会授予名誉法学博士学位。可见，郭云观的学习履历展示了一位旧式士子向新式学生转变的历程，可谓是那一时代读书人的一个缩影。

（二）外交新秀，任教京城

从北洋大学毕业后，1916 年郭云观参加了第一届外交官领事官考试，并以最优等及第，入外交部秘书处实习，开启其报效国家的人生旅程。作为一名外交官，其亲身经历了中国近代史上的诸多大事件，比如作为王正廷的专使秘书参加巴黎和会，作为中国代表团秘书处股长参加华盛顿会议等。由于在外交部的优异表现，其在严苛的外交官领事官考核制度之中，顺利摘除"学习"字样，而直接被授以外交官领事官候补的职位：

> 称外交官领事官考试及格之金问泗郭云观二员，奉派往驻美使馆学习。计该员等自民国六年十一月十九日到馆之日起，至七年十一月十九日止，在洋学习已届一年期满。该二员在校肄业成绩甚优，并先后随同赴欧办事颇资得力，请照章录用等因。查郭云观一员现已令其回部办事，业经函达贵公使查照在案。该员等统计前后学习期间已满二年且成绩甚为优良，照章应准销去学习字样，以外交官领事官候补。①

在京期间，郭云观除担任外交职位外，还在各法律院校开班授课。1930 年，可谓是他教育生涯的一个高峰。该年之前，其已经在燕京大学政治系任教多年，并在清华大学兼课。这年秋天，燕大开设了法律学系，郭被聘任为系主任，后又短暂地担任了燕大代理校长。作为教师的他，其教学水平也深受肯定。曾求教于燕大，受教于郭云观的沈膺便对他的老师赞赏有加：

> 郭闳畤：法律系主任教授，平易近人，福建世家，对民法、刑法、国际公法、国际私法诸门课研究精深。讲每门课皆集中要

---

① 台北"中央研究院"近代史研究所藏：《准称金问泗郭云观二员成绩优良办事得力请录用事咨查由》，典藏号：03-12-017-07-012。

点，轻松而易解，由浅入深，使学生不难解。自大二起每年皆选修他的课程。①

李祖荫亦对他的这位老师不吝赞美之词：

郭云观，号闵畴，浙江玉环人。曾任北洋政府大理院民庭推事，朝阳大学兼任教授，教过我班的英文民法，循循善诱，引人入兴。②

此外，在京时期，他还担任过大理院推事以及司法行政部参事，工作亦颇为得力。从其毕业至1932年间，他在北京的工作，无论是外交，还是司法，抑或是教学，都是比较成功的。他的这些早期工作履历为他今后事业上的成功奠定了基础。一方面，他的这些经历开拓了其国际化的视野，锻炼了他的外语与外交能力；另一方面，也正是他在学与仕方面的优异表现，让他获得了出任上海第一特区地方法院院长的机会。从此，他便与上海司法界结缘，与其浮沉与共，谱写了一首一人、一院、一城的世纪恋歌。

（三）执掌沪院，为国司法

近代上海，作为"现代中国一把钥匙"③，其影响力冠绝近代中

① 沈膂：《闲话燕大老师》，载钟叔河、朱纯编：《过去的大学》，同心出版社2011年版，第200页。
② 李祖荫：《燕京大学素描》，载全国政协文史资料委员会编：《文史资料存稿选编（教育）》，中国文史出版社2002年版，第257页。
③ 〔美〕罗兹·墨菲：《上海——现代中国的钥匙》，上海社会科学院历史研究所译，上海人民出版社1986年版。

国，这种影响亦涵盖近代司法领域。因为租界的存在，上海在管辖空间、行政管理领域等方面被人为进行了复杂的切割。具体到法权领域的表现是，作为近代中国法权遭受侵蚀的载体，上海的司法机关类型复杂，法权归属不一。^①国人为此展开了艰辛的收复工作，希冀能早日实现法权的独立完整。江苏上海第一、第二特区地方法院，江苏高等法院第二、第三分院的设立，便是时人奋斗所取得的阶段性成果。在列强环伺的上海，他们手握领事裁判权，为保持这样的成果，并在此基础上进一步完全收回领事裁判权，这些机构的长官人选便显得特别重要。他们不仅须有精深的法律知识，不止对国内法还要对国际公法与私法要有相当的了解；而且还需具备良好的外语能力，甚至于一定的外交手腕。从郭云观的过往履历来看，显然他是一个理想的院长人选。1932年年底，郭调任上海第一特区地方法院院长，在1941年3月高二分院院长徐维震被绑架以后，他又短暂地兼任高二分院院长。1941年12月以后，为保持自己的民族气节，他不甘为汪伪政权效力，开始了近4年的逃难生涯。^②在抗战胜利后的1945年8月，郭氏又执掌上海高等法院院长，直到1949年5月份。其前后任职上海法院将近有13年之久。

（四）坚留上海，另谋他业

1949年5月28日，解放军进入上海，从而结束了国民党政权对上海的统治。共产党政权对国民党政权下的种种制度进行了批判甚至

---

① 近代上海司法机构的演变情形，可参见滕一龙主编：《上海审判志》，上海社会科学院出版社2003年版。亦可参见汪楫宝：《民国司法志》，商务印书馆2013年版。
② 参见郭思永：《郭云观先生年谱》，第17—18页。

否定，司法制度亦在其列。司法人员自然也没有逃脱被改造的命运。从组织上来看，当时大批的旧司法人员被清除出司法机构，而被迫去从事法律之外的工作。郭云观本在 1949 年有多重机会赴台或赴美，但他都毅然拒绝了，而选择坚守上海。在共产党政权之下，他并未能继续担任上海高等法院院长。1950 年，他开始担任东吴大学法律研究所法学教授，在院系调整后，因病退职在家，后以教授英文谋生。1949 年后，他曾有多次机会任职上海市文史馆，但因多方原因，最终未果。①

可见，郭云观的一生，是丰富多彩、跌宕起伏的一生，他的整个人生就像是近代中国特别是民国的一幅微缩画卷。

二、郭云观法学论著略述

郭云观为 1947 年中央研究院院士候选人之一。人文组中"法律学"候选人除了郭云观外，还有燕树棠、李浩培、吴经熊、王宠惠和王世杰。"政治学"候选人有周鲠生、萧公权、钱端升、张奚若和张忠绂。其他法政候选人，他们在近代时期写就的文字，大都在 1949 年后为中国大陆和台湾地区的学人所整理，焕然一新又出现在市面上，丰富了新时期法律界的学术花园。后进也可较为顺利地获得此类作品，一睹这些民国法学先贤的风采。令人遗憾的是，同是候选人的郭云观，他的文字却一直散落在历史的尘埃之中，摇曳着熠熠星光，

---

① 参见陈夏红:《为学当如严景耀——严景耀和他的犯罪学世界》，载陈夏红:《风骨：新旧时代的政法学人》，法律出版社 2016 年版，第 142 页。

至今无人去拾掇整理。①

　　除了其作为院士候选人与权力具有勾连性质之外，更重要的是，他的作品与近代司法界的主题——收回领事裁判权息息相关。据金问泗忆及，在 1918 年年底，郭与其同为驻美公使顾维钧召集会面，拟为即将举行的巴黎和会搜集资料，以利中国之提案。有两问题由二人挑选：（一）废除领事裁判权，（二）恢复关税自主权。郭选择了前者。②此后数十年，贯穿于郭云观生命历程的，便是这收回领事裁判权的司法报国之志，他也留下了有关近代司法的诸多篇章。郭云观的生命历程，经历了清末与民国，他所写就的关于司法的文章，从时间跨度上来讲，基本上涵盖了民国时期。拼接郭氏近代各个时期的法律文字，基本上可以呈现近代以来法律界为司法主权而奋斗的图景。且郭氏从 20 世纪 30 年代开始，基本上任职于上海司法界，他的文字兼具理论深度与实务价值。

---

① "法律学"与"政治学"共 11 位候选人，仅郭云观的文字未在当下被整编出版过。其余 10 位候选人被整理出版过的作品，参见张忠绂：《中华民国外交史》，台北正中书局 1959 年版；王宠惠：《五权宪法研究》，帕米尔书店 1953 年版；王宠惠：《王宠惠先生文集》，台北国民党"中央委员会"党史委员会 1981 年版；张奚若：《张奚若文集》，清华大学出版社 1989 年版；吴经熊、黄公觉：《中国制宪史》，上海书店 1992 年版；萧公权：《中国政治思想史》，台北"中国文化大学"出版部 1993 年版；周鲠生：《国际法大纲》，中国方正出版社 2004 年版；燕树棠：《公道、自由和法》，清华大学出版社 2005 年版；吴经熊：《法律哲学研究》，清华大学出版社 2005 年版；萧公权：《宪政与民主》，清华大学出版社 2006 年版；王宠惠：《中华民国刑法》，中国方正出版社 2006 年版；李浩培：《李浩培法学文集》，法律出版社 2006 年版；周鲠生：《近代欧洲外交史》，武汉大学出版社 2007 年版；王宠惠：《王宠惠法学文集》，法律出版社 2008 年版；王世杰、钱端升：《比较宪法》，商务印书馆 2010 年版；萧公权：《中国政治思想史》，商务印书馆 2011 年版；王世杰：《王世杰日记》，台北"中央研究院"近代史研究所 2012 年版；吴经熊：《吴经熊法学文选》，中国政法大学出版社 2012 年版；张忠绂：《中华民国外交史》，华文出版社 2012 年版；钱端升：《钱端升全集》，中国政法大学出版社 2017 年版；等等。

② 参见金问泗：《从巴黎和会到国联》，传记文学出版社 1967 年版，第 2 页。

郭云观，不仅仅是一个拥有新式知识的法律人，本质上，他是一个有着传统修为的知识分子。他有自己的喜怒哀乐、悲欢离合。在近代的大变局中，他的个人境遇增添了些许的时代苍凉，展示了他在社会与政治变迁中的感触与心怀。他的这种感怀，特别是 1941 年日军全面攻占上海法院前后，在事关走与留、生与死的问题上，有集中的流露。最终，他既顾全了气节，又没有因此而轻易求死。在惊恐不定中，保存心中求生的火种，谱就了一首法律人的时代挽歌。本文集第二编的文字为郭氏在法律之外的文字，它们是一位法律人的良知与心怀的展现，提供了后人探索先贤更多的视窗。总之，整理出版郭云观的文字，有其价值所在。

本文集当中的篇章，主要来源之一为《法学丛论》，其共出过两版，1938 年初版，1948 年增订版，皆由其门人张祜整理辑录。因 1948 年版基本囊括了 1938 年版的所有内容，[①] 且有若干新的篇什，本文集收录的文章主要是参照 1948 年版。《法学丛论》里所收集的郭云观的文章不仅有郭氏关于中国近代司法的文章，也有其在法学之外的篇什文章。尤其是《法学丛论》后附有《国难文录》之部分，记载了郭云观自 1937 年 8 月至 1941 年 12 月 8 日日军占领上海第一特区法院期间的言行与心理活动，可谓是一部能集中展现郭云观传统士大夫与近代法律学者气质的集大成著作，也是为数不多的记载上海孤岛时期司法界状况的史料。

作为本文集主要来源的《中外条约司法部分辑览》一书，是由郭云观主编而成。该书极大迎合了其所在的上海第二特区地方法院办理涉外案件的需要。后因"各法院行政官署学校私人函索参考者日多，

---

① 《隋高祖设登闻鼓说》《修辞立诚论》两篇文章只辑录于 1938 年版本。

油印本旋即告罄。遂稍为增订，交书坊印行"①。此书只出过一版，即为商务印书馆 1935 年版。

此外，郭云观未收录于《法学丛论》当中的文章，则通过大成老旧、全国报刊索引等数据库搜索而得。

文集分为三编，每编都按照文字完成的时间先后顺序排列。具体每编的主题及考虑如下：第一编为"司法报国"，主要是关于司法方面的中文作品，这部分也是本文集的核心之部；第二编为"人生感怀"，主要是郭云观在法律知识之外的个人经历以及感怀世事之言；第三编为"横跨中西方：英文及译文作品"，此部分按照内容来分，或可部分归入上述两编，但为展现郭云观的世界视野，故单独成此编。

在这些文字当中，最为集中且与法律主题有关的便是关于司法的篇什，其中包含了郭云观那一代法律人对于近代中国司法的改良之心。

三、郭云观司法改良理念探微

作为一个学者型官员，郭云观有一些改良司法方面的学术作品存世，如《法官采证准绳》《论法庭宣誓》《论陪审制度之利弊》等。从这些作品中，对其改良司法理念可窥见一斑。

（一）目标：收回领事裁判权

汪楫宝曾指出，近代以来中国司法权之完整，有三大障碍，其中之一便为领事裁判权。② 推原清末以来司法改革动机，颇侧重于获得

---

① 郭云观主编：《中外条约司法部分辑览》，商务印书馆 1935 年版，"序"。
② 参见汪楫宝：《民国司法志》，第 114 页。

外人在华领事裁判权之放弃。法界内外人士，皆对此体认颇深。对领事裁判权的问题，郭云观也极为关注。在郭云观改良司法的理念中，收回领事裁判权是其重要的目标指向。

1920 年 11 月，司法部设立法权讨论会，研究收回法权事宜，聘大理院院长王宠惠博士为会长，并延聘会员十余人，按时开会研究。郭云观时任修订法律馆纂修，亦被聘为会员。[1] 在该年其所撰写的《上海应设特别法院以代会审公廨暨外交方面应如何进行议》一文，集中体现了他在思考收回领事裁判方面的务实与周全的思维。[2] 同年，郭还发表了题为《对中国法律改革和废除治外法权问题的研究》的英文文章，对于领事裁判权的合理性与必要性进行了质疑。首先他从最为外人所诟病的刑法制度出发，将中国古代、中国近代以及近代西方的相关制度进行比较，得出："我们已经看到中国新刑法及其程序是如何建立在与近代西方思想如此和谐的经典原则的基础之上，所以很难指出中国的法律与西方国家的法律之间有任何实质性区别。"接着郭又以日本民法的家族性为例，认为日本古代民法本就是学习中国的结果，直至近代，中日两国的民法的家族性本质上还是相同的。日本在 1899 年就已废除了领事裁判权，而直到 1910 年还有英国教授撰文认为中国家族法的东方特性是领事裁判权存于中国的重要基础。"（法律性质相同，但领事裁判权一存一废）我们确实没有看到歧视的任何合理依据。"在文章的最后，郭云观再一次强调对于列强将领事裁判权强加于中国的不理解与质疑："无论从理论角度还是从实践

---

[1]　参见《附聘定法权讨论会委员会名单》，载司法院秘书处等编：《司法公报》第 27 册，国家图书馆出版社 2011 年版，第 395 页。

[2]　参见郭云观：《上海应设特别法院以代会审公廨暨外交方面应如何进行议》，载郭云观：《法学丛论》，张祜辑录，出版社不详 1948 年版。

的角度来看，我们都没有看到外国评论家特别将家庭关系法与领事裁判权问题相勾连的合理性所在。"①

其后郭云观担任司法行政部编纂室的主任，他继续关注此问题。诚如倪征燠所述：

> 稍后到任的编纂室主任是当时燕京大学法律系主任郭云观，他在第一次世界大战后同王宠惠、顾维钧等出席巴黎和会，做工作比较实事求是，后来被派到上海去担任特区法院院长。在他的领导下，我们翻译一些外国法典，并共同研究特别是上海等租界内法院报回来的外国领事裁判权实施情况以及外国对我实施新颁布法律后的反应等。

其对领事裁判权问题重视的表象之下，是他崇高的爱国情怀，这种情怀，在上海成为孤岛以后尤能显现。此处就不具体展开，具体可参见其《国难文录》一书。②

（二）途径：人才培养与法院建制

在收回领事裁判权的目标指向下，郭云观对于中国司法人才的培养，即法律教育，以及具体的司法制度设计，都有着自己的见解。因其在高校任职的经历以及丰富的司法经验，他的这些见解显得相对务实。

---

① Yun-Kuan Kuo, "As Will Throw Light upon the Questions of Law Reform and Abolition of Extraterritoriaity in China", *the Chinese Social and Political Science Review*, 1920, vol. 5.
② 参见郭云观:《法学丛论》，张祜辑录，出版社不详 1948 年版。

1. 司法人才的养成

改良司法，司法官培育（法律教育）的质量实扼其命脉。作为法界老人，郭云观对此应是深有体会。对于司法人才培育的认识，即法律教育理念，是他整个改良司法理念中的重要组成部分。反映郭云观法律教育理念的文章主要有两篇，一中一外，分别是《谈改良中国法律教育》与《中国学生研究英美法的现实意义》，尤以前者为全面。教育往往由受教育者、教育者、教育中介系统三者组成。[①] 法律教育当中的受教育者是指法律学生，教育者主要是法律教师，中介系统指法律课程设计、教学方法等。郭云观的法律教育理念可划分为教育三要素分别展开，当然在这三要素以外，还有法律教育的目标牵引其理念的展开。

法律教育的目标，即在郭云观的法律教育理念当中，他所期待的是造就怎样的法律人呢？他认为法律教育应是一种精英教育，要重质而非量。这样的法律精英不仅要有法律知识，还须兼有道德，在他看来，即"学者之人生观念及人格修养"。特别是他担任第一特区法院院长，让他深觉在繁华上海执法，要使"不为习所移"，那么"平日之修养"就显得特别重要。[②] 他的这种追求契合了当时许多法律教育家对于健全法律人的标准，如孙晓楼就在其著作《法律教育》一书当中对于法律教育目的提出了三要件：要有法律的学问；须有法律的道德；要有社会的常识。[③] 郭氏之见与其不谋而合。

受教育者方面，即法律学生方面，紧要者当为提高招生程度。招

---

① 关于法律教育三要素的具体介绍，可参见刘佳主编：《法律教育学》，社会科学文献出版社 2012 年版，第 58—68 页。

② 参见《第一特区新院长郭云观宣誓就职》，《申报》1932 年 12 月 6 日，第 3 版。

③ 参见孙晓楼：《法律教育》，商务印书馆 2015 年版，第 9—14 页。

生应宁缺毋滥，尤其要注重新生的国文根底。①

教育者方面，即法律教师方面，师资在郭看来是非常重要的一方面，因为"师资不良，其余无足观"。教师应该专精某一门，学校要给以优厚待遇以使教师安心教学，多聘任专职教师，若其所兼之职对教学效果能有助益则可让其兼职。②

教育中介系统方面，是郭谈得最多的内容。首先在课程内容上，应分实务课程和理论课程。实务课程旨在增进学生实务经验，使其能在工作中（司法或律务）快速上手；理论课程应有主次之分，课程重点应优先分配给宪法、民法、刑法、法院组织法、行政法等课，而且在这些课程内部，也应有粗有细，"亦不必逐处细讲，多费时间。只需审择扼要之处，阐述法律精义，务期深刻透辟，引起读律兴趣"，对于其他课程则"可指定书籍，令学生自行阅读，按时命题考试，至及格为度"。这样抓大放小、减少课时的做法，既可以使教师有更多的时间"精研深造"，学生也可以"从容自修"。除此之外，在课程内容上，郭云观还特意提到对于以后在上海特区及其他通商大埠司法机构从业的学生，则还要"谙习国际公法，国际私法，国籍法以及现行中外条约协定涉及司法事项者"。③郭还认为，自晚清变法以来，中国虽然是以大陆法系为仿效对象，但对于英美法，中国学生也要加以重视和学习。④

在具体的教学方法方面，郭云观谈及了其曾任职燕京大学时的做法。他将教材分为甲乙二类，甲类为书本教科书，注重理论的阐

---

① 参见郭云观：《谈改良中国法律教育》，载郭云观：《法学丛论》，张祜辑录，第69页。
② 同上书，第71页。
③ 同上书，第71—72页。
④ Yun-Kuan Kuo, "the Practical Importance of the Study of English Law to Chinese Students", *the Chinese Social and Political Science Review*, 1920, vol. 5.

释，乙类则是实用教材，注重实际运用。相应地，法律试题亦分此二类，甲类试题阐释法律的一般通则与解答要义，与当时各个学校的试题大致相同。而乙类试题则为其所独创。先将一定的乙类试题预先发到各个学生手上，让学生可以预先逐题研究、相互切磋。最后考试时就在这些练习题当中选取百分之一二让学生作答来测试学生成绩。学生在做甲类题目时为闭卷形式，而做乙类题时则为开卷形式，任学生翻书，"非素有研究者不办，临时翻书，于事无济。持此铨材，什不失一"①。

2. 法院制度的建设

围绕着法院内与外，郭氏建构了自己关于法院制度建设方面的相关理念。

首先在创设法院方面，他在 1920 年受聘法权委员会期间提出设立特别法院以代上海会审公廨的倡议。此法院将使领事裁判权国人民相互间之诉讼亦纳入其管辖范围，"以树撤废领判权之先声"。在适用法律上，应以适用中国法律为原则，并按照《法律适用条例》相应参考国家私法之学说；在审级上，以二审终审制为原则，但对于某种案件若有不服者，可上诉至北京大理院；在人事制度上，首要有一华籍院长综理一切司法行政事务，可由中国政府聘任一定数额的外籍推事，受中国政府的管辖，外籍推事的数额应分期递减，待中国法权收回之日，该法院应没有外籍推事的身影。特别法院果能如期建成，对于中国收回领事裁判权将是重要的一步。但郭氏也深知这并不是一件易事，定会遭致多方阻击。对于外交团的意见和态度，他们的托词和"拒我之术"，以及中方的应对，郭氏都条分缕析，其稳健、周全与

---

① 郭云观：《谈改良中国法律教育》，载郭云观：《法学丛论》，张祜辑录，第 71 页。

老辣实令人拍案叫绝。^①

其次，围绕法庭，郭氏构想了关于法官采证、法庭宣誓、陪审制等制度设计。

《法庭采证准绳》一文，是郭在 1915 年的毕业论文，当时该论文还以特殊优异成绩在全国大专学校成绩展览会展出。关注法官采证这一问题的出发点在于其认为法官断案存有诸多难处，"听讼者，询证察辞之欲无失其情也，綦难矣哉"，其制度构建最后所要达到的目标是"折狱惟平"。其内容在现今看来，虽与当下的证据法内容大都相同，且其自谦写就此文"取材于韦^② 著者，居泰半焉"^③，但作为一名法律学生，其在文章中的旁征博引与锐意革新的气象，无不昭示着一位法律新星的冉冉升起。而且该文也是近代中国较早引介与提倡建立证据法学的著作。

关于法庭宣誓方面，面对时人认为"国俗互殊，教宗互异，宣誓宜于彼，而不便于我"的观点，郭云观从中国历史上的相关制度、宣誓本身的利处等多方面予以了回击。最后其坚定地认为"具结之效用，远不若宣誓之深入乎人心"，当局在法律当中没有规定，作者表示"弃之，此愚所以为不可，而亟欲一质其疑也"。^④

关于陪审制度方面，郭氏并未给出自己明确的观点，而只是将时人关于陪审制的利弊，以及相应的支持、反对、折中的理由进行了细

---

① 参见郭云观:《上海应设特别法院以代会审公廨暨外交方面应如何进行议》，载郭云观:《法学丛论》，张祜辑录，第 18—21 页。

② "韦"即约翰·亨利·韦格摩尔（John H. Wigmore, 1863—1943），这里的韦著应指其在 1904—1995 年间出版的《关于普通法审判中的证据法系统的论文集:包括美国所有相关法令和司法决定》，通常简称为《证据法论》。这部著作令其声名显赫。参见李秀清:《20 世纪比较法学》，商务印书馆 2003 年版，第 273—275 页。

③ 郭云观:《法官采证准绳》，载郭云观:《法学丛论》，张祜辑录，第 4 页。

④ 郭云观:《论法庭宣誓》，载郭云观:《法学丛论》，张祜辑录，第 16—17 页。

致的梳理。最后他认为当时支持者多为在野学者，而反对者多为在职法官。①

综上，郭云观以收回领事裁判权为改良司法的目标指向，从司法人才的培养到法院具体制度的建设，都有自己的真知灼见。且其观点的表现形式有一个转变过程，其早期的文论如《法官采证准绳》《论法庭宣誓》等，虽然见识深刻，引用详实，但在表述上不免带有学生的稚气与激进。随着人生阅历的丰富，其后的文章显得越来越老成。这些散落在历史尘埃中的点滴文字，将呈现郭云观其人以及中国近代司法其事。

---

① 郭云观:《论陪审制度之利弊》，载郭云观:《法学丛论》，张祜辑录，第32—35页。

司法报国

隋高祖设登闻鼓说

（1912 年前后）

尝读隋代刑法志，高祖诏词讼有枉屈，经郡县州省不得理；诣阙申诉，复有所未惬；听挝登闻鼓，有司录状奏之。夫承六朝法敝之余，吏习于舞文巧诋，徇情执法，往往多有。高祖悯民之无告也，听其挝鼓登闻，俾黎庶衷曲，径达宸聪，狱吏虽猾，无由蔽蒙。是诏也，虽媲三代，无多让焉。顾或谓隋代统天下而一之，州县之距畿辅，道里或至数千，往返期以年月，而被枉屈者，富与贵者鲜，而贫与弱者多。贫弱之氓而令捐岁月，转千里以敂阙鸣冤，必至饥寒困顿，冤未理而身已濒沟壑。利害相权，将宁欲饮恨吞声，裹足叹泣而已耳。然则天下之冤，能达于帝听者，盖亦仅矣。虽然，斯鼓之设，非必待挝而其用始彰也。要所以表宣君主慎行刑之旨，以喻万方，而儆于有位。俾咸知上听弗可得而壅也，下情弗可得而抑也。人终不可以嫌诬，狱终不可以贿。成作孽者难逭，无辜者终白。庶几冤者伸，而悍者沮；狱以平，而刑以中矣。斯则兹鼓之大用也。

当日置设之微意盖如此。苟谓待冤者之来挝，而后为能尽鼓之用，则解之迂矣。

录自郭云观:《法学丛论》，张祜辑录，出
版社不详1938年版，第50页

法官采证准绳自序

（1915 年）

听讼者，询证察辞之欲无失其情也，綦难矣哉。无稽肤愬，构词耸听，秉持弗固，情移耳荧，难也。村朴编氓，震于座威，嗫嚅謇讷，莫罄其情，难也。狱讼之徒，诪张为幻，文赝乱真，孔壬类愿，难也。绎情稽事，证佐是咨，彼观如是，容与实违，难也。事非躬睹，传述异辞，纵折厥中，终归疑似，难也。见证鉴定，事非干己，间窥官意，左右其语，难也。异语方言，传资象寄，译障重遮，情阂弊滋，难也。听言测行，圣犹病诸，矧非素习，安辨诚欺，难也。粗举八难，复有十蔽。更事日浅，推理未精，絫黍之差，谬以千里，蔽一。乡风俗尚，咨诹弗勤，凭臆衡情，持凿圆枘，蔽二。案情幽暧，端绪庞糅，犹豫模棱，莫辨肯綮，蔽三。七情累心，衡欹鉴蔀，内视弗明，胡能持平，蔽四。拘墟囿习，审克功疏，片言悬断，遗髓获肤，蔽五。过矜明察，缴绕骋辞，歧而弥纷，转落旁蹊，蔽六。仁者见仁，智者见智，执己量物，我相弗离，蔽七。旁议迩言，先入为主，师其成心，怠澈底蕴，蔽八。积牍夥颐，意倦心躁，苟率欲速，保无窒误，蔽九。尚宽邻纵，秉严毗苛，操存失衷，伤正实多，蔽十。综兹十蔽，瞀于智也。益彼八难，欺于物也。智瞀物欺，交相为梗。而欲听讼之恒得其情也，不亦戛戛乎其难能哉。（至若不肖有司之饕于货贿，因缘鬻狱，或以嫌陷，或以私庇，或有所畏避而瞻徇，或有所逢迎而罗织者，皆爽德之事，洵为害实乱真之尤。然斯书所欲匡救者，智緐与物蔽而已。故不及败德之行焉。）且引律之谬，常获平反。而审证之谬，往往终于莫纠。何则？法理人所共喻，谬则易知。而事证我所独听，谬则莫觉。彼上诉法院之复审也，谳法理之疑常，而稽事实之疑罕。彼将惟我所听而录者是据，宁暇我正。矧当词证之录也，恒情护短，务圆己说；虽有牵合传会，而弥缝缜密，词顺而理举，复审者无由猝办。脱能察其缺漏，而行再审；顾或时逝境迁，事证多佚，勘鞫之艰，将有倍蓰于前者矣。准是以观，初审鞫证之际，实奠全案之基础，而操曲直胜负之管钥也。其攸系若是其巨，而得情复如彼其难；安可不有准绳焉，以为之导。则舍讲采证之学，其道末由也。惟人事繁殊，物情万变，傀诡离奇，莫可穷诘；而于采证也欲立准绳焉，援此以律彼，执一以概余，意者有疑其不可达焉者乎。庸讵知夫森罗万象，莫不有理存焉。象繁而理简，象变而理常。眩于象而昧其理，则人制于物。综夫象而绎其理，则物制于人。故得其理焉，居简可以驭繁，守常可以应变；怊约而易操，事寡而功弘。识夫此，始可与言采证之足成学也已。

抑吾犹恐夫老成家之或囿于所习，而疑吾言焉，以为法官采录供证，端赖阅事既多，耳剽日久；人情物理，融会旁通；而后询事察辞，乃克廉实而烛蕴。此其术，纯由经验而得；既繁且变，难以言状；更何学之可言。稽诸纪乘所载，贤有司听讼惟聪，折狱惟平者，指不胜偻；夫彼奚尝研治所谓采证学耶。应之曰，馨华阳冀北之群，以索骏足，诚不乏焉，顾天之降殊材也不数，或什佰而一，或千万而一；举天下之广，庶狱之繁，而引领跂望，以幸于什佰千万之中，而一觏异等拔萃之贤；吾意事纠而得理，情抑法戾而得伸者，盖亦仅矣。夫惟上智之不可以恒觏也，则学以致知，其可已乎。且采证之为学，岂类课玄迂士，任情衡物，臆为之说者哉。斯学也，溯自滥觞，讫于斐然成学；其间岁更数百，境历千万；情事变迁，波谲云诡；而其熙攘错综纷争缪辀之象，与夫近果远因，隐衷显迹，胥敷陈于法庭之上；笔而存之，汇而帙之。于是贤明之法官，邃哲之律士，悉其聪明，一其思虑，根极于天理民彝，称量于人情世故，参伍比较，汇异察同，扬榷明辨，设证例焉。一例之立，数载踌躇；及其施诸实际而犹有所阂也，则复钻焉以稽，仰焉以思，剂量折中，务蕲至当。呜呼，西方群哲，或并世，或后先，孜孜焉殚毕生精力，博考而逖稽，研几而索隐，期以岁月，验诸实征，而后一例始立。此其经练，以视夫老成家所称者，以一人秉有涯之生，历有限之境，经阅之所获，辄沾沾然自诩苑祕者，果孰深且广耶。矧彼之所谓经验，类多散见碎闻，鲜有统系，勒诸心版，惟我独知；往往随人物化，湮没靡闻，可胜叹惜。而兹之所谓经验者，则大异乎是。萃今昔数十百辈名公硕士，竭其心思才力，所劢焉以得者，博较而精择，芟芜而存瑜，犁然以序，秩然以备，勒之简编，寿诸梨枣，以溥诏来兹，方骎进而未艾，以与夫老成家所称者较，其精粗完阙广狭寿夭之相违，庸可以道里计耶。

顾吾更惧夫新律生之深嗜吾言而审之未谛者，辄以为证例之立，垂诸百祀而不渝，措乎万事而皆准，曰予心焉识之，则听讼之能事毕。孔子曰：言不可若是其几也。夫人事至赜，其为迁也数，而为变也蕃，虽具大同，究鲜合辙。非若象数理化诸科，籀一公例，溯往推来，历万劫而不磨者也。适吾所称居简驭繁，守常应变者，举其梗概耳；无以辞害意焉。譬彼南针，示我周行，俾无迷向往已耳。若夫临机权变，剂量通穷；必也澄虑平观，无泥常迹；虚怀绎理，与事推移；是则存乎其人者。大匠诲人，能示以矩矱，而不能予以聪明。斯编者，其矩矱乎。操是以往，神而明之，则几矣。

录自《北洋大学校季刊》1915 年第 1 期，第 13—16 页

法官采证准绳绪论

（1915 年）

凡听讼必先得情，而后按法。盖事实者，裁判之根据，根据而有舛谬，纵能引律精当，究之，其失平也，与误引无异。故欲期裁判之平允，必先辨事实之真伪。惟事实千差万别，辨之至难也。是以采证之学不可不讲。且讼贵速结，滞则终凶。顾苟速与滞，事虽相戾，而害惟钧。欲其速而不苟，详而无滞，如易所训明慎而不留者；则其途术，舍采证之学耳，复奚由哉。

何谓采证之学。简言之，鉴衡证据之学耳。证据之义，按东西学者所释，有广有狭。本书所称者，狭义也。凡情状事物，举之，足使审判官推信他情状事物之或有或亡，或真或伪者，是谓证据。举凡物证之状态，书证之内容，两造之供词，证佐之陈述，鉴定之意见等，咸括焉。就中独以言证听之最难，故本书论而辨之，亦最谛。

凡关于证据而实体法或诉讼法应有明文规定者，[①] 其疏注举例阐

[①] 实体法有明文规定者，如民刑律所载各项确推定假推定是也。诉讼法有明文规定者，如民刑诉讼律所载传证手续、嘱托调查、拒绝证言、具结科罚之类是也。

明律义之事，概让诸诠释家，非本书所宜详。本书所欲研论者，采证之要规与正诀而已。惟上编举证三章，其纲义多涉法律所应规定者；特以其关系殊巨，故详为演绎，颇类于诠释家言耳。若拣证心证二编，纯为采证之规诀矣。

美之韦格摩氏，证据学家之泰斗。其言曰，采证之学，有外术焉，厥名拣证；有内术焉，厥名心证。本书率由其说，以分中下二编，而冠以举证为上编。盖自显而微，由博反约也。

拣证云者，审判官就两造所欲举证据，按其来历，鉴别其有涉无涉，近实近虚，而预加甄择，以定举述之范围也。心证云者，审判官准乎人情，揆诸物理，就两造既陈之证据，辨其真伪，衡其重轻，参较互证，推求一当，以奠裁判之基础也。由是以观拣证施于证据未述之先，逐一而粗别之，以理梦糅而斥琐赘。心证行于证据既述之后，综举而研论之，以彻底蕴，而索真情。譬犹校试，预先甄别资格，而后觇评程度。斯二术者，表里相需。心证固尤要，而拣证亦不可不讲。

心证之学，昉于近今，在昔无有也。愚考欧陆法系，百稔以来，法定证据旧主义濒于衰废，而自由心证新主义寝炽以昌。今吾国踵日本之后而师欧陆法系，其将采新主义为原则也无疑。顾所谓自由心证者，谈名洵嘉，稽实则左。何则，旧主义执一成之绳墨，律万变之物情，遂至桎梏有司之聪明；所伤滋甚，固失之泥。然而新主义太尚自由，不讲矩度；其弊也，衡证无方，骋臆揣断；则又矫枉过正，彼左枉而此右枉也。晚近欧陆学者病法官之易流于专也，乃稍稍阐究心证之学说，以匡救之矣。其在英美，拣证之学大昌，心证借以寡失，学者安之；故心证之学前亦靡闻。新近欧美之韦格摩氏，谓拣证虽可辅助心证，实则二者殊轨而异趣。心证之学。前哲尝发其端，顾语焉不详，承学者憾焉。韦氏于是博考群书，参以经验，创著心证要旨。西历一千九百十三年书成；司法界称为空前杰构。夫心证之为术，精微通变；从无有人焉起而发之者。今得韦氏罄虑殚思，批却导窾，若示诸掌诚后学者莫大之幸。本书心证编取材于韦著者，居泰半焉。

　　夫讼于庭者，必有所争。其争在事情之有无真伪也，而事实问题生焉。事实定矣，而争在权利义务之得丧变迁也，而法律问题生焉。在专审之庭，事实法律俱由法官兼断。在陪审之庭，事实法律，取决攸分。陪审员职在察评证据，以断事实；法官则援引律文，以绳其事。陪审员者，为数十二（在英美此为常数），选于众民，使准常情，推断事实，以辅法官所不逮，而杜其专擅而已。初不必明习法理，深谙讼事也。惟当听讼之际，两造证据，往往纷陈杂进，眩视淆听；歧径既多，要津莫辨；以素乏阅练之陪审员，而望其理棼斥谬，推断明允，必不可得。故主审之官，不得不预拣证据之较切要者，然后使陪审员就而听之；庶免含糊漫断之虞；此拣证致法所由昉也。其法之精粗疏密一视乎陪审制度之盛衰。考陪审之制，滥觞于古罗马。当时有无拣证之法，代远事湮，靡得闻已。东帝法典，虽及拣证，然仅具崖略，未之详也。其在英美，数百载来，此制之大昌，至今弗替。故拣证法亦最精以为密。其在欧陆，若俄，若法，若德奥，若意比，惟于刑事案件，间施陪审，远弗若英美之盛行。故斯法之发达，亦远不逮焉。回观中东，陪审之制，旷焉无闻，[①] 遑论拣证，由是以观，拣证之法无如英美备矣。

① 然稽诸吾国典籍所载，《周官》司刺之讯万民；《王制》疑狱犯与众共；《家语》称孔子为鲁司寇，断狱辄进众议；《孟子》谓国人皆曰可杀，然后杀之。此其法意，谓非适与泰西陪审制度暗符而隐契耶。秦汉以还，古制就湮，有司恣情独断，臆为低昂；冤滥之繁，恒由斯起。于今欲挽颓风，则仿欧陆法系，于刑事重案，酌施陪审，意亦一道与欤。近闻日本派员赴泰西调查陪审制度，殆亦有志焉乎。列强尽有，系我独无。姑存一说，以俟贤者裁焉。

　　或问拣证之与陪审，既相关术如此；今吾国不行陪审，则拣证之学，姑舍焉勿讲可乎。曰，善学者，师人之意，而不泥其迹。夫拣证之为用，非必待有陪审制度而后彰也。溯其始，固为匡辅浅识之陪审员而设，厥后贤哲代作，阐蕴析微，其义大昌。虽读律之士，自非预习，亦难悬思而得。至今英美法官，于非有陪审制之时，亦默施拣证之术，以自襄心证。良以斯术也，由之可以节时间灭劳力，俭费用，使心证之资料不杂，而案情可期速定。此固大契乎诉讼法之原理者。故英国法学大家亨利珉及施柢芬为印度制证律，特立拣证一编。印度法院不行陪审，而其法官又多英人明习法律者。然而二氏尤为之立此准绳。益见拣证虽导原于陪审，而其用至溥，非必限于陪审也。夫以英美之法官，且犹资为向导。况吾国法官，其程度未必企及英美；而今县知事非皆专知习法律，亦兼司法职；幸而得此，不啻迷津之筏，如之何其可舍焉勿讲也。

　　且闻欧陆法系重书证，故其法典（成文法）规定形式程序綦密。[①]日本既效之矣，吾国亦将师承焉。英美法系重言证，故其判例（不成文法）推测人情物理特精。是即拣证法之泰半所由集焉。须知钱债户婚等事。固征诸书证为常；而奸杀斗伤等案，必咨于言证为多。之二系者，各擅厥长，未易轩轾。后进于法治者，自应二美兼收，无或畸轻畸重。取欧陆之良规，纳诸法典，俾法官有所遵循，乃立法者之事。撷英美之精华，存为学说，以辅法官之不逮，则学者之责也。

　　　　　　　　录自郭云观:《法学丛论》，张祐辑录，出
　　　　　　版社不详1948年版，第3—5页

---

① 法国德国诉讼法及法国民法日本旧民法，关于书证，规定甚详。

法官采证准绳举证篇

（1915 年）

第一章　证之征免

凡两造之陈述，必立证以实之，此为常则也。然苟不论公私显晦巨细，而概令立证；岂惟证之者将罢于奔命，而法庭亦将耗时费财，劳而无谓；而狡谲之相对人，转得妄肆苛求，借以宕案便私；不亦大戾乎理讼之道。夫证所以决疑，不疑安用证。又举证所以使法官知之而起信焉；则凡法官所应知应信者，自无待乎证。顾孰为不容疑者，孰为所应知应信者，将恶乎准。汇而举之，有二原则。

一、职务法制　凡关于法官职权上之事项，暨国家政制法制之荦荦大者，胥应由法官自行认悉，无庸征证于主张者。

二、显著事实　凡两间自然之物理，振古如兹者；与夫当时人民生活之常态，普通之常识，人人所共喻者；境内非常之大事，人人所共闻者；胥应由法官自行认悉，无庸征证于主张者。

上列二原则，谈纲虽觉简赅而易举，临事恐或广泛而难施。用特多举要例，俾资隅反。

司法既为国家统治机构之一部分，则匪独司法事务，即立法行政之规制，法官亦均应认悉。盖既代表统治机关，而关于统治之一般规则，顾乃懵无所晓，反责证于齐民，宁有是理。况公务法制，欲资为证据，由法院依职权调查，其事易而较准确，由民间自行征举，其事难而每不详。是故法官素所研习之宪法，法院编制法，民刑实体法，诉讼法，一切行政法规，暨中央司法行政之命令，以及法院诉讼卷宗之类，无论已，即本国与外国所订之条约协定，暨中央颁布之一般命令章则，以及全国简任以上官员之姓名职印，与夫省道县邑之废置分并之类，亦应由法官调查认悉。惟各地之特别法令，其施行限于区域者，则除该主管法院外，国境辽阔，势难周知。依一般学说，诉讼当事人仍有举证之义务。

外国法律在我国法权辖境之内无拘束力，等于事实之一种而已，法官自不必知悉。主张者应负举证责任。但法官仍得依其职权，从事调查，以资参证。若调查无着，仍应责证于主张者。惟环宇各国为我国政府所承认者，其所在，及国体，国旗，诸彰明较著者；暨国际公法之通例，列国所普喻而共遵者；以及本国国际上宣战媾和，租界割让，孰为友邦，孰为敌国，诸重要显著之事实，法官咸应认悉。

司法一道，何等尊严郑重。膺其职者，必其学识不逊庸人。然则浅显普通之常识，固其所宜有。夫既有之，奚征证焉。故罗马法"显著者无庸证"一语，后进法系，奉为格言而莫之易也。所应认悉者，其例条后。

一、凡诸一定之物理，如饥食渴饮，晴干雨湿，海咸河淡，鳞潜羽翔之类，人人所共喻而莫之或疑者。

二、凡国内名山巨川省道县邑之所在；及国史上丕显之事实；与夫所辖区内城镇村市丘渠通衢等之大致；及其乡土志上彰著之事迹。

三、凡年月日时之计算，节季例假之翻查，某月日是否星期六，某星期日在何月日之类。

四、法定及本区通行之度量衡货币利率等类。

五、区内邻境之巨灾浩劫，如水、旱、火、飓、兵变、疠疫、蝗蝻之类。

六、本管区域内历久相传之习惯，一时盛行之风尚；及某处至某处常经之途，暨其程期用资之约计。

七、通常文字之句读意义，及习用之典故成语。

第一原则举例，多系法制政务。认悉之实用，不难悟知。若第二原则举例，常人骤观，似浅近寡味，无关于律学者。而不知法律绳万事，万事所趋，法轨随之。即如巨灾浩劫一例，其在偿债迟延，履约不能，上诉障碍，火险索赔，伤稼歉收，以及其他因不可抗避之灾变，而影响及于权利义务者诸案；灾劫之有无，每为案中重要争点。若非经认悉，则证责系焉。又如通常文义一例，其于契约笔据遗嘱谤书，以及他种书件内容之解释，攸关亦至重要。其余诸例，皆可仿此推悟实用。盖凡耳目所接，手足所措，几无往而不可起争端，即无往而不有法律存焉。此罗马律家所谓吾侪生活于法律；而德国法学大家耶陵氏所以有法在日常生活之著也。

上举诸例，若为案中争点，法官自应认悉，而直是否之，无庸征证。然非皆不索而即得者。如检历书以稽星期，阅舆图以觅远县；苟其图书曾经审定，即属确凿。凡知书者，莫不能焉，可谓浅显之常识矣。索之斯得，枉费举证手续何为也。至若显著事实，法官偶或未知，或稽询未便，而主张者知之甚悉。尽可径令提出证据。无取乎舍近就远，徒稽时日。但此手续，宜谓之疏明，以别于证明。盖据知以闻，取便实际而已，初非有举证责任也。

上述免证二则，准诸常理，验乎常事耳。然而物变靡恒，异闻奇迹，固事之所有，而非理之所必无。若例应认悉免证，而对造持异议者。则令得举反证，或令得就其事项而为辩论，是亦力求真实之道也。

本章述则举例，具其概要。读者触类引伸，毋逾常域可耳。惟是法官所见有广狭之不侔，征证有宽严之互异。审慎者专尚周延，难免费词而延案。圆通者务为简捷，易流苟率以失真。虽然，是未达乎法理耳。夫法为天下后世设。察人事之常，建大中之极。高者俯就焉，庸者企及焉。岂随法官之博陋宽严，而为之左右者哉。故博闻多识者，其于不得免证之供述，不可以身知其事而免之。例如甲乙债务关系，法官公退时已与闻之。后鞫其讼。揆之法理，仍须征证。不得辄据成见以悬断。非然者，法官将自侪于证人之列，而不履供证之程式。其证言蕴而弗宣，不受驳讯，难保无恍视途听之虞。又不载诉讼记录，复审者将何所稽。殊无以昭示公允。故不可也。反之，寡闻健忘之法官，其于无庸征证之供述，不得以非己所知而征之。例如条例新颁，猝未及见，须自稽求，不得索证于主张者，是也。否则，此官闻博，而需证之事为减。彼官闻陋，而需证之事为增。举证责任，攸关至巨。讵容乍增乍减，随官而殊。况或喜怒任情，因缘为奸，则民安所措手足。免证之准则，顾可忽哉。

自常人观之，问案疑则征证，不疑则免之。岂不简而易举，胡为乎龂龂然为之辨界域立标准若是其严也。不知论者证据之免否，亦所以定举证责任之有无。有责焉，必举充分证据，以实其言。无责焉，虽主张而不证，可也。证责之于诉之胜败，恒有密切关系焉。夫本无其事，而欲诬证，固为不易。顾往往实有其事，而时逝境迁，益以种种窒碍，欲觅一证，以征信于人，竟亦戛乎其难。维此之故，情真理直，坐证据不充，未能卸其证责，遂以败诉者，比比也。然则证责所归，攸系巨矣。今免证焉即无其责。征证焉，其责以生。苟或征所不当征，使事实而能证，幸也。事虽实而不能证，则失之枉。苟或免所不当免，事实而能证，无伤也。事不实而不能证，则失之纵。枉与纵，厥失惟钧。故法家慎思明辨，立中正之轨焉。虽然，斯轨也，因时而异，不主故常。逐人事之贸迁，随文化以演进。在昔闭塞之日，有述置电传命，倏忽万里，御机凌空，翱翔千刃者。则将群而诧之，非证不可。至于今日，有不信世有电信飞机其物，而必欲索证而后安者。则莫不识其鄙陋矣。世迁时贸，人类之思想，递嬗而蜕进。法固所以绳人事者，其例遂与之俱变而靡穷。后之视今，犹今之视昔。又孰得而胶其例使之不可易耶。虽然，其理固未尝易也。适言当时普通之常识无庸征证者，法理也。兹言电信飞机实有其物，无庸征证者，法例也。理简而恒，例蕃而变。明乎其理而心识焉。其于免证之法，思过半矣。[①]

第二章　立证责任

前章讨论两造陈述之宜免证者。其不能免者，两造孰负举证之责任。则于本章专论之。

于此有契据焉，甲曰：安见其真。乙曰：安见其伪。谁当立证，厥准维何。此听讼之官所亟应审克者也。昔惠施诘庄周曰：子非鱼，

---

① 查《中华民事诉讼律草案》第三百四十条但书，亦载显著事实无庸立证。顾何谓显著事实，律无明文，而学者又语焉不详。得此章以观察焉，庶援用之际，不至无所准与。

安知鱼之乐。周曰：子非我，安知我不知鱼之乐。辗转辩难，靡所底止。此互诿证责，而不循厥本，乃名法纵横家者流，口给御人之惯技。而今之律师辩士，往往窃师故智，骋其敏辞，以巧卸所应负之证责，而嫁诸他造。主审之官，讲习不预，辨察未精，每中其说，而明允乖焉。可不慎哉。

凡涉讼于庭，其证则必有所归。法律若逐条而定之，将不胜其烦。若举其尤要而漏其余，则杜争未尽。且其所举者，类多即事而言。法象也，非法理也。恐无以肆应于靡穷，讵非憾事。则挈纲提领，以阐旨趣。其可缓乎。

吾国法典草案，循各国立法通例，举立证责任之最易滋争者，以类散载于诸实体法条项之内。而总著其纲义于《民事诉讼律》第三百四十条。其文曰："当事人应立证有利于己之事实上主张。"虽辅以但书，揭示例外，究亦未能包罗靡遗。意者谓律贵简要，其疏衍纲义，弥缝微隙，则学说存与。

考立证责任之法规，导源于罗马法。当时律学家著二大原则焉。列述如下：

一、凡事实之陈述，主张者有立证之责。否认者无之。

故原告应证明所据为起诉原因之事实。被告应证明所援为答辩理由之事实。例如甲向乙索债起诉，甲应证明债权之存在。乙若谓早已偿还，亦应提出偿还之证据，是也。

二、设两造均无证据，则将败诉者，其人负立证之责任。

夫人之群居，平则无事，不平始鸣，故讼之未兴也，法律推定人得其平。讼既兴矣，其以不平鸣者，应证其所以不平之由。若两造均无证据，则其权利义务之关系，等于未讼之时。先假定此地位，然后判证责所归，则棼者就理矣。例如乙管有园地二处，而甲谓乙之故父丙曾遗嘱以其一处界己。审判官将令乙证所有权乎。抑令甲证丙之遗嘱乎。于此先假定两造口无证据，管有者究胜于途人一筹，乙当获胜诉判决。则可从知立证之责任在甲造矣。[①] 又如甲持票据向乙索债。乙谓票虽真，然以诈术得之。于此假定两造均无证据，甲当胜诉。以票真而诈术未有征也。由是以观，乙造应负立证之责矣。

上述罗马法二大原则，其义赅以精矣。后世之论证责，虽分门析类，要其旨归，鲜有越此藩篱者。顾原则虽贵夫广赅，而实施究资乎条举。爰益旁稽法典学说，衍补纲义如下。谓之目可也，谓之补亦可。

一、旁涉之事实，除法律有特别规定者（见推定章）应由主张者证明之。例如甲诉乙行窃，并谓乙尝于某日语丙自承其事，甲应证乙自承。乙谓是日彼适他往，何由语丙，亦应证明之。

二、欲证此事，须先证彼事；则欲证此事之人，应负证彼事之责。例如甲欲证明乙临终遗言，应先证乙之亡故。又如甲欲以誊本证佚本之记载，应先证明该本之灭失，是也。

三、凡以罪被诉而辩称有异常情节，冀自纳于宥减勿论之列者，应证明所称异常情节。例如甲以杀伤被诉，辩称当时病狂不自知其所为，则证明病狂之责在甲。又如以毁损被诉，辩称实因不可抗避危难，出于不得已而为者，则证明危难之责任亦在甲。盖人以不狂为常，境以无危为常，主张狂与危诸异常情节者，必证明之。不尔，法

---

① 质讼之际，乙未大抵主张管有兼所有，以抵御甲。管有而兼所有云者，明明是有利于乙之事实上主张。按照《中华民事诉讼律草案》第三百四十条之规定，则乙亦应证其主张。顾立证之责，既在甲造，乙自不负证责。愚适谓该条未能包罗靡遗者，类如此。虽然，传讯之际，两造具备，法官审问甲所主张及其证明方法之后，多顺便讯问乙所主张及其证明方法如何，以便参观互证，推究真相。初不以立证责任既在甲造，遂置乙造于不问也。

庭即推定其为不失常，而对造无庸证其不狂不危矣。

四、凡情事为一人所知独确者，其人负立证之责。例如所为别有深意隐衷，异乎寻常表观所推悉者，为之者应证明其心意。又如律载某种事业，如医生律师盐商烟贾酒保等，非有特许，不得操业，而其争点在特许凭照之有无者，由执业者自证其有，至便，由他人反证其无，至难。法律舍难取便，特令知之独悉者负立证之责。不尔，将使他方冥索艰求，而知之者反袖手而旁观。揆诸情理，未当也。

五、凡双方曾有信任关系，而相互间为法律行为者。其行为是否出于诚实，及有无滥权亏职背义营私情事，立证之责，恒在于受任人。例如监护人之于受监护人，比其成年之明白，辄旧售与田庐焉。诉讼代理人之于其所代理之当事人，讼事甫胜，辄向购系争物焉。凡诸所为，惹人猜疑，贻人口实。告其诈者，无庸证之。盖受任者既处嫌疑之地，应举反证以自明也。此条谓之不职之推定亦可，故曰，证责之于推定，互关至密也。

六、在刑事案，负证明罪状之责任者，须证至使常情起信不疑，其证始立。民事牵涉刑名者，亦如之。此本诸矜狱恤刑之旨。与其无辜罹法，毋宁失之不经。古今中外，揆一同理。民事之旁涉刑名者，例如甲讼乙不赔火险，乙谓甲故焚其屋，以为答辩理由。则需证之程度之高，等诸一若甲以纵火罪被诉也者。必证至使常情翕然不疑，或存疑至仅，其证乃立。非若寻常民事案件，有比较的畸重证据，辄可视为充分也。

七、立证责任，一经断定，虽可随举证程序而推移，而终不得脱卸。试举一英伦旧案者明之。有夫之妇某甲，以窃盗被诉，而自辩无辜。此案立证之责，应由检察官某乙肩之。乙乃证明失窃未几，有人瞥见甲携赃物，其责证遂推移于甲。甲复证明已实当夫眼前行窃，例不为罪。若欲反证虽当夫前，却无抑令行窃情事，则其证责又归于检察官矣，缘英律当夫前犯罪，法庭于未有反证之时，将推定受抑而犯，其妇可受宣告无罪也。当证据未举之时，法律推定人人无辜。两造地位，不啻如衡之平。乃携赃之证立，而乙造始侧重。迨夫前行窃之证立，甲造亦重，而两造遂复归于平矣。设证据止于是，则乙败而甲胜。若欲再倾其平，立证之责，仍归于乙，故曰，证责一定，始终以之。

八、若两造所举证据，力足相抵，轻重适均，则原负责立证明之责者败。观上条举例自明。

上举罗马法增述数端，亦通则也，所概殊广，援用至常，古今论证责者，略尽于此矣。

复有特则焉，散载于法典条文，即事而规，适用至狭。典册具在，无取枚举，兹揭二例，聊襮一斑。例如德国民法第二百八十二条规定，不能给付，是否归责于债务人，有争议时，债务人负立证之责。同法第三百六十三条规定，债权人既受给付后，以其给付不符标的物或不完全为事由，不认清偿之效力者，须证明其事由。中华民律草案第三百六十三条，及第四百三十四条，即分别仿此规定。诸如此类，皆特则也。

证责所归，攸关至巨。有法条上之特则，以规其要。不可无学理上之通则，以济其穷。本章之作，厥旨在兹。

第三章　推定

前章专论证责责任。本章继而专论推定。盖推定之与证责，互关至密。讲证责而不旁逮推定，犹半解也。论推定而不兼涉证责，无实用也。强为划分，固伤于矫。博而一之，又失之混。则惟分章而论，时相呼应，庶难离而犹合尔。

推定之义，欧美释者，言人人殊。其简而近妥者，则法国律家某氏之释曰，法律或法官准既往之经验，以测未知之事实者，是为推定。故推定者，犹论理学归纳之术耳。

推定为类凡四，曰确推定（conclusive presumptions），确乎不拔，不许反证也。曰假推定（primafacie presumptions），权假如，是犹许反证也。曰法律上推定（presumption de jure），载于律文，循之勿违也。曰审判上推定（presumptions juris），临事酌施，略可伸缩也。确推定①恒载于律。如《中华暂行新刑律》第二百六十七条第二项，沿袭旧律，载奸未满十二岁之女子，以强奸论。盖女子未届化育之期，确推定其无允许能力，纵和亦以强论。又如《瑞士民法》第十六条，《中华民律草案》第十八条，载幼年及丧心病狂者，视为无识别力。实际上之有无，法所不问，是也。假推定，或载或否。其载者，如《德国民法》第十八条，《中华民律草案》第五十八条，称受死宣告期间终毕者，推定其为死亡，而许反证，是也。其不载者，凡审判上之推定皆是也。

负举证责任者，若受确推定之利，立卸其证责而获胜。若受假推定之利，则证责暂转移对造。对造能反证，证责移还。不能反证，此造乃卸证责而获胜。此其别也。

推定之与证责，相关既如是其切矣。法律上推定，固一成不易，莫得而轻重，其弊无由滋。若审判上推定纯凭法官衡鉴而施，虑

---

① 法学者有谓既称推定，即不应称确，因每易用"视为"等字。而于假推定，则单言推定。然在英与法，仍均称推定。盖无论易何名词，终不失其为推定之性质。本书沿之为便，以明同源也。

或流于低昂任意，是应明揭准绳，以示限制。故《法兰西民法》第一千三百五十三条，许法官量情推定，而丁宁其义曰：惟严，惟切，惟谐（Graves，precises，et concordant）。盖严则辞重义精，切则不离正鹄，而谐则异向而同观。夫如是，群情乃翕，而负证责者，可以无怨矣。

难者曰，推定云者，乃论理所应尔，而非事实所必然。须知天下事轶乎意表者，正复不鲜。苟或事实之真相，反乎吾所推定者。在确推定，既不许反证，将永屈而莫伸。在假推定，虽许反证，然或立证綦难，亦将永屈而莫伸。若是者，不已枉耶。曰，唯唯否否。请申论其义，夫人事物情，形伏以变矣。然静观而默察之，有具经常者焉。其离经而违常也，不过或伍而一，或什而一，或百或千而一耳。法律所以绳事物之经常者，安能鳃鳃焉逐不可必之变于什伍千百而一者耶。不幸于什伍千百之中，而一遇其离经违常者，则法之衡以倾。然而君子无讥焉。为其所持者宏，而所倾者仅，近有所漏者，必违有所苟也。夫铢铢而称之，至石必差。寸寸而度之，至丈必过。石称丈量，径而寡失。抑亦可以无憾矣。善夫晋律家刘颂有言，法求尽理，而不务尽善。愚尝绎味其旨，而深叹其言之无以易也。泰西律家所谓推定者，要亦刘氏尽理之说耳。理尽而事几于无疑者，其离经违常或千百而一遇也，设确推定焉。理似而事犹存疑焉者，其离经违常或什伍而一遇也，设假推定焉。人事庞杂，齐之至艰。济以推定，复分确假。法之能事，止于是矣，《周书》曰，惟齐非齐，有伦有要。法圣复起，不易斯言。盖矫揉以求曲当，而法之意荒焉。其弊且将倍蓰于倾仅而漏近者，则又枉之尤者也。

且法家之推定，其类名家归纳之术，凭多以测少，准往以推来者，固泰半焉，斯为常则。然有变则焉，本乎疾异安常之旨，而为推定，初不必有归纳之术存乎其间。例如未有反证，人人无辜。此之推

定，何国蔑有。夫之性情，善恶参半。被嫌涉讼，原堪置疑。其或有
辜，亦意中事，此岂吾适所谓于什伍千百之中而一遇者耶。然而必为
此推定者何哉。良以人之被告，若须自证无辜，则执途人而诬之，可
不负证责。吾恐索诈刁讼之风，将偃靡天下，而民无宁日矣。故推定
之设，归纳而外，非为司法启方便之门（其例见后），必本于维系彝
伦之旨，可断言也。

确推定及假推定之载于律者，检之斯得，遵而用之，无俟赘赞一
辞。本书所宜详者，都为法所默许，而不备载，而主审之官所应为之
推定，以期允协于情于理者尔。爰博稽集粹，著概要焉。

审判官察乎人情物理之际，揆诸公私事务之常，以揣测案中事
实，而什得七八者，得为假推定焉。申言之，凡事如此为循常，如彼
为变常者，则法庭假推定为如此。若有主张如彼者，须举反证以实其
言。故推定利于此造，则证责移于彼造。推定利于彼造，则证责移于
此造。此假推定惟一之效力也。胪举要例如下。

一、凡失窃未几，有人存赃而不能自明来历者，得假推定其人非
盗即窝。

其有主张非窝非盗者，须举反证。反证立而后法庭之推定翻仆。
反证不立，法庭仍依推定，参酌他证，以定裁判之根据焉。以下诸例
准此类推。若夫失去镌记银元一枚，旋于铺贾瓯内见之，彼不记受诸
何人，而仍照常交易，投银于瓯内者，一变例也。

二、凡犯伙供词，非有旁证以实之，得假推定为不足信。若甲乙
丙三人共犯，当场拿获，隔别鞫讯，而其供述皆各牵连某丁，核其情
节，彼此互证，绝不类串谋宿构者，一变例也。

三、凡事物或其状况，曾经证明存在，而今溯计犹未至寻常堙灭
时期者，得假推定其尚存焉。例如三年，前河上某处，新架铁桥，已

有确证者，得假推定此桥犹然存在。盖铁桥一建，非经廿年以上，鲜有圮断者。若夫五年前，某处河流方向，曾经证明一如甲所陈述，厥后降水为灾，容有所变迁者，一变例也。

四、凡文法官吏所办公务，得假推定其遵循常职而为者。若夫所遭异当，越职应变者，一变例也。

五、凡事之迭次措施，具有经常，而罕迁异者，任举何次，得假推定为不违经常。若夫书缄付邮无误，本应早达，而中途灾变，邮程稽阻者，一变例也。

六、凡藏有证据之当事人，能提出而不肯提出者，得假推定该证据之披露，不利于藏者。此类之推定，不能自成一证据。惟能使对造反证力增强耳。若夫重要之书件，不便示人，其内附载轻微契约，藏者虽执约宜胜，而宁捐细以全大，甘不提出者，一变例也。

七、凡债券契据，已届清偿期，而落于债务人之手者，得假推定债经偿还。若夫按其情形，债务人容或届期不偿，窃而得之者，一变例也。

八、凡汇票经签诺凭付，或背签转让者，得假推定为受偿而为。若夫出票人为商贾，而签诺人无知受愚者，一变例也。

上举数端，大书常例得为推定，以明经也。附注变例，不得推定，以达权也。稍治律学而具常识者，一览常变之例，不难举一反三，因经悟权。自兹以下，所举诸例，义尤广通。仅著其常。不复附注其变。惟悟变较难，及常例须阐释者，特为附笔耳。

一、法律除有特别规定外，推定人人知法。

所谓特别规定者，谓法律惟于孩童癫痴者无意识者，乃设变例耳。此项推定在欧美几于确不可移。然非由乎归纳而得，不过为司法启方便之门而已。罗马法所谓昧法无宥（ignorantia juris non excusat），与《中华暂行新刑律》所载不知法令不得谓非故意，旨正相同。盖法令颁行，人民即有应知之义务。不然法令且无实施之日矣。西哲奥斯丁有言，假使不知法而犯，可免刑事责任，则法庭将逐案棘手于极难之问题。盖必先审究其犯时知法与否。如实不知，则复按其前此所处境遇，势必不能知法耶。抑留意焉宜可知之，而彼竟怠忽不加之意耶。此种问题，自非彻查生平履历，无由推悉，案之理也，将俟何日。则知法之推定，安可无哉。虽然，泰西教育普及，人尽知书。设此推定，或尚厌群情。若夫吾国，法治犹稚，教育未周，益以晚近社会复杂，律例蒌繁。而欲责人人以知法，正西汉明诏所谓自典文者不能尽知，而欲罗元元之不逮者，无乃失之苛乎。故新刑律辅以但书，因其情节，得以减等。所以剂情法之平也。

二、反证之未立也，得假推定人人无辜。

此本系维系彝伦之旨，非由乎归纳之术而得。说见前，不赘具。故指人有遗行恶意或不法行为者，须负证责。此推定，在刑事案，无例外。在民事案，间有变例。如甲遗嘱曰，若乙直至甲死之日，历来不曾犯罪者，畀以千金。甲没，其继承人丙弗给。乙自谓不曾犯罪，讼丙于官。曾否犯罪，为此案独一主要争点，乙应照常负其证责，不得利用此推定，是也。

三、常人皆受心神无恙之假推定。

此推定，在刑事案，最为重要。缘犯意为构成犯罪之要件。必其心神无恙，而后乃得诛其意也，惟民事案主要争点在兹者，间有变例。如甲没遗有田产，其子乙将继承焉。丙谓甲临终遗嘱畀以田产之半。乙曰，甲疾革昏瞀，纵有遗嘱，亦乱命耳。则丙应证其为治命，不得利用此推定，是也。

四、人之行为，其必然与或然之效果，为常虑及所知者，得推定为之者心欲其然也。

例如厝火干薪之下，焚烧为必然之效果。向市抛掷砖石，伤毁乃或然之效果。是皆常虑所及知者。法律推定形于外者，必有诸内咎之攸归，不容诿卸。欧美学者言此推定，厥力之强，几于确矣。不如是，无以杜巧辞，而惩鲁莽也。

五、凡动产之占有，其来历无证者，得假推定所有权随之。反证之责，由持异议者负之。所以维持财产之安全也。

六、信笺投邮，邮票黏足，住址姓名，详而无误，得假推定其曾以时送达焉。其笺面书有发信人住址姓名，并著名若无由投达，退还某处字样，而历久不曾退还者，则推定力尤强。

七、自护肤体，惟力是视，此人之常情。故伤害致死之案，得假推定伤者死者当时并不怠于护避。

八、男女在精通化育之龄，得假推定其禀有人道之机能，及衍嗣之能力。在美国诸州，男自成丁女自既笄以上，无论年龄若干，概推定其具此能力。英国，于男亦然，于女则否。吾国旧说，谓男子十六精通，六十四而竭，女子十四化育，四十九而枯。盖本于鲁哀公问孔子语，而附益之耳。此与种族气候风土体质有关，宜舍西例，姑举旧说，以俟专门学家正焉。

九、姓名皆同者，得假推定为同一之人名。类色状品质记号皆同者，得斟酌情形假推定为同一之物。

十、故意撕灭应保存之书证，如文书记录账簿之类者，得假推定其因不利于己而撕灭之。其涂串者，得假推定其因该部分不利于己而涂串之。

十一、当事人贿使或恐吓对造证人规避传唤，或移匿对造关要文书者，得假推定该项言证书证为大不利于贿劝移匿之人。

十二、当事人隐匿所藏书证，如文书账簿记录之类，或隐匿其原本，而仅提出誊本者，得假推定其因不利于己而隐匿之。其隐匿他种证据者亦同。但刑事嫌疑犯讳事不供，或民事当事人原得免除证人职务或业务上秘密责任，使之陈述，而不免除之者，法庭不得遂谓之隐匿，而遽为不利之推定。

十三、捏饰供述，或伪造文书者，得推定其事实真相为不利于捏造之人。

十四、当事人之一造知悉案中情节独详。对造所述如有不实不尽，正可当庭对峙驳之。然竟无正当理由而不到庭者，得推定对造所述不为无因。

十五、晤议数次，而后订立书契者，得推定议定要点悉载于书契。故主张遗漏者，须举证。主张悉载者，免焉。

国内法有推定国际公法亦有之。例如战时有中立国商船，往来于攻守同盟国之间，邮递公文书牒者，对敌国得推定其为通敌行为。又如宣战已传，中立国与交战国，或两国人民，交相懋迁大批货物，而中途声言所有权尚属或已属中立国人者，对敌国得推定为怀诈行为，而捕审之，是也。上述国内法推定通则，亦有可准用于国际公法者，例如平时商船以外国护照驶入吾国，其书面若有涂串之迹，得准用上述关于书证涂串之推定，是也。不惟推定为然也，即其他采证通则，亦往往有可准用于国际公法者。第非本书范围所届，故不备论。纵笔及之，借见一斑而已。

凡同一事也，其或观察异点，推定两歧，有利于此造者，有利于彼造者，学者称为推定之抵触。两触相销，再复于均。而立证之责，归于原负者矣。

推定之准绳，非皆一成不变。亦由首章所论证据征免之准绳，有视文献之演进，经验之递增，而与为推移者也。即如在昔交通未便，南北迢迢，行程艰滞，邮鲜专司，书札往还，动以月计，而中途遗失，又屡有所闻。当时苟有贸然为送达之推定如今日者，自必以谬妄见诮。盖准无定理，因时而迁。达乎人事物情之变，始可与秉捐益剂量之衡。先民有言，用法贵得法外意，岂惟推定一端为然哉。

当两造之具备也，腾喙而辩，反唇相稽。此造持之有故，彼造言非无因。承审之官，胸无主见，听闻为淆。或模棱滞案，或武断伤平。此冤滥所由滋也。倘能习之也，预辨之精，妥施推定之法，以判证责所归。则如理纲挈纲，有条不紊矣。

录自郭云观:《法学丛论》，张祜辑录，
第 5—15 页

论法庭宣誓

（1915 年）

夷考东西各国诉讼法，率令证人及当事人于其陈述宣誓以实之。而中华民国民刑诉讼律草案独不规定。属稿诸公有以国俗互殊，教宗互异，宣誓宜于彼，而不便于我，因不纳诸律文。意谓使具甘结，而辅以伪证之制裁，斯已足矣。愚窃未敢遽附其说。夫誓，由来旧矣。载于经，纪于传，散见于诸子百氏之书。朝野士大夫下逮闾巷蚩氓，无智愚老幼，凡欲矢志忠贞之操，表莫白之衷者，无不宣誓以为信焉。宣尼曰，予否天厌。晏婴曰，有如上帝。晋文指白水以明心，诗人矢皦日以征信。此尤誓辞之著者。自古迄今，斯风不替。今中华民国大总统之就职，亦行誓礼。辞曰，誓以至诚。而参军政编军籍者自总长将军以下，尤重宣誓。誓曰，若违其一，天谴法诛。此其义，数千载来深入乎人心，率土之民，罔不同喻，安在草律诸公之所谓不适乎俗与教也。至若周官言有狱讼者使之盟诅，则讼庭宣誓，在古已然。后世鞫供询证，不令诅誓，只取具文之甘结，其法陋矣。今不师盛古之遗制，不仿文明各国通行之法规，顾乃惟陋是承，环而觑国者将谓吾律何。抑吾为是言，非漫尚古制，徒袭通例也。试观我国俗，默察民情，礼教之泽未斩，神道之说犹存。释道耶诸教，固尚神道。即儒亦然，孔子于易传言天地鬼神祸福吉凶，孟子言事天事上帝，是也。人民闻法庭之有誓也，诪张诉讼之顽徒，必有趑趄而不敢前者矣。讦诬庇徇之左证必有自馁而反走者矣。夫诪张讦诬犹然，况夫性本谨愿听人唆使而讼者，或自疑其曲，姑讼以侥幸者，或此造不尽是，彼造不尽非，原可互让息争，而亦贸然兴讼者；凡诸得已而不已者，及闻法庭有庄严之宣誓，所欲未偿，而先须欺誓。受良知之谪责，冒人神之谴怒，有不废然戢念，归于无讼者乎。律止片言之增，国无涓埃之费，而狱讼可斩蠲省，听断易于得情，法孰善于此者乎。彼巨憝宿狡无赖之尤，冒死不辞，岂复畏誓；暨夫新学士夫，拾怀疑派之牙慧，遽以不信天道自鸣其高者，固多非誓之所能移。然四海之广，兆民之众，若辈拟之，不逮什佰之一耳。夫法，为齐民设也。是戋戋违经轶常者，奚足为病。况法庭固知游移赧怍者情曲，而毅然敢誓者未必皆直，知之而谨其防，随所迁遭而预为之差，则弊于何存。且当讼者证者之誓于庭也，履庄严之地，发警悚之辞，天道恶欺，良灵不昧，怵鉴临之在上，怀众目之环瞻，肃然宣誓，凛然入耳，有不悚然动其心者乎。其犹不掬诚吐实，而敢于讦诈匿节者，盖亦稀矣。纵犹讦诈匿节而能不忸怩于色，游移嗫嚅于词者，又加稀焉。其忸怩而游移者，吾从而辨其色，察其辞，驳诘所加，诚伪立露，其尚得遁情掩实耶。妙誓之用，乃可济律之穷，微乎至乎。或曰，宣誓事涉迷信，强国首务牖民，处今之世，日导民于物质文明之轨，犹虞不逮，何忍重以迷信蔽之耶。曰，今欧洲强国最以物质文明称者，非德意志耶。而德律，讼者证者皆须誓。其辞曰，严威万能之主宰，实监临之。法兰西之律亦曰，讼而不敢誓者，情虚也，勿听。他若英若美乃至与我同种同文之日本，其讼庭亦莫不重誓。厥效昭彰，而未闻有以蔽民讥之也。且使誓能蔽人，亦惟愚者蔽焉，而智者了焉。今吾国证者讼者无誓，而大总统总长将军有誓，是立法者智齐民，而愚元首总长将军也。不然，则所谓重要誓典，奉行惟谨者，将权要自欺欺人之事耳，吾不知立法者其何辞以自圆其说也。矧法庭宣誓，大抵肃立举手，自誓矢诚照实陈述，决无匿饰增减，否则愿受严罚。初不必尽用迷信字句。无论其人所信仰者，为儒为道为释为耶为回；其所忌惮者，为畏天畏法畏神畏上帝畏果报畏良知畏公论；皆可不问，各随其人主观之所信所忌者，以为欺誓之制裁可耳。或又曰，伪证之罪，律所严科，取具甘结，已足慑其心而使之不敢证也。奚以誓焉。殊不知法可以律夫意之形乎实者，而不可以绳夫意之丽乎虚者，何则，征据之难。夫法，亦仅责证者举所自信以述之耳。不幸而其视听有未审，其主观所信者，乃异乎事实之真相，此亦事所常有。揆诸情理，安得罪之。然所述是否即其所信，则惟述者所独悉，人莫得而知。述伪者幸运其然也，复不自承，而借以为辞，亦曰是吾所自信者耳。又乌从而反证之。则其脱纲也必矣。是法或穷于制裁，而刑几等于虚设也。果何所慑而不敢证哉。且取具甘结，事涉形式，仅可附卷备稽。责令宣誓，感动精神，可觇心理作用。故具结之效用，远不若宣誓之深入乎人心。况宣誓既毕，其誓词经签押后，仍当附卷备稽乎。嗟乎，人情诡秘，心曲难知，法律所不及，视听所不逮；所恃以察冥于昭，征微于显者，独赖宣誓一法之存；今乃并此而弃之，此愚所以为不可，而亟欲一质其疑也。

谨按：民国十九年五月，国民政府颁行宣誓条例十一条，规定凡文官自委任职以上，军官自尉官以上，自治职员县自乡长或镇长以上，市自坊长以上，教职员自小学教职员以上，须宣誓后，始得任命。如因特殊情形先行任事者，须于二个月内补行宣誓。又规定各种誓词格式，均殿以如违背誓言，愿受最严厉之处罚，各等语。并规定宣誓仪式，如宣誓须举右手，誓词须签名盖章等项。而民国十九年七月修正公布之乡镇自治施行法，且规定民国公民，无论男女，均须宣誓登记。可谓郑重其事，普遍推行。然则讼者证者之应当庭宣誓以昭诚信，更属理所当然矣。民国二十七年十月编辑时附注。

　　　　　录自郭云观：《法学丛论》，张祜辑录，
　　　　　第 16—17 页

上海应设特别法院以代会审公廨暨外交方面应如何进行议

（1920 年）

谨按：民国九年十一月间，司法部设立法权讨论会，研究收回法权事宜，聘大理院院长王宠惠博士为会长，并延聘会员十余人，按时开会研究。先生时任修订法律馆纂修，亦被聘为会员，因作此篇。——张祐注

会审制度，流弊滋多。其在上海辛亥以还，变本加厉，举世诟病。先是，尝有预见其贻害，而议另设法院以代之者。西历一八七六年，中国总税务司赫德氏拟有华洋诉讼改良办法。[①] 其后三年，薛福成氏著筹洋刍议，亦酌采其说。二氏所见略同，大旨如下。一、宜在通商巨埠设立法院专理华洋诉讼。凡洋原华被及华原洋被一切民刑案件概归管辖。二、由中国推事主审，辅以外国推事一员。外国推事亦

---

① 见英人摩氏所著《中国外交史》第二册附件赫德说帖。

受命食禄于中国政府。三、宜参酌中外律例，制一共通法典，以资遵守云云。而赫氏语焉尤详。谓此种法院应畀予职权，得径行传拘洋人令其到案。其论诉讼程序之改良办法，亦多可采。与中国现行制度大致相同，兹不具述。

夫审理案件以中国推事为审判长，襄审洋员由中国自由聘任。揆诸名实，此种法院固为中国司法机关。于我主权尚属无损。而洋原华被案件归此审理，则弊害滋多之会审公廨，当然裁废。华原洋被案件归此审理，则侵我法权之领事裁判，半归取消。以言治标，可以廓清公廨积弊，稍挽主权。以言治本，可由此渐进，以至完全废止领事裁判权。斯诚一举两得，可谓谋臧虑远。惜乎当时未见采纳施行。夫以赫氏声望之崇隆，特论之平允，乘中英烟台条约将订未订之时，首建此议，以备采择，而此议不用。薛氏衡论时务，灼见利弊，一时名贤如李鸿章曾纪泽黎庶昌辈皆大龃其议，而其议亦不行。甚矣挽救之难也。

虽然，此乃四十四年前事耳，厥后英美诸国与我缔约，订明俟我法律制度审检办法切实改良后，即允抛弃其领事裁判权。迩年以来，我国司法制度日事改良，成绩渐著。去年已在巴黎和会依约动议要求收回法权。今之视昔，时异势殊。昫者赫薛之所议而艰于实行者，于今重申前议，设立特别法院。采取渐进主义，所望未奢庶有豸乎。

惟是今昔情形不同，宜参赫薛原议而因时损益。略者详之，疏者密之。原议仅言专理华洋诉讼。盖当时所有旅华洋人均不归中国法权管辖，故以华洋二字区别管辖权之有无。今则不然，凡无国籍人无约国人以及有约而无领判权国之人民，既同在我国法权管辖之下，与华民无异。则此项外人与有领判权人民间之诉讼，虽云洋原洋被，自亦应归此特别法院审理。由是推之，原议华原洋被案件，不问有无领判权，既可审理，是已废弃所谓被告国籍主义。则有领判权国人民相互间之诉讼，亦何妨归此审理，以树撤废领判权之先声。原议置华洋推事各一。然现今通例，合议庭推事非五即三，厥数恒奇，便于取决。此节亦宜酌改。原议制一共通法典。当时中外法律迥殊，其为此言，诚非获已。今则中外法典大体不相背异，自应以适用中国法律为原则。按照《法律适用条例》，参考国家私法之学说以济其穷可耳。原议薛氏未言上诉办法，赫氏言之而不适用于今日。宜采二审制为原则。但应规定某种案件有不服二审裁判者，得上诉于北京大理院。

此外尚有原议所未及者。举其大者，如应置华籍院长一员，综理司法行政事务，直辖于司法部。又外籍推事由中国政府聘任，其聘期宜暂定年限。任内应遵守中国司法官规，享受相当保障。而最关重要者，厥为外籍推事之员额，应分期递减，代以华籍推事。期以十年，全数减尽。外籍法官减尽之时，即为中国法权完全光复之日矣。又同时应设特别检察机关。检察官亦应华洋并任，其在租界内有指挥华洋警捕之权。对于华洋人民得直接行使一切法定职权。例如得在租界内传拘人犯，其传票拘票无须领事签字。外籍检察官之任用待遇员额递减等等，均应比照外籍推事办理，至纯粹华人案件，则应由华籍推检办理。或竟划归上海地方审检厅办理，以清权限。此项特别法院，原属暂行制度。一俟领事裁判权完全撤销，租界收回之后，自应废止，以复法权常态，而崇体制。提议纲要大略如是。详章之订，可稍俟焉。

虽然，解决本问题，犹非订立章程之难也。今处积重之势，图挽救之方，无美饵以为我先，无威力盾我后。应先如何筹划，如何疏通，能使列强信服，就我范围，斯为难耳。夫设立特别法院之提议，实为撤销领事裁判权之初步。议者有意闻者自知。外交团于此必将开会集议，通盘筹虑，以决定对我方针。此其心理如何，政策如何，自当先行研究，亦知己知彼之道也。

外交团之态度及其意见，大约可为四派。有以领事裁判权及会审制度均为有碍于中国主权，揆诸法理，不应存在。惟中外法律迥殊，各国为保护侨民条约上之权利起见，此种暂行办法，诚非获已。一俟中国司法改良，著有成效，自当废止，以敦睦谊而昭公允。此法律派之说也。有自以为优越民族，不应受治于弱国法权之下。惟其不受中国法权管辖。故得享受种种特殊利益。幸而得此，方图保持之不暇，安能无故舍去。纵令中国国势转强，法律臻于完善，各国迫而舍去，亦应索取相当利益，以为补偿。此政治派之学说也。若夫阳借法制犹殊之名，阴图永久侵权之实。骤与之商，未必峻拒。进与之持，辄又巧避。此口法律而心政治者又一派也。至于人言保存，固乐均沾其利。人言抛弃，亦不独持异议。胸无定衡，随众进止，诸弱小国家其外交代表之态度大率如是。此又一派也。

兹所推测外交团之意见，虽未必尽中，要亦不远。我国提出此议，外交团中赞成者恐寡，反对者恐居多数。其反对者，必拒我之词，与拒我之术焉。

其拒我之词可测而知者，略举如下：

一、会审制度明载于条约，详订于章程，行之已久。今中国政府乃欲改之，是自蹈违章背约之嫌。况交还会审公廨一事，曾经外交部与外交团历次谈判，尚未有结果。今中国政府忽变本加厉，提出此议。与前此所主张要求者，不惟前后歧异，而且自相抵牾，何乃忽彼忽此。

二、中国法典尚未完全颁布，外国侨民既无由知悉，将何所遵循以为一切行为之准则。

三、即使中国法典次第颁布，然能否一一实行，尚属问题。证以外人观察所及，中国法令往往自为法令，而事实自为事实。此非过言，恐中国人平心自思，亦难自为讳。他日法典编成，其实施之效力若何，非待有事实证明，孰能逆知。兹事攸关重要，实为各国侨民生命自由财产之所寄托。外交团自应审慎考虑。还望中国政府先勉其在己者。

四、借曰，设立上海特别法院之举，中国政府异常注意。定将荟聚人材，认真办理，以博信用，而杜口实。则外人固亦甚望其能如是。惟衡论一事，与其凭虚而谈未来，孰若征实而觇现在之较为确切。中国设立特别法院，东省已有先例。然其成绩如何，稽诸中外报章之披载，证以东省归客之述谈，吾侪屡为失望，方悯俄人之不幸。今中国且欲推行其制于上海，各国侨民闻之，其欣戚之情如何，不问可知。各国代表态度亦当视民意公论为转移。纵愿勉徇中国政府之请，其将何辞以解侨民之惑。

其拒我之术可测而知者，略举数如下。

一、置之不理，催之不复。冀我败于自止。不然，或如交还会审公廨一案，外交部催复至三，外交团始来一答非所问之照会。

二、询之某国公使，则曰此事关系各国，办法宜取一致，当凭公决。询之领袖公使，则曰外交团开会讨论，各国代表多谓现时碍难赞成，待时机成熟再议。意在巧避，语遂含混。令我捉摸不住，驯至罢议。

三、或窥察我国提议办法要旨所在，必不轻于让步之处，故事要求修改，始肯开议。明知我将坚持不允，是终无开议之一日。

四、或言我国提议办法，乃由单方观察，多未妥洽。彼因另议自利之办法若干条，以与我抗衡。令我见其所议办法侵我主权益甚，有此法院不如无此法院之为愈。相持不下，终亦罢议。

五、或竟同时提出他项要求请我允许。如民国八年二月二十四日，领袖英朱使致外交部照会，将推广租界问题，与交还公廨问题，并为一谈，其前例也。视若两事，而隐以为交换条件。俟我允如所请，始肯与我开议。议之能否尽遂我愿，犹不可知，而交换之利益已先被其攫得。

使反对者所恃以为御我之词，拒我之术，果如上所推测。则我将辟以何辞，应以何术。亦宜预先考虑，以便肆应于临时。

抑鄙意为欲期此议之实行，恐非仅恃公文之往来所克奏续。当以分途疏通意见为要著。而现时尤当注重英美两国。美为较密友邦，素来对于我国较持公道。说以正理，不难见听。彼常诚意盼我力图自强，闻建新猷，应肯帮助。一俟美国赞成，并可托其疏通其他友邦。从旁关说，效力较宏。英国在华商务势力甚大，列强之中，居然领袖。我国此议能否遂愿，英实操其枢机。西历一九零二年英国与我曾订将来允弃领事裁判权之约。内有中国改良司法，期与泰西制度相合，英国允愿尽力协助之语。其明年，美国与我订约，亦有同样条款。今兹议设特别法院，正为着手改良司法，期与泰西制度相合之要，举亦为收回领事裁判权之预备。英美于此而不尽力协助，又将焉待。故就商英美，措辞较易。法国独据法租界会审公廨权。此议与彼利害关系甚巨。骤尔就商，恐遭峻拒。可暂置之。日本蓄意侵我主权，惟恐不深。就商无益，徒见侮笑。其余诸国代表，意见不一。类多随大国为进退，视多数为从违。然亦应分别疏通，庶使反对者减其猛烈，观望者化为赞成。则赞成者将助我愈力，助我之人渐居多数，则事有把握矣。

至磋商条款，宜分可让与不可让与两种。可让者不妨采纳群言变通办理。至若大体攸关，万难让步者，则应始终坚持，意决而辞婉，以待友邦之谅解。磋议之际，必有主要争点，如特别法院之外籍推检是否归中国完全自由任命。华洋推事之数孰多孰寡。又华原洋被案件乃至洋原洋被案件向由领事审理，今归划特别法院管辖，领事团能否放松。皆系不易即行解决之问题。然苟善与磋商，未必遂无办法。往者谈判会审公廨之交还，外交团所以坚欲中国政府任命公廨审员须经领事团认可者。其意非真谓中国政府不能选任贤能法官也。实以公廨审判实权，久已操诸领事团之手。反客为主，习以为常。诚恐中国锐图挽救，选择精通中外法律，兼谙外国语文，而且贤明刚正动争法权者，以为主审华员。则会审洋员将不复能操纵任意一如畴昔。故必要求任命同意，求其善承领事团意旨者充之。今特别法院原有外籍推事，不由领事会审，则任命同意问题或不至发生。即令发生，或不至执拗如前。至华原洋被案件及有领判权国人民相互间诉讼案件之变更管辖则交涉较难。领事团若固执不允，似不妨稍筹变通办法。惟无论何种案件，均应由华籍推事主审，以崇体制。重要案件有不服二审裁判者，得上诉或再抗告于北京大理院，以示主权所归。

除分别向领事团疏通外，尚需设法鼓吹海外公论，以为先容。领导国中舆论，以为后盾。凡会审公廨之流弊，领事裁判之缺点，中国司法改良之实绩，与夫近人民主权思想之发达，均须善为论述，广为传播。影响所及，障碍渐除。则于促进此议之实行，为助当非浅鲜也。

谨按：此篇作于民国九年之冬，民国十六年一月，我国收回上海公共租界会审公廨，设上海临时法院及上诉院。享有领判权之外侨为原告者，该管领事仍有观审权。民国十九年春，我国与各国签订协定，改设上海特区地方法院，及江苏高二分院。至是，会审制度始完全取消。然检察实权大半仍操诸上海工部局。翌年八月又将法租界会审公廨收回，改设第二特区地方法院，及江苏高三分院；而称公共租界之地院为第一特区地方法院焉。民国二十一年，先生奉命来沪长第一特区地方法院，迄今七载，仍任斯职。尝闻先生曾于民国九年开会讨论收回法权时，发表意见，以为长此因循，恐收回无望。操之过急，复虑引起反感。计惟采取定期收回办法，较为稳健。宜即与各国磋商渐进方案，期以十年，完全收回法权。期限必将到来，法权终当光复。当时会员韪其议者颇不乏人，外国人士亦颇赞成此议。惟会员中有嫌十年之期太长，主张急进者。议遂寝，蹉跎至今，垂二十年，而法权之未能完全收回也如故。欲速不达，至可惜也。民国二十七年十月编辑时祜附记。

　　　　　　录自郭云观:《法学丛论》，张祜辑录，
　　　　　　第 18—22 页

女子继承财产权

（1927 年）

此篇为先生在燕京大学课余演讲之记录，诚我国今日改良立法之重要问题，可为南方政府新领法令之研究的张本。先生曾将此记录刊印单本百份，分赠司法界立法界诸要人。以其传布未广，特选载于此。

女子应否有财产继承权，中外学者著专论者，颇不多见。盖外国女子有财产继承权，多已视为当然而莫之疑，故论之者少。中国女子无财产继承权，向来亦视为当然而莫之疑，故论之者亦少。今方除旧谋新，由无而有，法例初改，疑问自多，遂有专研详论之必要。

法律上所称继承，大要分为宗祧继承与财产继承。我国向以礼制立教，注重延续宗祀，而视分产为余事。虽三代而后，宗法弛废，然嗣统相续，以延禋祀，犹视为民间大事。凡取得宗祧继承权者，家产继承权即附属焉。宗祧继承向取男系主义。女子既不能继承宗祧，遂并其继承财产权而亦失之。故依旧律，除其父有遗命特给财产外，女子不能主张有与其兄弟同时承受遗产之权利。试举例说明之：

　　例如某甲遗产值洋一万元，死无遗嘱。家有嫡庶子男各一，女二。依法分配，嫡庶二子，应各分得五千元，二女无所得焉。虽未嫁女子之将来出嫁费用，常为预先提留，或预约分担，然此与为男子预留娶媳费用无异，初非继承财产也。又如甲有子二，女二，私生子一，则长次二子各分得四千元，私生子分得二千元，二女仍无所得。又如甲有女二，私生子一，别无子嗣，则应择立亲房或远房之侄辈一人为嗣子，遗产由嗣子与私生子均分，二女仍无所得。若甲并私生子而亦无之，则嗣子继承遗产全部，二女仍无所得焉。须俟同族同宗之中，绝无应继之人，亲女始得承受遗产，谓之承受，别于继承也。但按诸民间习惯，凡死而无子，而遗有财产者，其亲属大抵多方设法为之立嗣。所谓待生立嗣，虚名待继，同宗无人推及同姓，种种立嗣方法，层出不穷，务使宗祧与财产，并归嗣男一人继承而后已。遂令序居最后之亲女承受遗产权，终无实现之一日。虽在事实上亲女有时亦侥幸分得少许，然在法律上固不能主张丝毫权利也。

　　其实宗祧继承，与财产继承，本属二事，不可混为一谈。凡与宗祧设置有关联者，如祖先神主祭具坟墓祠堂家谱之类，固在宗祧继承范围之内。至若田地房屋，钱项债权，一切通常动产，与宗祧之事无连带关系者，应许女子亦得继承。夫私生子与赘婿，固亦如女子于法不能继承宗祧者，然法律犹许私生子赘婿与嗣子均分遗产，足见不必继承宗祧，而后能继承财产。故何以独于女子，则两种权利，一齐剥夺？夫女之于父，骨肉至亲也。乃于分析父之遗产，既不能济于嫡庶子男之列，又不能自比于私生子，甚至不能追随疏房远族偶尔入继之嗣子，以求丝毫之分润，坐视故父遗产，移让他人，骨肉至亲，反同陌路，天下失平之事，孰有甚于此者乎！且使女子嫁得其所，不待外家遗产之饮助，权利被夺，犹可勉强容忍。设或遭遇不幸，中道困穷，嗣男据分外之产，亲女有饥寒之忧，衡以常情，忍乎不忍？

　　吾人且不必远征西哲天赋人权男女平等之学说，以相驳诘。只需反求良知，度以情理，同为骨肉，而子女悬殊，胡为礼法，失平至此！凡物不得其平则鸣，此乃自然之理。顾女子受教育者甚少，且大都秉性羞怯，习于苟安，终莫敢自鸣其不平，而要求继承制度之改革。而为男子者，优享权利，视若固然，孰念柔弱，肯分余润？亦罕有代女子鸣其不平者。即使间有体恤女子，愿为秉公定制，究不若女子自计之密切，为能维持两性均衡。往事之可征者，姑勿论泰西各国，即在旧昔中国，亦不乏其例。古者丧礼：父没子为母齐衰三年，父在子为母齐衰期年。唐武后请于高宗，父在亦为母齐衰三年，厥后遂著为定制。至明时，定子为父母皆斩衰三年，相沿至今无改。是父母之丧服，卒能渐臻于完全平等，黎然有当于人心者，未始非武后一言启之。前乎唐者，不乏贤君良相，然皆习焉不察，此无他，男子之代谋恒不若女子自计之密切，为能维持两性之均衡。昔人欲请周婆制礼，可谓滑稽而知言。上举之例，原就丧制而言，假使创设分产法例，有女子焉参预其间，则男女权利必不至悬殊至此，盖可断言。

　　以上所说，系旧律时代情形。民国肇建，百度更张，原应颁布新律，涤除旧习。惟重订民律，殊费时日，缓不济急，乃为民国元年三月十日大总统命令，略称：凡从前施行之法律与民国国体不相抵触者，均暂行援用等语。因之现行民律关于继承部分，仍是旧时律例，沿袭未改。对于女子，尤属轻视，为文明各国所罕见。应如何改革更新，尚待将来国会议决。新律未颁布以前，大理院判例，与法律有同等之效力。惟大理院究属司法机关，不能更改法律，只能酌量解释，稍剂情理之平而已。查民国三年大理院上字第六六九号判决略称："义男女婿为所后之亲喜悦，犹许酌分财产，则依当然类推之解释，亲女苟为亲所喜悦，应酌分财产，毫无疑义。"按"应"之为义，为必须之意，犹言多寡虽无定准，却不可不酌分也。自是亲女在法律上受酌分遗产之权利始以确定。但所谓酌分财产，多寡若无定准，援用未免困难。迨民国七年大理院复有上字第七六一号判决，略称："亲女为亲所喜悦者，其母于父故之后，得以遗产酌给，但须较少于应分人数均分之额。"此一判例，看似限制酌给之额，实则亲女承受遗产之权利，可由此渐跻于男女平等。以其不称女份应得子份之半，或几分之几，而仅称较少于子份，可见限制甚宽。苟充量而给，未始不可几与子份相等。例如遗产二万元，有二男一女，男各分得七千元，余下六千元，即以给女，自为法例所许，以给女之数，固较少于二男分得之数也。惟普通家庭，多不知有此项判例。或虽知之，多囿于习惯，不肯援用。而女子大半智识幼稚，不知依法请求，坐致法律赋予之权利，亦不克享受，岂不可悯！

虽然，上举两个判例，犹以亲女为其父母所喜悦者为限。若喜悦条件，偶有争执，即将失其承受遗产之权利。夫义男赘婿，来自异姓，以义而合，原非骨肉之亲。以喜悦为酌给财产之条件，借示奖励，尚属不无理由。若夫亲生之女，父母鲜有不爱者，何必增此赘文，徒滋疑惑。况于嫡庶子男，乃至苟合私生之子，不问其父母喜悦与否，概许继承财产，何以独于女子，则必以父母喜悦为条件，岂不费解？其实女子性情，较为温顺，多应为父母所喜悦，天下逆子甚多，逆女究属较少。乃法例对于女子，偏欲苟其条件，未免有失情理之平。

民国十五年修订法律馆刊发民律第二次草案，其继承编第四十三条规定："所继人之亲女，无论已嫁与否，于继承开始时，得要求酌给遗产，归其继承。"观此条规定，较之大理院判例，已再进一层。

有可注意者三点。（一）判例仅称亲女，此条则称亲女无论已嫁与否。明定范围，庶援用之际，不滋疑问。（二）判例仅称酌给亲女，此条则称亲女得请求酌给，是由被动之酌给，进而为主动之请求矣。（三）判例称酌给亲女财产，以亲女为其父母所喜悦者为限，此条则无此项限制条件，是女子行使权利，又少一层障碍矣。

该民律第二次草案，犹未公布，而本年春间，国民政府已以承认女子有财产继承权闻矣。据报载国民政府以财产继承权，向来只限于男子，而女子不与焉，殊欠平允，乃议决改革财产继承制度，其大要如下："财产继承权，应以亲生子女及夫妇为限。如无应继之人，及生前所立合法之遗嘱，所有遗产，收归国有，以为普及教育之用。但在死者生前，确系受其抚养者，得按其生计状况，酌给财产。"按此项改革之议决，直接间接引起法律问题甚多，是否完全适合国情民意，众意纷纭，莫衷一是，兹不具论。第就承认女子有财产继承权一端而论，则吾人固甚赞同而毫不迟疑者也。报载简略，未审详细办法如何。子女应分之额数，未言孰多孰寡，自可推定其为平等均分。又照此议决，不独为女者可继承父产，即为妻者，亦可继承夫产。我国向来习惯，妇人亡故，遗有私产而无遗嘱处分者，应归其夫承受管业。但夫亡无子，则其妇暂受夫产，留待应继之人，不能自行继承夫产。此亦男女权利不同之一端，今亦改革矣，此层当俟另日专题计论。兹所欲研究者，乃亲女财产继承权而已，即狭义之女子财产继承权也。

综览新旧法例，女子财产继承权之演进，凡经数个阶段。旧律时代之女子，几乎完全无权继承。稍进而大理院判例，始许亲女之为其父母所喜悦者，应受遗产之酌给。再进而民律第二次草案，删去喜悦条件，并许女子关于遗产之酌给，得为主动请求。其对于扶助女权，不可谓不注意。此虽尚为草案，未经颁行，亦可以窥见立法政策之倾向。惟该草案所谓亲女得请求酌给者，"得"之为义，请求则给之，不请求则不给，势必使性情谦逊之女子，独受其亏。夫权利固可自由抛弃，但须知全国女子曾受相当教育者，平均百无二三，其能不囿于习惯，而知援据新法，请求酌给者，试问能有几人？且酌给额数大有伸缩余地，权利分量，既不确定，他人即易上下其手，终恐难收扶助女权之实效耳。今南方政府毅然议决承认女子有财产继承权，与男子相提并论，不分后先，数量平均，莫得增减，一经法定，不待请求。苟兄弟分产之际，不为姊妹留应得之份，而自支配，则其分产即属违法无效。此其拥护女权，何等简直了当！尚幸北方现行法例，苟充量而给，亦可几于子女平等，已如上述，不难再进一步趋于全国大同。女子有权继承财产，在我国虽属创见，而在文明各国，大都视为常则。例如素有世界模范民法之称之德国民法，即规定财产继承，子女同在第一顺位平等均分。第一顺位云者，犹言首先继承也。女子与得财产继承权，不独于女子本身有利，而社会受益亦多。我国广土众民，风俗习惯，随地不同。且人民智愚不齐，贫富互异。举一概余，势难曲当。兹为便利讨论起见，姑就寻常人家而言。其利益之大者，略述如下：

（一）重男轻女之陋习可以破除　我国古书中有生男弄璋，生女弄瓦之语，一贵一贱，几如璋瓦之分。虽实际上差别，不至如此之甚，然世俗大都不重生女重生男，实无可讳。推原其故，不外谓有子可以承祀祖宗，可以持家养老，而女儿长大，则须出嫁别姓，为父母者徒任养育之劳，不获报本之实，故轻视之。虽然，承祀制度，有谓体教攸关，应予维持；有谓事涉迷信，应予废止；一经现代新潮流冲荡之后，能否继续存在，尚不可知。即使不至完全消减，今后社会上宗祧观念，必较薄弱。承祀制度不能再占重要地位，致使男子权利，超越女子，如旧昔者，殆可断言。至于持家养老问题，自欧化东渐，人民新思想，日以发达，旧时大家庭制度，将渐化为小家庭制度。男儿娶妻之后，多自立家庭。且以生计日艰，舟车便利，常别父母，离乡井，营业供职于远方，致其父母难于相随依倚，以视女儿长大适人，不能与其父母常聚，实无以异。所仅异者，男儿对于父母首先负有扶养义务，而出嫁之女则无此义务，有之亦位居最后耳。然此非女子之薄待其亲也，权利与义务，原系对待而生，向来父母财产，既由男子独承，则扶养父母义务，令男子独担，原系情理当然，不必其孝事之心有过于女子也。法律上所谓扶养，仅指无自活能力需人赡养者而言。惟我国素来以孝立教，父母就养于子，视为天伦乐事，不必尽系无自存能力。诸子分产之际，其父母如不欲另提膳业，以自养赡，则由诸子轮流供养，此可称为孝养义务，以别于扶养义务。今女子既亦获得继承财产权，则其对于扶养或孝养父母之义务，无论在道德上在法律上，均当乐为同时分担，自不待言。供养之需，大半发生于父没母存之际，揆诸常情，母女相依，较之姑媳聚处，尤能融洽无间。父母既知女子亦可恃以他日养老，则其爱女之情，自不亚于爱子。行见家庭中重男轻女之陋习，消除于无形矣。其利一。

（二）女子教育可以发达　现时统计全国人民之曾受教育者，女子远不及男子之多。缘大半父母心理，送子入学，引为当然责任；送女入学，常视若可有可无之事。如是而欲望女学昌盛，将俟何日？今女子既有继承财产权利，因是而发生孝养与扶养之义务，终其身与父母有密切之利害关系，则为父母者，愿其女之成立，与愿其子之成立，心同理同，自必不分子女，一样造就。他日男女教育，平均发达，其必权舆于此矣。其利二。

（三）争产纠纷可以减少　我国宗法社会之习惯，凡死而无子者，例应立嗣承祀，遗产亦归嗣子继承。利之所在，房族有应继资格者，争先恐后，往往争继霸产，构成嫌怨。其下焉者，甚至同室操戈，缠讼经年，甚无谓也。今女子既有继承财产权，则凡无子而有女者，其遗产继承权既有所属，房族即不能觊觎非分，家庭无谓之争端，法院纠缠之案件，总可以减少许多矣。其利三。（按无子立嗣，导源于宗祧观念，南方新法实行之后，立嗣制度，能否继续存在，尚属疑问。即使仍存，嗣子除当然继承祭产以资维持宗祧外，其余财产，恐须有遗嘱特赠，始克承受。不然，亦须素系受彼继承人抚养者，始克酌给财产，其详办理法究竟如何，尚待查考。）

（四）夫妇平等可以实现　我国习惯重男轻女，然夫妇名分，固属敌体。说文训妻为齐，犹言与夫齐体之人也。惟名分上虽齐，实际上夫权究多偏重，其偏重之主要原因，不外家庭经济大权，操于夫手。为妻者身无资产，对于良人，即不得不仰望而终身。在伉俪素敦者，固无分彼此，而遇人不淑者，此愈依赖，彼愈专横。明知女子经济不能自立，纵欲援引夫妇齐体之义，主张名分，以维持女子人格，势亦有所不能。遂不得不委曲屈伏。暴虐之来，只得吞声忍受。于是夫妇之道苦，而家庭之幸福亡矣。今女子有权继承母家之财产，世俗之见每不免为势利观念所牵。妻有独立资产，庸夫即无所挟持，以作威福。藐侮之念，未始不可以因此而戢；相敬之心，未始不可以由此而生。而后女子之人格，可以保持，夫妇之真正平等，可以实现。其利四。

（五）女子业务可以发展　世人每诉女子不能自立，依赖男子为生，徒增负累而已。其实女子并不缺乏营业本能，徒以向来受礼仪之束缚，乏练习之机会，而又不得继承财产，无所凭借，以图经济上之发展，致陷于今日之地位，其咎固不尽在女子也。从前欧洲女子，人亦多疑其缺乏营业能力。迨欧战之际，男丁尽数征发，女代男工，成绩卓著，乃知女子营业能力，在某种事业范围内，并不逊于男子，而精细且过之。吾为此言，非谓女子均应舍家庭而营业务也。所谓贤母良妻主义，自有其相当价值，固不可否认。然所处境遇，人各不同，自不能一概而论。女子有终身不嫁者，有嫁而不育或育而殇夭者，有未育而寡者，有子女业已成立别无家累者，有迫于境况不得不自谋生计者，如此之类，苟能自营业务，其有造于家庭与社会，当非浅鲜。我国法令固许女子注册营业，有夫之妇，商得其夫同意者，亦得独立营业。农商部为奖励女子投资振兴各种实业起见，曾颁布女子兴业奖章规则若干条。国家提倡，不为不力，而女子营业者仍属寥寥。此无他，女子向无独立财产，以为经营资本，无米之炊，巧妇所难也。今女子有权继承财产，则在其特有财产范围之内，便有所凭借，以谋发展。行见女子业务，日以发达，国民之工作能力，与货殖效率，同时增进矣。其利五。

（六）家计困难可以济急　向来家庭经济来源，惟夫一人是赖。假使夫所继承财产无多，或竟无所继承，但凭一己才能，经营生计，以资仰事俯畜，而中道罹于疾病，残废或遭其他不幸之事，则八口之家，立抱冻馁之忧。今其妻有权继承母家财产，缓急挹注，比较可以无虞。一家经济，多一来源，患难中必减少几分危险，不至颠连无告。世人动称娶妻增加负累，今后娶妻，有时且可减轻负累矣。如其家道平顺，丈夫能始终维持一家生计，并无须用及妻之财产之孳息，则妻可以其私财妥存生息。姑以二十岁出嫁，有资二千元而论。年息一分，复利计算，积至二十年之久，本利可逾万元。如系不动产，则积储孳息，数亦称是。寻常中年妇女，有资万元，决无衣食不给之患，虽不必家家女子，均有财产可承。但全国平均计算，今后女子决不若旧时女子之徒增负累，实彰彰明甚。其利六。

依吾人视察，女子之有财产继承权，利处甚多，略如上述。惟新法初行，民间未惯。问难质疑，在所不免，兹试解答如下：

或曰继承财产权，向惟男子有之，今令其姊妹加入均分，此得彼失，兄弟财产，亏损一半，男子将不赞成。其实殊不然，姊妹既可分去一份，妻室亦可带入一份，出入相抵，平均统计，一家财产之总数，仍未见亏损也。且向也财产惟夫独有，今也夫妇分有。惟夫独有，倘负债，可致荡产破家；夫妇分有，夫虽破产，其债权人不能索及妻之特有财产，一家生计，不至陷于绝境，此亦分有制度之赐也。如谓男子应继之份减少，有妨其业务上活动能力，殊于社会不利。此亦一偏之论。经营业务，固不能全然无所凭借，须有相当财产，以资发轫。但所需多寡，随境而殊，却无一定标准。穷通成败，要视其人经营能力与机会如何耳。征诸实验，大丈夫真能兴家立业者，得助于遗产者常少；而纨绔子弟，坐袭厚产，逸豫致败者，屡有所闻。遗产之不可专恃也如是。况社会通病，正非患贫，而患不均。男与女，等是人也。兄弟姊妹，同属父母之遗。今不恤念女子额份之有无，而独斤斤然计较男子所分之多寡。知有男而不知有女，于理不公。损姊妹以自肥，于情何忍？不独大戾男女平等之义，抑且有违先圣亲亲之教。设使无一姊妹，而兄弟增多，亦不得不按人数均分，额份亦因减少，则又谁怨？且使子实不肖，而女则贤，有女分继并承，免致祖遗财产，尽数荡散，抑亦有家者深谋远虑所宜及。奈何必以男子为孤注，纵不辨是非，独不顾利害乎？

或又曰：设某甲遗有家资十万，子女各二，生平经营致富，多赖二子襄助之力，二女无与焉。若令子女四人平等均分，是二子勤不加奖，未免有失公平。曰，是亦不难调剂之使平。我国继承法采用特留财产制度。民律第二次草案，明定总财产之半，为特留财产，给与法定继承人。其余一半，被继承人得自由处分，或生前赠与或遗嘱给与，均无不可。即如上举一例，某甲应至少特留家资一半五万元，给与子女四人均分，是为法定之额，得将其余五万元充量分给二子，作为特与，每人二万五千元。结果子每人共得三万七千五百元，女每人得一万二千五百元。不过子所能得者，此为极多之数，只许减少，不许再加。女所应得者，此为极少之数，只许增加，不许再减。多少两数之间，饶有伸缩余地，一以被继承之意旨为准。苟女贤而子不肖，则反之可也。或又曰：设某甲生前无特与，临终又无遗嘱，则如何？曰，是亦不难调剂。按大理院四年上字四八号判例要旨，略称：析产虽以平分为原则，但若因其中一人或数人之特别勤劳，家产显有增加者，自可酌量情形，对于其人从优分给等语。是亦不失为法律调剂之一道叹。（上引大理院判例及民律草案，原指男子继承而言；但女子一旦获得同等继承权，该项法例，当然不分子女，一律适用。）若子女贤劳相若，理应平等均分，自不待言。惟男子因承宗祧，所需费用较繁，例如岁时荐祭扫墓葺祠修谱等项，素由男子支出，女不与闻。欲剂之使平，可于家产未分之先，估计承祀常年需费，提出基金若干，然后由子女均分余产，则权利义务亦无不平矣。

　　或又曰：法律承认女子有继承财产权，在新式家庭，固无不遵照办理。在新旧参守之家庭，亦不难变通迁就。独在守旧顽固家庭，重男轻女之积习，一时牢不可破，仍将各行其所是，悍然不顾法律之诏命。若干涉之，则恐滋纷扰，若放任之，则多数女子永无振拔之日。若是者，将如之何？曰，是亦不难解决。夫家产应由子女均分云者，乃法律准情酌理，规定原则，以树大公至正之准。惟人事不齐，势难执一而论，法律为尊重处分财产之自由起见，又许被继承人得酌量增减应分之额数，与特留财产制，相辅而行，前段业经说过，故分析家产，子女额份不必常系均等也，其系均分者：如子女贤能相若，父母钟爱平均，因令均分家产，此一例也。又若子女贤爱虽不相若，但父母雅不欲显示厚薄，仍命令均分家产，又一例也。若父母生前毫无表示，则依法支配，应令子女均分家产，莫得增减，此由于法定者也。倘若被继承人，不愿其家产依法支配令子女均分，无论其不愿之隐衷如何，尽可在其生前或以遗嘱，对于继承人中之一人或数人，于不违反特留财产规定范围内，酌提财产特与之，以增加其应分之额，此固法律所许。即以所问顽固家庭为例：设某甲极顽旧，平素重男轻女，成见甚深，有资产一万二千元，子一女二。不愿其女与子均分家产，尽可提出资产一半六千元，作为特留财产，分给子女三人，每人二千元。余下六千元，尽数再以给子，作为特与。如是，则其子一人共分得八千元，较之女所分得，增至四倍之多，某甲亦已遂其重男轻女之私矣。夫法律原以子女平分财产为原则，而其极端例外，乃有二与八比之可能，以适应极端例外之情形，亦已不惜尽量变通，力为人民多启方便之门。苟某甲犹以为未足，抗法不遵，欲将女子权利剥夺无余而后快，是真冥顽不灵，阻碍社会进化之蠹物。法庭为保障人权计，一经告诉，自有相当制裁，以绳其后，公道犹存，人心自快，凡稍有天良者，必不以新法为纷扰也。但有不可误会者，适举极端一例，绝非法律预留重男轻女之地步，乃法律尊重处分财产之自由耳。若反其道，给女之数，多于给男，正亦法律所许。总之，法律以男女平分为普通原则，又规定均分特留财产，为最低限度。此外特给子女财产，如何增减，悉从被继承人主观之判断，庶新旧家庭，各有酌量余地，以各适其宜。而后新法可以奉行不敝，此乃立法者之微意。其于特留财产之外，不欲再给子女，而以赠与他人，或捐助公益者，亦均听自由，法律无所容心于其间也。又按民律草案，既许财产继承人受有特与或遗赠者，不必归还，仍按法定继承份，分得遗产。而特与遗赠之额数，除须不背特留财产规定外，又别无明文限制。试充量引申其疑，遂有上述极端例外之可能。虽立法之意，系尊重财产处分之自由，然各继承人所得额数，未免相差太远。现时民间重男轻女之成见，大半尚未破除，势必男份常多，女份常少。应如何设法可使旧式家庭愿将女份增加，渐与男份相等，须赖教育陶化，与宣传工夫，非复法律能力所及。法律只能定一最低限度，令提总财产一半，为特留财产，由子女均分而已。考之外国立法例，有规定：有子女一人者，应提总财产之半，为特留财产。有子女二人者，应提三分之二。有子女三人以上者，应提四分之三。如是，则被继承人自由处分之权较为缩小。惟立法政策，要须通盘规划，不能仅就一端而论其得失耳。

或又曰：我国向有父债子还之习惯，以子有继承父产之权利，即有偿还父债之义务，实为情理当然。今女子既亦有权继承父产，则父债亦应由女还乎？此在遗产多于遗债，或二者相埒，不过尽产先以还债，尚不成问题。苟遗债浮于财产，只有义务，而无权利，如令女子亦负责偿还，是国家新法本意，在扶助女权，而其结果，转使女子有意外之累，未免与立法之精神，大相径庭。故依当然解释，女子对于继承财产，应为有限之承认，即以所得财产为限，清偿遗债，此外不负责任也。

或又曰：向来家庭生活常费，及子女教育费，均由夫负担。今女子既与男子同有财产继承权，设夫亦以男女应当平等为理由，要求其妻分担家庭生活费用，则法律将许之乎？曰，当分别而论。苟其夫力足供给家用，又令其妻分据，譬如妻承得母家财产值洋二千元，每年应分担家用四百元。五六年之后，私产即罄，其结果不啻将母家财产二千元，全数移赠丈夫，而妻本身依然一无所有，殊失法律扶助女权之本意。故当其夫资力足以供给家用之时，法律不应令妻分担费用，其理明甚。然亦非完全不应分担。依一般法例，夫对于妻之特有财产，虽不能任意处分，却有使用收益之权，借以补助家用。倘若夫之资产告罄，家用不继，则揆诸夫妇一体患难互助之义务，其妻万难坐视不救。斯时即有起而负担家用之义务。不特用其孳息，并应用及本金。要而言之，家庭费用之重要部分，夫妇不应同时分担。应先后分担，乃为平允。民律第二次草案规定：由婚姻而生之一切费用，归夫担负。但夫无力担负者，妻担负之。即此意也。

或又曰：女子主张继承财产之权利与男子平等，及说到经济上义务，如偿还父债，则必驻女子只认有限责任；如家庭费用负担，又必曰夫先而妻后。见权利则争先，见义务则退后，似于男女平等之义，未甚贯彻。其实不然，须知男子经济上活动之能力，常较女子为优，此非女子天赋智能弗及男子也，实别有原因甚多。原因之属于人为者：如女子教育，不如男子教育之发达。女子职业范围，不及男子之广，而又拘于礼仪习惯，不能如男之攸往咸宜。原因之属于天然者：如女子体质不如男子之粗伟，臂力不如男子之刚强，而生理上有种种不便，如月事，如怀孕，如生产，如哺乳。凡此种种原因，无论由于人为，或出于天然，皆能减少女子在经济上活动之机会，工作之能力与时间，而女子所优为之事，如综理家政，抚育子女之类，虽其有造于家庭与社会，与男子职务，异曲同工，又皆纯尽义务，无丝毫薪资之收入。维此之故，女子之有待于经济上之补助，恒较男子为急。即其负担经济上之义务，应较男子为轻。看似未平，实则平之至也。

然则女子获得财产继承权，遂绝无问题乎？曰，有之。最感困难者，厥惟财产管理问题。我国女子向乏管业经验，而读书识字者，平均计之，复百无二三。一旦授以财产，则移交手续如何，何谓债权转让，何谓推收过户，字据单契，如何辨认，簿册如何记载，账目如何核算，钱项如何存放生息，以及田屋租收，完粮纳税，种种手续，纷至沓来。男子为之，有时尚不胜其繁难；女子当之，自更莫知所指，势不得不仍赖男子代为管理。然为目不识丁之女子代管财产，最易滋疑。姑勿论疏远之人，往往亲如丈夫，伯叔，兄弟，亦难始终保其信用。甚有积疑生隙，伤及家庭和睦者，此不可不慎虑及之。而夫妇之间，财产界限，尤难认真分别。若遇横霸寡情之男，对于妻之财产，任意侵蚀，或久假不归，甚或蒙混典卖，无所不为。若与之争论，则伤及夫妇情分；若听其所为，则私产将归乌有。若是者，将如之何？

此种管理财产问题，非可片言解决。须从各方面同时设法补救，乃克有济。下列数端，尤当特别注意。

（一）产业之种类　家产种类包括甚广，举凡一切动产皆是。分产之际，配给女子继承之份，应以众目共见，难于移动隐匿者，如田地房屋之类为宜。此类产业，一经依法登记，他人不易擅行变更，嗣后惟有按期收租之手续而已。而不动产上之权利，尤以单纯所有权为最宜。其共有，活卖，典押，质当之类，易滋争执，均所宜避。倘遗产中缺乏不动产，或虽有之而为数甚少，不敷支配，则给以他项财产，以出纳手续，谨严详细，莫得上下其手者为宜，如著名有限公司之记名股票，稳固银行或殷实钱庄之长期固定存款，或复利积存，或按期取息，随人随地，择宜而行。要以本金安稳为重，孳息利率为轻。最靠不住者，莫若给以活动资金。女子智识幼稚，或贪图重利，滥行出贷；或轻信人言，妄事投资。证以实例，鲜有不亏赔者。故分给女子财产，不可不注意其种类。此犹就一般女子而论，若在有夫之妇，其特有财产，尤当与其夫之财产，有显著之区别。如不动产应行登记，股票存款，悉应记名，均须单用妻一己名义，明确记载，使与夫之财产，判然有别。如此，行庄有簿可稽，登记官署有案可查。权限分明，书证确凿。倘夫负重债，至于破产，其债权人自亦无所借词，以混牵妻产，移偿重债。若系活动资金，或不易有特别标识之动产，即不免有卷入漩涡之虞。故欲保护妻之特有财产，尤当注意其种类也。

（二）法令之保护　当此过渡时期，女子智识幼稚，阅事未深，每易受人欺蒙，或自蹈错误。故关于女子财产之事，法律自应特予保护。凡登记官署，公司银行，店铺舟车及一切人等，关于女子，尤其是未受教育之女子，产业注册，钱项收支，以及各种物权债权之得失变更，如女子无相当代理人为之处理，均应特别注意真相。稍有怀疑，为保护女子利益起见，即应详细查问，或邀佐证，或觅妥保，苟或有所忽，以致滋生不利于女子之争端，法律即令其人负立证责任，须证明其不怠于注意，乃克免责。虽手续有时未免稍涉繁难，然丁此过渡时期，宁以审慎为妥。

至于夫妻间之财产关系，我国民律第二次草案，为保护妻之特有财产起见，参照各国立法先例，设有种种规定，其大要如下：

一、夫妻成婚时，关于财产，无特别契约者，其财产关系，应依法定财产制。

二、妻于成婚时所有之财产，及成婚后所得之财产，为特有财产。由夫管理，夫得使用收益。但管理上各种费用，亦由夫担负。夫不能管理时，妻得自行管理。

三、夫于管理开始时，须即开具特有财产清册，交付于妻。并因妻之请求，有定期开具清册，及随时报告管理情形之义务。

四、夫以妻名义借债，或让与特有财产，或以其特有财产供担保，或增加重大担负者，须经妻之同意。其未经妻同意而为之者，妻得不经夫参与，径在裁判上对第三人主张权利。

五、在夫管理期内，妻欲处分其特有财产，夫无正当理由，不与允许，而妻能证明其处分为有利益者，无须经夫允许。

六、在夫管理期内，如有必要情形，妻得向夫请求提供相当之担保。

七、倘若离婚，夫应即清算交代，将所管特有财产交还于妻。如有损失，并任赔偿之责。

以上列举法条大意，其保护妻之特有财产，不为不周。盖女子有财产继承权，辟一经济来源，即不可无法定财产制度，以善其后。既具能取而得之，又能保而有之，而后名实兼焉。

（三）智识之灌输　虽然，法律之保护，固属周密，惟所谓夫有开具清册随时报告之义务，恐无甚实益。盖我国现时女子读书识字者，如此之少，即有清册报告，恐亦莫名其妙。若请他人代为核对，又显倚不信任其夫之嫌。若含混存之，设有不实不尽之处，徒然自留不利之证据而已。岂惟无益，且贻害焉。至于要求其夫提供担保一层，亦显系疑夫无信之表示；而在裁判上等向第三人主张权利一层，又不啻迫令该第三人仍向其夫诉追。故此办法，皆未免直接或间接予丈夫以难堪。夫妇间以物质之争，诉诸法律，虽在外国大都视若常事，但揆诸我国礼俗，当婚姻关系存续之时，妻对于夫多持委婉容忍态度，以顾全丈夫体面。除非别有不得已原因，已达可以别居或离婚之程度，鲜有仅以财产争执之故，遂对其夫出以露骨主张者。况因丈夫无赖，擅自处分妻之财产，至于迫而争执与讼，其夫多已濒于荡产，事后挽救，亦多莫及。即幸而财产获全，而夫妇恩义已伤，未免得不偿失。利害相衡之下，妻为财产之故，遽引法律以绳其夫者，恐多不觏。由是观之，仅恃法律规定，将徒有保护之名，仍不能常举保护之实。顾吾非谓法律规定之不当也，不过我国礼俗习惯，积重难返，一旦进于法治，民未相习，疑惑为难情形，一时或所难免。他日教育普及，习闻已久，男子渐认应负之义务，女子渐悟应享之权利，权义观念，渐趋一致，自能人人享受法治利益于无形矣。

此时欲谋标本兼治之方，以补救法律所未逮，当以灌输常识，使女子自知管理财产，以防患于未然，最为切要之图。处境人各不同，女子固不必人人均须自行管理财产，但自己若有管理常识，即托人管理，亦能自行随时监察稽核，不至受人欺蒙。出嫁之后，固多由丈夫代为管理；然丈夫或因事远游，或素性浪荡，或屡失信用，或精神衰弱，或肢体残废，或死亡，或与离婚，或有其他原因，不能继续管理，妻自己若有管理常识，一旦接受自行管理，亦不至茫无头绪。欲灌输管理常识，窃谓当从教育入手。自今而后，全国女子中小学校，应设家政必修科，而以管理财产一门为该科主要功课。其课授方法，不可徒恃书本。务使各生实地练习，少谈普通理论，多讲本地经验。例如关于田宅一项，单契字据，悉用真本。格式如何手续如何，举例如多，洪织毕具，何处最为扼要，何弊最宜慎防，倘有争执，如何应付。又如存款一项，银行如何，钱庄如何，存单存折如何辨认，利率如何计算，单折倘有遗失，如何办理，示以模范，证以实例，口讲指画，务使诸政各知隅反而后已。学有余力，然后课以女子在法律上之新地位，与夫处世接物必需之常识。女生经此一番训练之后，其管理财产之知识与能力，未必逊于通常男子，且或过之，亦未可知。此项课程专为中小女学而设。其学龄已长，无入中小女学肄习之机会者，则为暂时计，似应在高级学校添科补习，或由专家调查各处地方关于管理财产之通行方法及特别习惯，时在各种女子杂志上发表切要论文，以资灌输常识，或以通俗文字刊行小册，人手一编，以备随时参考。又现时平民教育运动，风靡一时，骎骎乎有普及全国之势。应将女子继承财产权，及管理方法，择要编入平民课本，或另编专号，以为平民教育丛书之一，俾得随风普及。至于大多数目不识丁之妇女，亦非全无补救之可能。乡村城镇之间，总有几个较为开通之女子，似可就地建设妇女分会。有女学之处，附设更便。一面定期讲演当时当地女子管理财产之常识，树之风声，以资启牖；一面兼设常川顾问部，以备文盲妇女，遇有问题，随时咨询，是亦不失为治标之一道欤。上述种种灌输常识之方法，尤以中小学校课授，最为治本之要道。一俟教育普及，全国女子均需入学，关于管理财产事项，人人得有相当知识。今日之良妻，即他日之贤母，以其所习于学校者实施于家庭，膝下儿女，耳濡目染，随时讲解，辗转传习。数十年之后，管理财产一门，皆将实习于家庭，不复恃学校之课授矣。

综而论之，女子之有财产继承权，实开我国空前未有之局。应如何善为保持，勿徒尚虚名，须兼务实益，以期男女平等精神之实现，此不佞所以欲贡其一得之见以备采择也。

录自《燕大月刊》1929 年第 4 卷第 1 期，第 4—23 页

论陪审制度之利弊

（1930 年）

谨按：先生于民国十九年至二十一年间，先后在北平燕京大学，及南京中央政治学校讲演陪审制度之利弊。此系讲稿纲要。——张祜注

陪审制度利弊互见，学者议论纷纷。兹试折中群说，参以己见，举要如下。

（甲）陪审制度之利

一、贯彻民治精神　一国之主权在民，必使人民实能行使主权。议会所以使人民参与立法，陪审所以使人民参与司法。二者并举，则立法之意旨，与司法之趋向，互相呼应，而后克举民治之实。

二、普及法律知识　人民参与陪审，耳濡目染，渐知法律精神之所在，及其运用方法。行之日久，法律常识不难由此辗转灌输于全国人民，引起其对于法律之兴趣与敬重，于以树立法治之基础。

三、增加司法信用　施行陪审，则审判大权不至全操于政府官吏之手。事实之认定，既由人民参加决断，诉讼当事人受侪辈公意之评

判，虽败诉受罚，亦可无怨言。

四、扶助司法独立　有选自民间之陪审员决断事实，以奠裁判基础，审判官可不受外界势力之挟制，致有所顾忌瞻徇。盖有民意为之后盾，较易保持其独立精神。

五、防止法官专擅　陪审代表民众意见，集思广益，公论所存。审判官不致逞其私臆，出入人罪。

六、易于发现真实　审判官常须回避本籍，于其所辖区域内之风俗习惯，每难彻底明了。陪审员则选自本地，熟悉民间情形，往往能于望闻之间，辨别虚实情伪，可以祛除官民隔阂之弊。

七、调剂法理人情　审判官长于研究法理，每易凭其主观，偏重理论。陪审员来自民间，熟谙社会实际情形，较能以客观态度评断事实。又陪审员凭其常识，就案论断，不为司法传统观念所束缚，注入几许普通人情，使呆板严刻之法律，顿现活泼气象。宽严相济，庶得情法之平。

（乙）陪审制度之弊

一、观察或异　审判官核定举证范围，陪审员评断证据分量。然往往审判官视为重要者，而陪审员未加省查；或审判官以为无足轻重，而陪审员反特加注意，致所认定事实，未能首尾一贯。

二、滥行拒却　陪审员选定后，例应通知被告。被告依法得不说明理由指名拒却。顾被告有时滥用此权，事前请人刺探陪审员意见如何，以为迎拒之准备。或竟干请行贿，无所不至，以致有识自爱之士不为关说贿赂所动者，常在被拒之列；而公正之审判，遂无由实现。

三、易流武断　陪审员每凭一己之些许经验，或原因不同之类似事实，或偶悉被告平素行为及一二私事，辄怀成见，据以评断。又或案情复杂，证据错综，陪审员多无法律知识，复乏审理经验，往往仅得皮毛，遂下评断。

四、易受外诱　外界利诱威胁之来，易为所夺。报章之记载，乡党之浮言，以及律师之巧辞雄辩，每易动其听闻。而当地一时之舆论，尤易先入为主。又常因党派异同，或其他利害关系，不免牵于情感，滥行职权。

五、责任心轻　事非专习，职属义务。陪审人数众多，易于推诿责任。且不受官署督察惩戒，利害愈轻，每不免草率塞责，若审判官则有专门学识，有专司职务，有保障，有惩戒，终身其事，欲树令名。实非偶尔参与之陪审员所可同日而语。况陪审员多忙于一己职业，最畏拖累费时。案中情实如何，往往不暇深加体察，同事有先发表意见者，辄群相附和，但冀敷衍了事。

六、误断难改　陪审评议结果，例不附具理由。设其所循途径，不遵审判官所指示，或误会其要旨，或竟不依凭证据，而漫加判断，他人实无从而批评之。当事人亦不能于上诉时指驳更正。至审判官之裁判，则依法须制裁判书，叙明事实理由，以资折服，而便复按。彼此相较，得失可知。

七、审理稽延　施行陪审，手续太繁，如召集拒却补充说示评议不一而足。有时且交付再议，甚或另召陪审。繁琐迁缓，拖累实甚。

八、涉于宽纵　陪审裁判，依照统计所得，科刑较轻，宣告无罪者较多。沽恩市惠，使民轻于试法，有背刑期于无刑之旨。

（丙）中国应否采行陪审制度

中国古代法制，有与陪审制度相似者，历史学家有考述之者，兹不具论。第论近事。清季光宣之际，修订法律时，伍廷芳博士草拟民刑事诉讼章程，采取陪审制度。其后编订民刑诉讼律草案，删除不用。入民国后，鲜有提议仿行此制者。迨民国十六年，广东国民政府颁布参审陪审条例三十二条，然亦延未实行。及移都南京，司法院院长王宠惠博士发表司法改良方针，内列宜略采用陪审制度一项，至十八年八月十七日，国府公布反革命陪审暂行办法二十八条，惟制定此法，乃根据党治时期特殊之立法政策，与普通所称陪审制度颇有出入耳。十九年八月，闻中央政治会议通过法院组织法立法原则十二条，未见采用陪审制度，殆以时机尚未成熟欤。[①] 故中国应否采用陪审制度，至今议论仍分为赞成与反对两派。两派理由略述如下。

（子）赞成者之理由

一、恢复盛古良制　稽诸典籍所载，周官司刺之讯万民；王制疑狱汜与众共；家语称孔子为鲁司寇，断狱辄进众议；孟子谓国人皆曰可杀，然后察之可杀焉，然后杀之。此其旨趣与近世陪审制度，隐相契合。故采用陪审，非尽踵效他邦，实仍发扬古训。

二、顺应世界潮流　世界闻名各国，施行陪审制度者，十居八九。东邻帝国尚且争先恐后，愿以司法大权公诸民众。况我中国，政号共和，权由民主，安可自甘落后。

三、其他采用陪审制之利，已见上述。不赘述。

（丑）反对者之理由

一、人民程度幼稚　外国教育普及，人民受过相当教育，可充陪审员者甚众。中国识者比较极少，不敷轮流分配。征应频繁，义务太重，谨愿者徒苦烦扰，狡黠者反资以为利。

二、国家经费支绌　日本采用陪审后，除设备经费不计外，每年经费闻需增多七百万元。中国地广人众，以彼例此，需费岂只倍蓰。夫推广法院，改良监狱，均为当务之急，尚且经费无着，安有余力

---

① 其后《法院组织法》公布施行，不采陪审制度。二十七年十月编辑时附注。——张祜注

及此。

三、其他采用陪审制之弊，已见上述。不赘述。

此外尚有持折中论者，以为陪审制度利弊参半，中西民情互殊，诚有难以强合之处。中国不妨参照日本新制，缩小范围，严定办法。试行若干年后，如有成效，再行推广。如无成效，设法改良，或竟废止。视试验之效果及社会之需要如何为断。

大抵在野学者，多持赞成论。在职法官，多持反对论。地位不同，观察遂异耳。

录自郭云观：《法学丛论》，张祜辑录，

第 31—35 页

书世界法学大家列传后

（1930 年）

　　群哲之法学，亦即窥见其一斑矣。或高明而旷远，阔论乎法之本原。或沉潜而缜密，详究乎法之体用。或务博综，以资比较。或倡统纂，以昭划一。或重史实源流，以明果因。或求法律实效，以厚民生。各视其所逢时世，所处社会环境，与其学诣经历之所属，蕴积激发，抒为至言，以示兴革应循之准则。诸子时异地异，观点不同，立论遂殊，然平心论之，要皆各有特殊贡献，足为阐明法学之助。读者似不应先怀成见，强为分别门户，过事抑扬。自宜兼收博采，舍小疵而取大醇。察同于异，以求其通。又宜明了时地背景，虚衷体悟，而后知立言传世之不易。凡今人所视为法学上之一般定理，而莫之疑者，多为前哲当年心思才力之所注。不知几经研索参证，而其理始定，其疑始释。今之肄习法学者，食前哲之赐，固已多矣。虽然，治学安有止境。学者荟萃群说，参较而平亭之，发其余蕴，而匡其所未逮，推陈出新，卓然成一家言。非不可几而至也。顾视致力何如耳。耶璘氏有言，假途于罗马法，而无迈越之。夫岂独罗马法一科而已，凡学皆然。后起之英，其及时自力，无让群哲专美于前也。

录自郭云观:《法学丛论》，张祜辑录，第 56 页

编译中外法律计划书序言

（1932 年）

谨按：先生任司法行政部参事时，兼充编纂室主任，多所规划。此编译计划，即其工作之一部分。是年冬，先生奉命令调沪，其后编纂室同事亦多相继调沪，致原定计划未克一一实现。——祜附注

我国司法法令，近年次第改进。骎骎乎跻于世界新法之林。顾一般外人，仍多未加重视。其中虽有囿于成见，未有虚衷涉览；然中外文字悬殊，译本缺少，宣传功疏，实亦有以致之。吾人亟应反求，弥此缺憾。矧外人侨居我国，完全受我法权支配者，其数日多，亦应广译法令，俾咸晓明内容，而后知所遵守。故须将中国现行司法法令，择要译成外国文字，以期普喻，而正国家观听。我国方以收回法权为务，此举实不容缓。至精选外国法令，译成汉文，酌加注释，亦为当务之急。盖近年我国立法主义，大致仿效泰西各国。渊源所在，不厌求详，背景旨趣，均应研讨，而后论法用法，始不失其真谛。非独学者所应知，实亦执法之官所不可忽。抑更有进者，法院审判涉外民事

案件，依据现行《法律适用条例》，动须直接援用外国私法。今之法官，非皆通习洋文，其通习者，势亦不能尽谙各国文字，不有译本，必至临案茫然，判断无准。兹所举论，无一不基于实际上之需要。编纂室职司五项，而以编译中外法令，为其主要工作，职是故耳。惟是进行工作，必先具有计划。近年中国法令译成外国文者，及外国法令译成中国文者，虽不为少，然译本准确可资援据者，究属寥寥无几。且其间中外法令，屡经修订补充，原译多不适用，亟待审查厘正者甚多。爰将所有中外法令官私译本，详细调查，分别编记入册。并定一分类标准，将要之中外译本，汇列成表，标注符号，略示若者可用，若者待校，若者已译未印，若者方译未竣。且以一表而兼纳欧美两派，复将中外法令互相对照，系统连贯，伦序分明，庶民使主编者一览而辨缓急后先之宜。分译者一览而感分工合作之趣。顾欲期译本准确，必先精选原本。翻译中国法令，悉据国内最新善本，自不待言。惟外国法令繁多，购置不易，所购置者，是否最后修订之本，亦往往无由悬揣。为求精确切用起见，本部近曾函托外交部，分函各国驻华使馆或代表，介绍该国法令之最新善本。业经各使馆陆续函复，抄转到部。凡所开书目，为本部及司法院图书室所未置者，正在编目订购，用集世界新法之大观。所有重要新籍，均拟审阅一过，作一提要备考，并依上述分类标准，酌量缓急，择要迻译，饷我法林。此编译计划之大要也。

每拟译一书，宜先作说略。兹举一例如下：

本编纂室译英国民事法例要旨汇览全书（甄克思原著）

译者宜于每条之下，附注英美民法之异同。盖英美法律虽同属一系，然其间互异者亦复不少。自宜征引名著附注异同，以免读者误会。并宜略注中国及其他大陆系各国民法条文，以便对照。此书且宜尽先迻译，理由如下。

一、英国法律素称纷杂无统，学者苦之，尤以留英之外国学生为甚。英伦法学家甄克思教授有鉴于此，因将其本国民事法例，仿照德国民法编纂体例，类辑成篇，秩然有序，允为近代法学名著之一。中国民法编纂体例原仿德国，此书译成，最便中国学者之研究。

二、中国政府创制法律，近效日本，远师欧陆。学校编纂讲义，每仅征引法德日本法律，略事比较，便号渊博。对于英美方面，素多隔阂。一览此书，可获他山之助。行见欧陆条理，英美实验，合炉而冶，则嘉惠法林多矣。

三、英美商务，在华称盛。此书译成，国人与英美商人交易者，可获以略悉其律例，遇事不至吃亏。

四、法权收回后，依照国际私法，应适用英美法律时，法官律师援引便利，不劳搜索。

五、此书词句，大都渊源判例，明显切实，期于普喻。中国立法体例，模仿欧陆，措辞往往过于抽象，常人难晓，法律知识不易普及。立法家得此可资借镜。

六、欧陆诸国如法德瑞士之民法，外间译本，虽欠精确，尚可略资参考。独英美民法，则全付阙如。补此遗憾，讵容再缓。

七、英国民法之普通原则要义，具载此书。设舍此而径译英国其他民商法律，深恐读者遽难了解。故译者应先从此书入手。

录自郭云观:《法学丛论》，张祜辑录，

第 57—58 页

中国国际私法沿革概要

（1933 年初版，1948 年增订）

国际私法学所应叙述范围之宜广宜狭，各国学者议论纷歧，迄无定准。顾名思义，诚宜以涉外之私法关系为限；惟国际私法学之主要目的，原在讨论法律冲突问题，而定其适用之标准；法律之冲突，固不限于私法关系，而往往涉及公法问题；故欲定其适用之标准，除私法外，公法如国籍法、民事诉讼法、破产法，亦涉及焉；乃至刑法之适用，欧陆学者颇有主张亦应并入国际私法研究者，即如一九二八年全美二十一国代表会议通过之国际私法法典，其中固列有国际刑法一编；总名国际私法，而内实兼涉刑法，识者不以为疵。我中国旧时律例，私法与公法并载，民事与刑事不分；兹欲叙述中国国际私法之沿革，势不得不姑采广义解释，兼涉刑法，以观其通。此一义也。又

本文最初曾载于《法律评论》（北京）1933 年第 11 卷第 2 期，之后在原文的基础上续增内容载于《新法学》1948 年第 1 卷第 4 期，2015 年被重新整理刊出，载《清华法律评论》第 8 卷第 2 辑。整理的版本依照 1948 年版，并参照了 1933 年版与 2015 年版。——编者注

法律之冲突，不独不限于私法，而且不限于国际。同在一国之内，各地法律不同者，适用上常起冲突，则亦可准用国际私法之原则，以资解决。如美之各州，波兰之各省，瑞士之各小州，英之各部分及各属地，亦皆准用国际私法。中国之于藩属蒙古西藏，亦犹是耳；故本文引及蒙古条例。此又一义也。草拟此篇，兼涉上述二义，而仍以国际私法之沿革为名。读者幸勿以辞害意焉。

近世法学家，论国际私法之兴起，必先有国际之交通往来，外人权利之保护，领土法权之自主，内外法律之互异，与夫内外法律之并用。五者阙一，则国际私法失其所由存。惟其存在之前提要件，有待乎外者多，故斯法本身之发达独迟。此在政教多门，群强并峙之欧洲，且犹如此，则在闭关自守，治权统一之中国，更属当然。然遂谓中国前此法律，绝无与国际私法相类者，亦非笃论。稽诸法典所载，求其近似，亦有可征者。

唐律名例门，化外人相犯条：

> 诸化外人，同类自相犯者，各依本俗法。异类相犯者，以法律论。

> 疏议曰："化外人，谓蕃夷之国别立君长者，各有风俗，制法不同。其有同类自相犯者，须问本国之制，依其俗法断之。异类相犯者，若高丽之与百济相犯之类，皆以国家法律论定刑名。"

唐律此条依疏议所释律义，与近世国际私法意义，及其前提要件，多相暗合，所谓"各依本俗法"者，即今之所称属人法；所谓"以法律论"者，即今之所称属地法，不过唐律不分民刑事件，一概适用此法；以视近世立法，将民刑事件分别规定，稍有不同耳。

宋袭唐律，沿用此条，不易一字。泊乎明代修律，窜改颇多。名例门化外人有犯一条，虽似保存，然其内容，已非旧昔。其文如下：

> 凡化外人犯罪者，并依法拟断。
>
> 纂注云："化外人，即外夷来降之人，及收捕夷寇散处各地方者皆是。言此等人，原虽非我族类，归附即是王民；如犯轻重罪名，译问明白，并依常例拟断。示王者无外也。"

唐律泛称相犯，义可包括民刑事件；明律改称犯罪，乃若专指刑事。唐律有同类相犯与异类相犯之分，而明律一概从同。唐律有"依本俗法"与"以法律论"之分，而明律不分，"并依律拟断"。是尽弃属人主义，而一律采用属地主义也。不宁惟是，唐律疏议对于化外人三字，从普通解释；而明律纂注，加以狭义之解释，谓即外夷来降及收捕夷寇散处各地方者。但如此解释，殊欠允洽；盖外夷来降，向化归顺，如有犯罪，治以国法，理所当然，不待专条规定。而收捕夷寇，事属俘虏待遇，更与内外国人平常往来者，不可同日语。是其立法旨趣，已失唐律之旧，而与国际私法之观念，相去益远矣。

清沿明律。《大清律例》名例门，亦载化外人有犯一条：

> 凡化外（来降）人犯罪者，并依律拟断。隶理藩院者，仍照原定蒙古例。

就文义言，来降之后，不宜仍称化外，故宣统二年修正刑律，改为归化入籍者，仍依律科断。文义诚较顺矣，然归化入籍，即是臣民，治以国法，自系理所应尔，似无另行规定之必要。至隶理藩院者，仍照原定蒙古例一段，系清初及雍正三年修律增入。缘蒙古部落，民情风俗，迥异内地；若悉照刑律问拟，恐多窒碍；是以另设蒙古条例，以示因地制宜之意。蒙古之例既与刑律不同，即适用之时，难免冲突。故律文之后，附有条例，规定内地蒙古人民犯事，所应适用法律之标准。兹照录如下：

一、蒙古与民人交涉之案，凡遇斗杀拒捕等事，该地方官与旗员会审明确；如蒙古在内地犯事者，照刑律办理；如民人在蒙古地方犯事者，即照蒙古例办理。（此条下段，并见理藩院则例审断门内）

二、蒙古地方抢劫案件，如俱系蒙古人，专用蒙古例。俱系民人，专用刑律。如蒙古人与民人伙同抢劫，核其罪名，蒙古例重于刑律者，蒙古人与民人，俱照蒙古例问拟，刑律重于蒙古例者，蒙古人与民人俱照刑律问拟。

上举条例二则，其所采主义，是否合于近世之法理，为另一问题，姑不具论；而观其体裁格式，与国际私法，颇多类似之处。或云，刑律为普通法，蒙古例为特别法。此言非是。盖依照上开条例，有时适用刑律，有时适用蒙古例，二者实平行而独立，具有如特别法之常应优先适用者在焉。

中国本部法律，与藩属法律，其适用之准则，略如上述。若夫中国与外国间之司法权限，以条约订定者，当以康熙雍正乾隆年间，先后所订中俄界约为最早。其约规定：越界犯事者，由中俄两国官员协同查讯；而审判处刑，则由犯罪人各本国官员办理。虽采属人主义，略似领事裁判权，然双方平等适用，无所委屈。至于其他各国，自乾隆四十五年，讫道光七年，此数十年间，屡有外国船上水手伤毙华人案件，均交由中国官宪，依照中国法惩办。但亦有由中国官宪依其本国法处断者。有抗不交者，则停其通商，故多就范。是其时涉外刑事案件，多依属地法处断，此固合于法学原理者也。惟中国刑律严峻，外人时有烦言，终谋脱我管辖。及鸦片战后，外人气焰骤张。道光二十三年（西历一八四三年）《中英五口通商章程》，始明订领事有权裁判。自是而后，美法义瑞等国，相继援例照订。兹举一八四四年《中美通商章程》为例，以概其余。

《中美通商章程》第二十款规定："嗣后中国民人，与合众国民人，有争斗词讼交涉事件，中国民人，由中国地方官提拿审讯，照中国例治罪。合众国民人，由领事等官提拿审讯，照本国例治罪。"又第二十五款规定："合众国民人在中国各港口有因财产互相涉讼，由本国领事等官讯明办理。"他约亦有订定由两国官员会同审断者，如《中英条约》是也。

此两款大旨，经转订入一八五八年《中美条约》，及一八八〇年《中美续约》。其他中外条约所订者，与此大同小异。由是观之，凡外侨被告之案件，无论刑事民事，纯采属人主义，一以被告人之本国法律为断。匪独适用其本国法律，并由其本国官员审判。似此蔑视中国领土主权，不惟国际公法之原则，摧残无遗，而国际私法之原则，亦少适用余地矣。

参考外国领事审理案件，大都袒护本国侨民，实际上多不依法办理。华人理直赴控，几无不败诉而还。谓予不信，有美国法学家韦罗璧博士之言可证：

"It cannot be denied that the consular or other officials holding the extraterritorial courts (in China) are under a strong temptation, which in many cases they cannot resist, to favor the sides of their own nationals who are the defendants in the cases brought before them. The partiality thus displayed is undoubtedly considerable, and in the courts of certain countries is so great that almost never is a verdict against the defendant obtained."—See W. W. Willoughby's article in "The American Relations with China." (p. 52.)

　　夫外国领事，既多不讲公道，何暇论及法理。惟英美两国，在华设有正式法院，其推事亦明皆习法律，办理华洋诉讼，间有根据国际私法之原则，适用中国法律或习惯者；如关于外人取得不动产物权，则根据不动产依所在地法之原则，适用中国法律。兹举一二要例，并征引原文，以便参证。

　　In the case of Macdonald v. Anderson (Tientsin, 1904) the Judge of the British Supreme Court for China, Mr. Bourne, said: "The Count administer the law of England (1865 Order in Council, 5), but what is the law of England in regard to immovable property situated within the dominions of the Emperor of China? Undoubtedly that rights in respect of such property shall be governed by the lex situs, that is, by the law of China." (North China Herald, Feb. 5, 1904, Vol. 72, p. 247−250.)

　　Again, Mr. Hinckley in his "American Consular Jurisdiction in the Far East," said: "As to the legal principles and forms under which foreigners acquire and hold land in China, it may be observed that it has been held in an English case that the principle that the title to realty is governed by lex loci is not affected by the rights of extraterritoriality. A British consular court before which real property rights are being litigated is to be governed in this respect by the Chinese law and usage."

"It is not unlikely that under the American foreign jurisdiction the same principle (of lex loci) would be followed, and only to this extent would the rights of heirs and successors be affected by the law of China." (p. 97 and p. 123.)

除不动产物权依中国法外；关于商事案件，间亦参用中国习惯法。其他案件之适用中国法律，则罕闻焉。

至中国官署审理外国人为原告或告诉人而中国人为被告之华洋诉讼案件，刑事，纯依中国法审断，自无问题。民事，依国际私法通例，有时本可适用外国法；只以旧时中国法律未备，而司审判者，又为县府道署及洋务局后改称交涉署人员，多非通晓现代法学者；又无律师出庭与之辨析法理，以资攻错；且依照中外条约，华洋民事诉讼，双方官员均先应"劝息使不成讼，其不能劝息者，则秉公定断，免滋讼端"。夫既存息事宁人之心，务求速结，则其多依普通情理处断，而不常引法理，概可想见。在此时期，国际私法之不能发达，固无足怪也。入民国后，虽新式法院次第成立，而此种畸形制度，仍继续存在。盖外国使领尝要求派员出席新式法院，与推事并座观审；中国政府以其破坏新制，绝不容许；因此，所有牵涉有领判权国人民之华洋诉讼，大都仍由县知事受理，外人可照旧派员观审。其上诉机关，为交涉员公署。彼县知事与交涉员，原系行政官，非有司法官之专门学识与保障；虽有时可派专员帮审，究非正席；外国人利其易与，多愿就焉。直至民国十九年，各省交涉署裁撤后，华洋诉讼始一律移归普通法院受理，与通常案件无异。观此，则民国成立以来，国际私法何以仍少应用机会，其故略可知矣。

上所论述，多涉管辖问题，至于法律适用法之本身，则有民国元年大总统以命令公布之《暂行刑律》，其首章法例，规定刑法适用之准则；关于涉外案件，以属地主义为原则，间采属人主义，或采折中主义，或采自卫主义，以资调剂。民国十七年，国民政府颁行《刑法》，其首章，大致仍旧，而规定加密焉；例如：中国人在中国领域外犯某种罪，以"犯罪地之法律以为罪者"为处罚条件之一，是也。至民国二十四年，《修正刑法》公布施行，其法例一章，大旨仍同。

关于涉外案件私法之适用，民国初年尚未颁布条例，惟北京大理院曾采用国际私法原理，著为判例，以资暂行援用。兹节录要旨如下：

一、契约　因契约所生涉外案件应以契约地法为准。（民国三年上字第六〇六号判决例）

二、不法行为　因不法行为所生债权之涉讼，兼取事实发生地法，及法庭地法两主义。（民国二年上字第一五五号判决例）

三、不动产　涉外案件因设定抵押权涉讼者，应以不动产所在地法为准。（民国三年上字第五六七号判决例）

然涉外案件，性质繁殊，寥寥数例，而且语焉不详，实不足以资应用。嗣因俄国革命，帝制推翻，新政权未经我国承认，所有东三省及津沪等处俄侨，均归我国法权管辖，涉外案件骤增；于是乃有民国七年八月五日《法律适用条例》之颁行。内分七章，都二十七条。其中规定，什九仿照德日先例。是为中国采行现代国际私法，著为条文之始。先是，北京司法部拟有《法律适用条例草案》二十八条，其第一条规定，"凡法律属于公法之规定，于在中华民国内者，不问何人适用之。"盖仿法意先例。迨公布时，则将此条删去，草案其余各条均仿德日先例，与现行条例略同。未几，欧战告终，德俄奥匈等国，先后与我国订约，正式声明放弃领事裁判权。兹举民国十年五月二十日所订之《中德协约》，关于彼此侨民地位之规定，为例：按民国三十年十二月中国对德宣战后，此约作废。胜利迄今尚未订立新约。

该《中德协约》第三条第一第二两项规定：

> 此国人民，在彼国境内，得遵照所在地法律章程之规定，有游历、居留，及经营商务，或工业之权利，惟以第三国人民所能游历、居留，及经营商务，或工业之处为限。（此与外国人之特种权利能力有关。）

又中国外交总长复德代表公函声明司法保障如下：

> 在中国德人诉讼案件，当全由新设之法庭，以新法律审理，有上诉之权，并用正式之诉讼手续办理。于讼案期间，德籍律师及翻译，经法庭正式认可者，得用为辅助。

再举民国十四年十月十九日所订《中奥通商条约》关于不动产及继承各准据法之规定为例：

该《中奥商约》第十条规定如下：

> 此缔约国人民在彼缔约国境内私人所有财产，有写立遗嘱任意处理之权。如在所在国身故当地无合法继承人时，其遗产应由死者该管领事暂时管理。此缔约国人民，如有财产在彼缔约国境内，而非在该国境内身故者，如无合法继承人时，其在彼缔约国境内之财产，亦得照此办理。若在海上身故，其遗产应送交附近该国领事馆。至不动产应按照不动产所在国之法律办理，关于此

等事项所纳赋税，不能超越所在国本国人民应纳之数。其他继承问题，应按照死者所属国法律办理。

厥后，墨西哥亦放弃领事裁判权。其新订条约，愿令其侨民受中国法权支配者，有芬兰、波斯、玻利维亚、希腊、波兰、捷克斯拉夫、土耳其等国。兹举民国十九年二月十二日所订《中捷友好通商条约》，关于国际私法之规定，为例：

该《中捷条约》第十一条载明：

两缔约国人民，在彼此领土内，私人所有财产，有依照所在国法律章程，订立遗嘱或用他种方法，自由处分之权。

此缔约国人民，在彼缔约国领土内身故时，该管地方行政官厅，应即通知死者所属国之最近领事官员；如此项领事官员闻讯在先，亦应立即通知该管地方官厅。两缔约国之一国人民身故时，关于继承事项应适用死者所属国法律。此缔约国人民，在彼缔约国领土内，所遗动产或不动产，应由死者所属国领事官员或其委任之财产管理人，协同该管地方官厅，依照死者所属国法律管理之。如依照其本国法律，死者确无继承人或遗嘱时，其财产应依照财产所在国法律章程处理之。关于遗产之任何争执，发生于财产所在国者，应由所在国法院审判。

此缔约国人民，在海上身故或在彼缔约国领土内，并无固定住所或永久居所，而于经过时身故者，其所遗财物及贵重物品，应不拘方式，交由死者所属国之最近领事官员，再行处理。

此缔约国对于彼缔约国人民，关于继承事项所征收之税捐，不得异于或高于所在国本国人民，在同样情形之下，所纳之捐税。

民国十八年九月十八日所订之《中国波兰友好通商航海条约》，其第八条规定，与上述《中捷条约》第十一条之规定，大致相同。

其与中国约定抛弃领事裁判权，而仍附以停止条件，暂不发生效力者，有比利时、义大利、丹麦、葡萄牙、西班牙等五国。兹举民国十七年十一月二十七日所订《中比友好通商条约》，关于国际私法之规定，为例：

该《中比条约》内附有两国共同声明书如下：

中比两国政府声明；本日签字之中比条约内，毋须加入保证华人在比国及卢森堡国适用关于个人身份之法律，及比人及卢森堡人在中国适用关于个人身份之法律；因两缔约国，除适用此种个人身份之法律有碍国内公共秩序外，于大体上，皆承认是项根据于国际私法之原则。

厥后，我国外交部继续与英美等国交涉，务期领事裁判制度一律撤销。国民政府曾于民国二十年五月公布《管辖在华外国人条例》十二条，旋因尚有窒碍，又经明令暂缓施行。据民国二十四年统计，当时各国在华仍享有领事裁判权者，有英、美、法、日等十五国，其经撤销或放弃或自始即无领事裁判权者，则有德、苏、墨、捷、希、智等十六国。然法院受理涉外民事案件，适用国际私法者，仍寥寥可数。

迨抗战军兴，国都西徙，太平洋战事继起，我与英美等国并肩作战，彼此休戚相共。乃于民国三十二年一月十一日，与英美二国分别签订《中美条约》及《中英条约》。取消英美在华治外法权，及其他有关特权。同年十月间，又与比利时、那威二国订立同样条约。次年又与坎拿大、瑞典、和兰三国，先后订立同样条约。胜利以还，又与法兰西、瑞士、葡萄牙等国陆续订立同样条约。至是，所有各国在华领事裁判权及其他治外特权，确已全数撤废无遗，国际地位臻于完全平等矣。至处理在华美军人员刑事案件条例，及关于中英军队人员管辖权换文，系基于互惠精神，属于临时性质之涉外刑事例外办法，与国际私法无甚关系。

兹节录前述中外条约之规定，与国际私法有直接或间接关系者为例：

（一）民国三十二年一月十一日所订《中美条约》，节录如下：

美利坚合众国人民在中华民国领土内，应依照国际公法之原则，及国际惯例，受中华民国政府之管辖。（此与涉外民事案件之管辖权有关。）

美利坚合众国在中国之法院，及美利坚合众国在中国之领事法庭之命令，宣告，判决，决定，及其他处分，应认为确定案件。于必要时，中国官厅应予以执行。（此与承认及执行外国判决有关。）

凡未结案件，如原告或告诉人希望移交于中华民国政府之主管法院时，该法院应从速进行处理之。并于可能范围内，适用美国法律。（此处所言适用美国法律，系一种变例。）

第四条规定美国人在华不动产既得权利之保障，及转让之限制。（此项特别约定，较不动产所在地法，优先适用。）

两国政府在各该国管辖所及之领土内，尽力给予对方人民关于各项法律手续，司法事件之处理，不低于所给本国人民之待遇。（此指诉讼救助，诉讼费用之担保，及一般司法上之救济而言。）

中国与英、比、那、加、和、法、葡及瑞典、瑞士等国先后所订撤销治外法权之条约，其有关司法事项，与上述《中美条约》之规定，大致相同。

（二）民国三十五年十一月四日所订《中美友好通商航海条约》，节录如下：

> 第二第三及第六等条大致规定缔约国此方人民及团体，在缔约国彼方领土内，从事商务、工业、科学、教育、宗教，及慈善事业之权利，暨应受之限制。
>
> 第八条规定（一）缔约国此方之国民法人，及团体，在缔约彼方全部领土内，应许其依照缔约彼方法律规章所规定之条件及手续，取得，保有，与处分地产及其他不动产。（此项规定，兼以申明不动产依物之所在地法之原则。）（二）倘不能在彼方领土内继承或受遗赠不动产，应许其相当期限内出售之。（三）对于一切动产，得以遗嘱，赠与，或其他方法，自由处分之。
>
> 第九条规定关于版权、专利权、商标、商号、文字、艺术作品，及工业品，一切权利之保护。
>
> 第十条规定伤害或死亡之民事上赔偿责任。凡此方国民在彼方领土内受侵害者，应给予彼方国民同样受害者所应享有之权利。（兼以申明侵权行为之责任依侵权行为地法之原则。）

综观上述中外各种平等条约，有关国际私法之规定者颇多。如中捷商约规定，继承事项及管理遗产，应依死者所属国之法律（即被继承人之本国法）；处分财产应依财产所在国之法律，无人继承财产之处理，亦应依财产所在国之法律。又如《中比条约》确认个人身份之准据法，及关于公共秩序之排除条款。又如《中美商约》规定彼此侨民从事各种事业，及享受特定权利之特别权利能力，暨其应受之限制；不动产特权应依物之所在地法；暨不动产之继承及受遗赠能力如有限制，应如何变通办理；及侵权行为之责任，应依侵权行为地法，皆是也。虽条约措辞用语，并不如是简约，而归纳要旨，实无以异。

凡诸条约种种规定，无不与现行法律同时并行。条约之效力，常与法律等量，有时或且过之。世界各国法制不同：有视法律与条约为两事，条约批准后，须另经立法颁行之手续，而后对于一般国民，始发生效力者；有认条约一经批准，对于国家及人民，同时直接发生效力者。中国现已采取第二种主义。见民国十七年二月间中央政治会议第一六八次会议议决民法总则编立法原则审查案第十端说明。故批准之条规，与颁布施行之法律，应同为法院审判案件之根据。不宁惟是，条约如有特别规定，应先适用条约。条约与法律如相抵触，应以条约之效力为优；斯为原则。亦经我国司法院明白解释。见民国二十年七月二十三日司法院第四五九号训令故治国际私法者，除研究各种有关系之法令外，不可不研究中外条约之规定。

试就司法实务言之，上海华洋杂处，外侨诉讼频繁。法院每年受理涉外案件，数以千计。据最近统计，自三十五年一月至三十七年四月，沪院审判涉外案件，适用国际私法者，凡一百八十七次。所引各国法律，有十九国之多。英国法引用六十五次，德国法二十九次，美国法二十一次，法国法十四次，苏联法八次，捷克法及匈牙利法各七次，其余各国法律引用三四次或一二次不等。办理此类涉外案件，现时各级法院所资为依据者，仍为《法律适用条例》，民国七年八月五日北京政府公布施行经国民政府通令暂准援用惟此条例本身已嫌简略，颁行迄今，虽逾三十年，而其解释例及判决例又极稀少，无以尽补充运用之能事。国际私法乃涉外法规之最重要者，中外人民利害攸关，亦即国际观听所系。自法权全面收回之后，涉外案件骤增，此法愈见重要，修订之举，似不容再缓。

民国三十六年十一月间，南京举行全国司法行政检讨会议。司法行政部参事室，上海高等法院及上海地方法院分别提案，拟请修正《法律适用条例》，当经大会并案讨论，决议："请司法行政部聘请专家，从速拟订《修正法律适用条例草案》，呈由行政院转送立法院审议。"等语，经纪录汇案送部办理在案。

按《法律适用条例》修正之议，不始于今日。民国十九年间，立法院法籍顾问宝道氏曾拟具修正意见书数千言，择要评论，非逐条签注。见《中华法学杂志》第一卷第三号。民国三十三年间，立法院编译处拟有《涉外案件法律适用法草案》，沿改参半，附有理由及参考资材。仅见二十二条，似为未完之稿。或云：此系涉外法规研究委员会初稿，未知孰是。胜利后，司法院法规委员会发表《法律适用法草案二十七条》，沿用原条例条文者较多，修改者较少，附有修改理由。民国三十六年十月间，司法行政部参事室拟有《法律适用法草案二十六条》，前数条说明，曾于司法行政检讨会议提出，余条说明未见。同年十二月间，国立武汉大学法学院院长燕树棠氏拟有《法律适用法草案修正案二十八条》，弁以概括意见书。此外学者对于《法律适用条例》某项规定，时有意见发表，散载于各法学杂志，不及备举。近年国内人士鉴于国际私法之重要，潜研攻错，不遗余力，洵为法学界良好之征象。司法行政部部长以上海法院受理涉外案件特繁，函命著者拟具修正意见，爰有《法律适用条例修正刍议》之作。惟院务殷繁，未专一其事。公退之余，陆续属稿，阅时数月，草就《修正刍议》三十二篇，每条附以说明，凡六万言；复将修订之条文重行排列，称为《涉外民事法例草案》，共三十二条；综计字数，较原条例增多三分之一。自维绠短汲修，难免疏漏。殷冀立法诸公，集思广益，折中至当，制成适合我国立法政策，而不违背现代国际通例之法律适用法，务期平允合理，切要易行；岂惟内外人民之幸，抑亦中华法学之光也。

录自《法律评论》（北京）1933 年第 11 卷第 2 期，第 1—14 页；《新法学》1948 年第 1 卷第 4 期，第 11—17 页

中外条约司法部分辑览

（1935 年）

序

　　法院办理涉外案件，往往须检阅条约。顾中外条约卷帙浩繁，新旧错综，为司法官者职务繁剧，平素既无暇详细研讨，临用检觅，自感困难。而各种条约之寻常版本，辗转翻印，又时多讹误，随便援引，尤虞不能准确。上海第一特区地方法院所辖区域，华洋杂处，涉外案件最繁。援用条约之时，常须多方翻检，期获明确根据；其需要之频繁，视其他法院奚翅倍蓰。不佞忝长斯院，有鉴于此，爰于公退之余，设法搜罗中外各种条约之善本，摘录其有关司法者，汇集成编。首著凡例，以明体裁。每辑一约，复加按语，略叙源流因革。是编原专供本院同人办案临时检阅之用，嗣以各法院行政官署学校私人函索参考者日多，油印本旋即告罄。遂稍为增订，交书坊印行。遗漏之处，仍恐难免。海内闳博，幸是正焉。

中华民国二十四年十月

郭云观

例　言

一　本书按类分编，每编依其性质，或以国别为目，或以签订之先后为序。

二　所辑条约，原应以现行有效者为限，惟间有旧约虽已满期，而关于司法事项，尚未订有新约，事实上仍暂照旧办理者，又不得不节录旧约，以供参考。

三　法院办案援用国际公约之规定，有可径行援用者，有须经过立法手续始可援用者，自宜注意。

四　约文解释，如有疑义，约内订明应依某国文字为准者，并注明之。但为节省篇幅起见，暂不并列外国文字。

五　编者为醒目起见，将所录条文，酌加圈点符号，其例如下：

　　甲　约文与司法有直接重要关系者，逐字加复圈如下：。。。。。。

　　　　例如：中外各约关于拘禁，审断，劝息，引渡，追缴，预约收回法权等规定是也。其全文关系司法者，则于其标题逐字加复圈，文内每句不复加复圈。

　　　　例如：上海公共租界内国法院协定是也

　　乙　因情事变迁，现已全不适用，或不全适用者，其句旁加直线如下：——

　　　　例如：中英天津条约第十七款所订会同审断办法，现已不适用，又如：中英烟台条约第二端，及中美续补条约第四款，所订观审办法，现已不适用于中国新式法院；又如：中法天津条约第三十九款所订"法国人与各国人有争执情事，中国官不必过问"之规定，现时亦多不适用。盖昔有领判权而今放弃者，其国颇

多；例如法国人对于无领事裁判权国如德国之人民提起诉讼，自
应归中国法院审理是也。余可类推。

　　丙　有特异之规定，为他约所罕见者，其句旁逐字加点如下：
. . . . . .

　　　　例如：中瑞那条约第三十三款订明"瑞典国那威国等人民，
凡有擅自向别处不开关之港口，私行贸易，及走私漏税，或携带
鸦片及别项违禁货物至中国者，听中国地方官自行办理治罪，瑞
. . . .
典国那威国等官民，均不得稍有袒护"等语，为中国政府保留法
权一部分，此诚当时他约所无者也。又如：关于犯罪引渡，中外
各条约尚无普通之规定，惟边界逃犯，如逃入香港缅甸越南澳门
等处者，中英中法中葡各约，订有拘送办法。

六　其非条约而与条约之适用有密切关系者，辑入附录，以备参考。

七　本书所录关于司法部分之约文，原系辑略便览，并非网罗靡遗，
盖所约事项，有似与司法初无直接关系，而一经发生争执，往往须由
司法解决者，例如：外国人在内地租地建屋所发生各种问题是也。此
类事项，不胜枚举，约章法令具在，自可临时检阅。

八　嗣后如有新订或改订之中外条约，自当随时增辑。

目　　次

第二编　有领事裁判权之条约附各国在华有无领事裁判权一览表

　　一　条约尚未满期者

　　　　中法条约

　　　　中巴条约

　　　　中和条约

　　　　中国瑞士条约

　　二　旧约虽已满期但未订新约暂仍照旧办理者

　　　　中英条约

　　　　中美条约

　　　　中日条约

　　　　中秘条约

　　　　中国瑞典那威条约

　　三　撤销领事裁判权之新约虽已签订但附有停止条件尚未发生效力者

　　　　中比条约

　　　　中义条约

　　　　中西条约

　　　　中葡条约

　　　　中丹条约

　　〔附注〕此外尚有中那两国代表换文亦附有同样条件见本编第二类内中瑞那条约按语本类内不赘载

第三编　无领事裁判权之条约

　　一　领事裁判权业经撤销或放弃者

　　　　中德条约

　　　　中奥条约

　　　　中匈条约

中苏条约

中墨条约

二　自始无领事裁判权者

中智条约

中玻条约

中国波斯条约

中芬条约

中国波兰条约

中希条约

中捷条约

中土条约

第四编　上海特区法院协定

上海公共租界内中国法院协定附照会，指令，协定纲要表，地图，及土地管辖之说明

上海法租界内中国法院协定附照会，指令，及解释

附录

法律适用条例

国籍法

民法总则编立法原则审查案第十端说明

关于条约对于人民之效力

司法院训令

关于条约与法律抵触时之效力

中外法院民事协助办法

管辖在华外国人实施条例

第一编　国际公约

各国禁烟公约

按语：各国禁烟公约于西历一九一二年一月二十三日在海牙订立，各国代表先后签字者，计有中国、德意志、美利坚、法国、英国、义大利、日本、和兰、波斯、葡萄牙、俄国、暹罗等十二国。兹将该公约关于司法部分，节录如下：

各国禁烟公约订于一九一二年一月二十三日共二十五条

第一条　缔约各国，应颁布有效力之法律或章程，以检察生鸦片之出产及散布，其已有法律或章程以规定本条所指定事项者，不在此例。

第六条　缔约各国应设立办法，以逐渐切实禁止熟鸦片之制造，及国内之贩卖并吸食，惟仍以与各该国情形相宜为准，其已有办法以规定本条所指事项者，不在此例。

第九条　缔约各国，应颁布法律或章程，以施诸制药业，限制吗啡、高根及其化合质料之制造、售卖、使用，但可供医药正当之需，其已有法律或章程以规定本条所指事项者，不在此例。各国并应彼此协力阻止此种药物之供他用。

第十五条　缔约各国与中国有条约者，应会同中政府设立必需之办法，以阻止在中国地方及各国之远东殖民地，各国在中国之租借地，将生熟鸦片、吗啡、高根及其化合质料，并本约第十四条所指各物，私运进口。一面由中政府设立相同之办法，以禁止将鸦片及以上所指各物，从中国私行运往各国殖民地租界地。

第十六条　中政府应订颁制药律，以施诸本国人民，将吗啡、高根及其化合质料，并本约第十四条所指各物之售卖散布，一概取缔，并将此项制药律通知与中国有条约之各政府，由驻京公使转达，凡缔约各国与中国有条约者，应研究此项制药律，如以为可，允即设立必需之办法，使此律实行于在中国之各该国人民。

第十七条　缔约各国与中国有条约者，应从事于采用必需之办法，以限制及检查在中国之各国租借地殖民地及租界内吸食鸦片之习，并与中政府同时进行以禁绝现在尚有之烟馆及与烟馆相类之所，其公众娱乐处及娼寮之内，亦禁止吸食鸦片。

第十八条　缔约各国与中国有条约者，应设立切实办法，与中国政府所设立办法同时进行，务令在中国之各国租借地殖民地及租界内现在尚有之售卖生熟鸦片烟店，逐渐减少，并采用有效力之办法，以限制及检查在租借地殖民地租界内之零碎鸦片商业。其已有办法规定本条所指事项者，不在此例。

第二十条　缔约各国应酌度情形，以颁布法律或章程，使违禁私有生鸦片、熟鸦片、吗啡、高根及其化合质料者，当受惩罚。其已有法律或章程以规定本条所指事项者，不在此例。

此外尚有补充本公约之《限制制造及调节分配麻醉药品公约》见二十三年二月二日第一三五二号《国民政府公报》，本编从略。

禁止贩卖妇孺公约

按语：欧陆各国于西历一九〇四年及一九一〇年，先后在巴黎订立《禁止贩卖白奴公约》二次，当时中国均未参加。至一九二一年九月各国代表在日来茆会议订立《禁止贩卖妇孺公约》，订明在约各国凡未加入巴黎两公约者，应即加入，我国素持人道主义，当时曾参与会议，嗣于一九二二年三月签字加入全部，并无声明保留，兹将各公约关于司法事项，节录如下：

一　禁止贩卖白奴一九〇四年公约一九〇四年五月十八日订于巴黎共九条

第一条　各缔约国政府应设立或指定一种机关，责以搜集各种消息，关于收集贩卖妇女往海外谋淫贱之营业，此种机关应予以与缔约各国同类机关有直接通信之权利。

第二条　各国政府应专在火车站启程港口及沿途，严密侦察带领妇女为淫贱营业之人。因此须训令各官吏及他种适当之人，在法律范围以内侦察各项消息以资破获非法之营业。凡抵埠之人显然为此营业为首之人或同党或被害之人，一经察觉，应通知其到达地点之官署，或报告有关系之外交官或领事署，或其他相当之官署。

第三条　各国政府应于事发之后，在法律范围以内，向为娼之外国妇女，取得口供，以凭指认及查出其根底，并可追究谁为怂恿其离开本国之人。此项所得之消息，应函告该项妇女之本国官署，以期达到遣送回国之目的。

各国政府应在法律范围以内并力之所能及，将拐卖无靠之妇女，委托公共或私立之慈善机关，或经呈有必要保证之私人，暂时寄养，以待遣送回国。

各国政府应在法律范围以内并力之所能及，将自愿送回本国或由管理人认领之妇女送回本国。但遣回本国须于面貌国籍及抵达边境之地方日期证明后，始能实行之。凡缔约各国，须予以通过其领土之利便。凡关遣送回国之函件，如能直达者，必须直达之。

二　禁止贩卖白奴一九一〇年公约一九一〇年五月四日订于巴黎共十二条

第一条　凡意图满足他人情欲，招纳引诱或拐带未成年之妇人或女子为猥亵之行为者，即得本人之同意，无论其构成犯罪行为在何国境内成立，一应科罪。

第二条　凡意图满足他人情欲，以诈欺、胁迫、恐吓、强暴或其他勒迫方法，招纳、引诱或拐带妇人或女子为猥亵之行为者，无论其犯罪要素之行为在何国境内成立，一应科罪。

第三条　各缔约国现有法律不足禁遏上二条规定之犯罪者，应担任使其各该立法机关采取或筹划必要方法之义务，俾此项犯罪、按等科罚。

第五条　第一第二两条所举之犯罪，应自本约发生效力之日起，当然的列入各缔约国现行条约内，作为应行引渡之犯罪。

　　倘遇不修改现行法律，则前项规定不能收效时，缔约各国担任使其各该立法机关采取筹划必要方法之义务。

第六条　关于本约所举犯罪之"诉讼嘱托"传达方法如下：

　　一　或由司法机关直接送达；

　　二　或由申诉国之外交官或领事官代为转致被诉国，此代转人将诉讼嘱托直接送交该管司法机关，并向该机关取得实行该嘱托之证明文件；

　　（在前两项情形内，诉讼嘱托之抄本，例须即时送致被诉国之高等机关。）

　　三　或由外交人员送达。

　　缔约国对于他缔约国之诉讼嘱托，在上列送达方法中，取用某或某某种方法，应各备文一一知照。

倘依本条一二两款办理之送达，发生窒碍时，由外交人员解决之。

除相反之谅解外，诉讼嘱托或用被诉国语，或用两关系国间之适当语言叙述之，或应于两种语言中任择一语译出附之，并由申诉国之外交官或领事官或被诉国之陪审译员校正之。

诉讼嘱托之实行，免纳一切税费。

附　葳事议定书

当本月条约将就签字时，各全权代表对于本约第一第二第三条所赅之精神，认为应特标明，并盼缔约各国，按其精神，由司法最高机关颁定实行或补充该约之规章。

甲　第一第二之规定，应视为最小限度，缔约各国政府尽可自由惩治其他相等之犯罪。例如以成年妇人为娼，并未加以诈欺胁迫者之类。

乙　为禁遏犯罪起见，第一第二两条内"未成年已成年"字样，自系指妇人或女子未满或已满二十岁而言。但如条约相同，则法律对于各国国籍之妇女，得将保护年龄增高。

丙　为禁遏此等犯罪起见，无论何种情形，法律应科以剥夺自由之罪，其应得主刑附刑仍照律拟，并应除被害人年龄外，将注意于当时第二条所指各项加重情形，或被害人确已有卖娼之事实。

丁　违反本人意旨留置妇女于娼寮者，虽其罪名重大系属内国权、不能不在本约范围之内。本葳事议定书应视为本日公约之一部分有同等之价值效力及期限。

三　禁止贩卖妇孺公约一九二一年九月三十日订于日来弗，共十四条，英文本与法文本有同等效力。先后签字者，有中国、南阿非利加、阿尔排霓、奥地利、澳大利亚、比利时、巴西、大不列颠、坎拿大、智利、葛伦皮、葛司得里格、暗司笃尼、希腊、义大利、日本、电托尼亚、那威、波斯、葡萄牙、遏罗、瑞士及纽丝纶等国。

第一条　各缔约国中其尚未加入一九〇四年及一九一〇年两公约者，应按照各该公约格式，从速批准或加入之。

第二条　各缔约国凡对于一般贩卖妇孺者，应设法访查，科罚其犯罪行为。已于一九一〇年公约内第一条载明之。

第三条　各缔约国凡对于一九一〇年公约内，第一第二两条所载一般意图及预备贩卖妇孺者，应筹划必要方法，科之以罪。

第四条　各缔约国国际间如未订有引渡公约，应将一九一〇年五月四日公约内第一第二两条所载犯罪之人，或已经科罚犯此等罪之人，随其力之所及，设法引渡。

第五条　一九一〇年公约议定书内乙款所载年岁足二十岁字样，应改为足二十一岁。

第六条　各缔约国如关于禁止贩卖妇孺上行使职权及稽核之机关及介绍职业所等，尚未订有一种行政上或法律上之办法，应定规章，实施保护在他国谋生之妇孺。

第七条　各缔约国凡关于侨民及殖民地事务，应筹划一种行政上及法律上之设施，以取缔贩卖妇孺之行为，并规定保护办法。凡对于欲移住他国适在轮船旅行，不独在其出发地及达到地善为照料，即沿途亦当妥为保护，并在各火车站及各口岸遍行招贴，以防贩卖行为，并在招贴内载明妇孺等可以寻觅住宿与扶助保护之地点。

禁止淫刊公约

　　按语：《禁止淫刊公约》于一九二三年九月十二日，在日来莦订立，附有会议藏事文件，各国代表先后签字者，计有中国、阿尔卑尼亚、澳大利亚、奥国、比国、哥仑比亚、考司答里加、古巴、丹麦、西班牙、美国、芬兰、法国、英国、希腊、瓜地马拉、匈牙利、海地、印度、义大利、日本、赖特维亚、利苏尼亚、卢森堡、摩纳谷、和兰、波斯、波兰、塞尔维亚、暹罗、瑞典、瑞士、赤哈、乌拉圭、委内瑞拉等国。兹将关于司法事项节录如下：

禁止淫刊公约订于一九二三年九月十二日，共十六条，法文本与英文本同为标准本

第一条　缔约国议定取种种办法，以防缉、追查、并惩办无论何人犯下列所载行为之一者，因此决定凡犯下列行为，应加以惩罚：

　　一　制造或收存海淫之著述、图画、雕刻画、自然画、印刷品、肖像、广告、标志、照相片、电影片或他种海淫物品，用为贸易或散布或当众陈列者；

　　二　以前款所载之目的，输入、转运及出运，或托人输入、转运及出运该项海淫之著述、图画、雕刻画、自然画、印刷品、肖像、广告、标志、照相片、电影片或他种海淫物品者，或以各种方法使各该物件流行者；

　　三　将各该物件私行贸易者，或以各种方法，实行营业、肆行散布、当众陈列者，或以出赁为生涯者；

　　四　为使各该物件，便于流行或交易起见，广告于众，或以各种方

法使众知悉，有某人经营上载应受惩罚行为之一者；又或广告于众，或设法使众知悉，应以何法及应由何人介绍可直接或间接觅取该项海淫之著述、图画、雕刻画、自然画、印刷品、肖像、广告、标志、照相片、电影片或他种海淫物品者；

（按此条较一九一〇年之公约草案为周密，本届公会讨论最详。英法两国各有提案，义大利波兰等国代表亦有主张。卒取除恶务尽之旨，将各代表提议各端，融合载入，其未得多数之同意而不能载入者，则载之于藏事文件，作为志愿案。如藏事文件中之第四第五两款是也。或虽载入本条，而由数国特行提出保留者，如藏事文件中之第六第七两款是也。又如本条胪列虽详，而海淫字样之解释，终未确定，殊为缺憾。则亦记载于藏事文件之中〔见藏事文件第二款及其签注〕。另有英国所提之惩儆尝试犯及准备犯一层，金谓范围太广，无从缉查，未能成立。则仅入于记事录中而已。）

第二条　凡犯第一条所载情罪之人，均由所在地缔约国法庭审判，不问其所犯之罪或构成犯罪原素之一在诸地成立，又该项人民，纵构成犯罪之原素在外国成立，但本人如在本国境内，则俟其法令允许时，亦受本国法庭之审判。

（按本条中之"俟其法令允许时"系指犯罪人之本国法令而言。）

至于"一罪不受二罚"之法旨，应由各缔约国照本国法规施行之。（本项解释见藏事文件第三款）

第三条　关于本约所载罪案，在各国法庭间委请状传递之手续，照下法行之：

一　或由司法机关直接行送；

二　或由驻在被请国之请求国外交员或领事员传递之。该员应委请状直接送交于司法主管机关或驻在国所指定之机关。该员并直接接收该机关关于执行委请状之文证。照上载两项办法办理时，凡委请状之钞件，均应同时送交被请国之高等司法机关；

三　或以外交手续行之；

每缔约国应将所允对于他缔约国之委请状传递之方式，分别通知各缔约国。本条第一第二两项传递手续所生之困难，以外交手续解决之。

除另有成约外，凡委请状之文字，应用被请国之文字或用该二有关系国约定之文字。否则亦须附以该二种文字之一之译件，由请求国之外交员或领事员或由被请国之法认翻译员签证无误。

委请状之执行不得征收何种税项或用费。

在本条内关于刑事案之质证制度，缔约国不得视为业已允认准其不照各该国法律办理。

（按本条即一九一〇年公约草案之第四条，本届公会并无详细讨论，即予通过，惟其末节，为美国非正式代表提议添增者，因刑事案之质证制度，英美法律又与大陆国之法律，大有出入。故特声明于此，以泯将来执行本条时之困难。）

第五条　缔约国之现行法规尚不充足者，约明对于屋宇，凡有理由确信其制造或收存海淫之著述、图画、雕刻画、自然画、印刷品、肖像、广告、标志、照相片、电影片或其他海淫物品，以本约第一条所载之目的为目的，或违该条之禁令者，应定搜查办法，并定查出后之没收销毁办法。

第六条　缔约国约明如遇本国境内有犯第一条所载情罪之事实而有理由确信各该违禁物件系在他缔约国境内所制造或由该国运入者，则应由一九一〇年五月四日协定所指之机关，立即将各事实通知于该国机关。同时并与详述各种完全消息，俾得取用相当办法。

附　禁止淫刊会议葳事文件同年月日在日来弗签字，内有声明案、释明案及

志愿书，共十四款

二　海淫字样能否在公约内予以确切定义之问题，本会细加考虑，以为不能确定。并照一九一○年会议之看法，认为宜听各国自由解释。

三　公约第二条第二节所载"一罪不受二罚"之法旨，本会以为宜予以解释，即谓除有特别情形外，凡犯罪之人苟能证明在某一签约国内曾受审判曾受惩罚或已遇赦，则不得在他一国内再因此事，重被追讯。

四　本会全体意见以为兜售、交付、出卖或分赠海淫物之罪恶，施之于未成年者，应予增重惩罚，惟以为在公约之内，似无须将此层特定专条。

本会盼望各国法规对于兜售交付出卖或分赠海淫物品之罪恶施之于未成年者，订立重惩之条律。至应以若干年龄为度，凡不及该年龄，应予特别保护一节，由各国法规自行确定。

七　本会立愿盼望与会各国之法令，与以相当之修订，俾将海淫书籍归入公约第一条所指印刷品之列，而使公约所指及所惩之事适用于印刷品者，亦得适用于海淫书籍。

国籍法公约

按语：《国籍法公约》于西历一九三○年四月十二日在海牙订立。各国代表先后签字者，计有中国、德意志、奥地利、比利时、大不列颠、北爱尔兰及不为国际联合会会员国之不列颠帝国、各部澳大利亚、南非联邦、爱尔兰自由邦、印度、智利、哥仑比亚、古巴、丹麦、坦泽自由城、埃及、西班牙、爱沙尼亚、法兰西、希腊、冰岛、义大利、拉脱维亚、卢森堡、墨西哥、和兰、秘鲁、波兰、葡萄牙、

萨尔瓦多、瑞士、捷克斯拉夫、乌拉圭等三十二国，其与我国有约之
国而未签字于此公约者，惟美国、日本、瑞典、巴西、那威、匈牙
利、玻利维亚、芬兰、波斯等九国而已。除公约第四条，关于不得施
行外交保护之规定，系以属地主义为依归，与我国所采血统主义，正
相背驰；而与保护华侨政策，尤相抵触，业经我国声明保留外，公
约其余各条，悉经国民政府依照原文批准。兹将关于司法部分照录
如下：

（尚有议定书三件，以其无关本编宏旨，不录。）

国籍法公约订于西历一九三〇年四月十二日，共三十三条，法文本与英文
本有同等效力。兹所录者为外交部译本。其英文原本见 *American Journal of
International Law*, vol. 24, 1930.

第一章　总则

第一条　每一国家，依照其法律，决定何人为其国民，此项法律，如
与国际公约、国际习惯及普通承认关于国籍之法律原则，不相冲突，
其他国家应予承认。

第二条　关于某人是否隶属某特定国家国籍之问题，应依该国之法律
以为断。

第三条　除本公约另有规定外，凡有二个以上国籍者，各该国家均得
视之为国民。

第四条　国家关于本国人民之兼有他国国籍者，对于该第二国，不得
施外交上之保护（中国保留此条）。

第五条　在第三国之领土内，有二个以上之国籍者，应视为只有一个
国籍，在不妨碍该国于身份事件法律之适用，及有效条约等范围之

内，该国就此人所有之各国籍中，应择其通常或主要居所所在之国家之国籍，或在诸种情形之下，似与此人实际上关系最切之国家之国籍，而承认为其惟一之国籍。

第六条　有二个以上国籍之人，而此等国籍，非其自愿取得者，经一国之许可，得放弃该国之国籍，但该国给与更优出籍权利之自由，不在此限。

　　倘此人在国外有习惯及主要之居所，而适合其所欲出籍国家之法定条件者，前项许可，不应拒绝。

第二章　出籍许可证书

第七条　一国之法律规定发给出籍许可证书者，倘领得证书之人，非有另一国籍或取得另一国籍时，此项证书，对之不应有丧失国籍之效果。

　　倘领得证书之人，在发给证书国家所规定之时间内，不取另一国籍，则证书失其效力，但领得证书之时，已有另一国籍者，不在此限。

　　领得出籍许可证书者，取得新国籍之国家，应将其人取得国籍之事实，通知发给证书之国家。

第三章　已嫁妇人之国籍

第八条　倘妻之本国法规定，为外国人妻者，丧失国籍，此种效果，应以取得夫之国籍为条件。

第九条　倘妻之本国法规定，在婚姻关系中，夫之国籍变更，妻因而丧事国籍时，此项效果，应以取得夫之新国籍为条件。

第十条　夫在婚姻关系中归化，倘妻未曾同意，此项归化，对妻之国籍，不发生效果。

第十一条　倘妻之本国法，规定为外国人妻，丧失国籍时，在婚姻关系消灭后，非经妻自行请求，并遵照该国法律，不得回复国籍。倘妻回复国籍，即丧失其因婚姻而取得之国籍。

第四章　子女之国籍

第十二条　规定因出生于国家领土内，取得国籍之法规，不能当然的适用于在该国享受外交豁免权者之子女。

　　各国法律对于正式领事或其他国家官员负有政府使命者，所生于该国领土内之子女，应容许以抛弃或其他手续，解除该国国籍。惟以其生来即有重复国籍，并保留其父母之国籍者，为限。

第十三条　依归化国法律，未成年之子女，随父母之归化，取得国籍。在此种情形之下，该国法律，得规定未成年子女因其父母归化而取得国籍之条件。倘未成年之子女，不因其父母之归化而取得国籍时，应保留其原有之国籍。

第十四条　父母无可考者，应取得出生地国家之国籍。倘日后其父母可考，其国籍应依照父母可考者之规律，决定之。

　　倘无反面之证据，弃孩应推定为生于发见国家之领土内。

第十五条　倘一国之国籍，不能仅以出生而当然的取得，则生于该国境内之无国籍者，或父母国籍无可考者，得取得该国国籍。该国之法律，应规定在此种情形下，取得该国国籍之条件。

第十六条　倘私生子所隶国家之法律，承认其国籍得因其民事地位变更（如追认及认知）而丧失时，此种国籍之丧失，应以此人取得别国国籍为条件。惟应按照该国关于民事地位变更影响国籍之法律。

第五章　养子

第十七条　倘一国之法律，规定其国籍得因为外国人养子而丧失时，此种国籍之丧失，以此人按照该外国人之本国法，关于立养子影响国籍之法律，取得立养子者之国籍为条件。

第六章　总结条款

第十八条　各缔约国，允自本公约发生效力之日起，于彼此相互关系间，适用前列各条所定之原则及规定。

本公约载入前项所述原则及规定，对于此种原则及规定是否已经构成国际法一部之问题，绝无妨害。

前列各条所未载之点，现行国际公法之原则及规定，当然将继续有效。

第十九条　本公约对于各缔约国间现有之各项条约公约或协定，关于国籍或相关事项之规定，绝不发生影响。

第二十条　任何缔约国，签字于本公约时，或批准时，或加入时，得就第一条至第十七条及第二十一条，附加明白保留案，除去一条或多条。

此项业经除去之规定，对于保留国家，不能适用。该国家对于其他缔约国，亦不能援用。

第二编　有领判权之条约
附各国在华有无领事裁判权一览表

中法条约

按语：中国与法国先后订立条约数种。各条约中关于司法事项节录如下：

一　中法黄埔通商条约订于前清道光二十四年即西历一八四四年，共三十六条（原文称款）

第二十三款　凡法兰西人在五口地方居住，或往来经游，听凭在附近处所散步，其日中动作一如内地民人无异。但不得越领事官与地方官议定界址以为营谋之事。至商船停泊，该水手人等亦不得越界游行。如当时登岸须遵约束规条。所有应行规条，领事官议定照会地方官查照。以防该水手与内地人民滋事争端。法兰西无论何人，如有犯此例禁或越界或远入内地，听凭中国官查拿，但应解送近口法兰西领事官收管，中国官民均不得殴打伤害虐待所获法兰西人，以伤两国和好。

第二十五款　凡法兰西人有怀怨及挟嫌中国人者，应先呈明领事官复加详核，竭力调停。如有中国人怀怨法兰西人者，领事官亦虚心详核，为之调停。倘遇有争讼，领事官不能为之调停，即移请中国官协力办理，查核明白，秉公完结。

第二十六款　将来法兰西人在五口地方为中国人陷害凌辱骚扰，地方官随在弹压，设法防护。更有匪徒狂民欲行偷盗毁坏放火法兰西房屋货行及所建各等院宅，中国官或访闻或准领事官照会，立即饬差驱逐党羽，严拿匪犯，从重治罪。将来听凭向应行追赃着赔者责偿。

第二十七款　凡有法兰西人与中国人争闹事件，或遇有争斗中或一二人及多人不等，被火器及别器械殴伤致毙，系中国人由中国官严拿审明，照中国例治罪，系法兰西人，由领事官设法拘拿迅速讯明，照法兰西例治罪。其应如何治罪之处，将来法兰西议定例款。如有别样情形，在本款未经分析者，俱照此办理。因所定之例。法兰西人在五口地方如有犯大小等罪，均照法兰西例办理。

第二十八款　法兰西人在五口地方如有不协争执事件，均归法兰西官办理。遇有法兰西人与外国人有争执情事，中国官不必过问。至法兰西船在五口地方，中国官亦不为经理，均归法兰西官及该船主自行料理。

二　中法天津条约订于前清咸丰八年即西历一八五八年，共四十二条（原文称款）

第四款　将来两国官员办公人等因公往来，各随名位高下，准用平行之礼。大法国大宪与中国无论京内京外大宪公文来往，俱用照会。大法国二等官员与中国省中大宪公文往来用申陈。中国大宪用劄行。两国平等官员照相并之礼。其商人及无爵者彼此赴诉，俱用禀呈。大法国人每有赴诉地方官其禀函皆由领事官转递。领事官即将禀内情词，查核适理妥当。随即转递。否则更正，或即发还。中国人有禀赴领事官亦先投地方官一体办理。

第八款　凡大法国人欲至内地及船只不准进之各埠头游行，皆准前往。然务必与本国钦差大臣或领事官预领中法合写盖印执照。其执照上仍应有中华地方官钤印以为凭。如遇执照有遗失者，大法国人无以缴送，而地方官员无凭查验。不肯存留，以便再与领事等官复领一件，听凭中国官员护送近口领事官收管。均不得殴打伤害虐待所获大法国人。凡照旧约在通商各口地方大法国人或长住或往来，听其在附近处所散步动作，毋庸领照。一如内地民人无异。惟不得越领事官与地方官议定界址。其驻劄中国大法国官员，如给执照之时，惟不准前往暂有匪徒各省分。其执照惟准给与体面有身家之人为凭。

第三十二款　凡大法国兵船商船水手人等逃亡，领事官及船主知会地方官实力查拿，解送领事官及船主收领，倘有中国人役负罪逃入大法国寓所或商船隐匿，地方官照会领事官查明罪由，即设法拘送中国官，彼此均不得稍有庇匿。

第三十四款　遇有大法国商船在中国洋面被洋盗打劫，附近文武官员，一经闻知，即上紧缉拿，照例治罪。所有赃物，无论在何处搜获及如何情形，均缴送领事官转给事主收领。倘承缉之人，或不能获盗，或不能全起赃物，照中国例处分。但不能赔偿。

第三十五款　凡大法国人有怀怨挟嫌中国人者，应先呈明领事官复加详核，竭力调停。如有中国人怀怨大法国人者，领事官亦虚心详核，为之调停。倘遇有争讼，领事官不能为之调停，即移请中国官协力办理，查核明白，秉公完结。

第三十六款　将来大法国人在通商各口地方，为中国人陷害凌辱骚扰，地方官随在弹压，设法防护。更有匪徒狂民欲行偷盗毁坏放火大法国房屋货行及所建各等院宅，中国官或访闻，或领事官照会，立即饬差驱逐党羽，严拿匪犯，照例从重治罪。将来听凭向应行追赃着赔者责偿。

第三十七款　将来若有中国人负欠大法国人船主及商人债项者，无论亏负诓骗等情，大法国人不得照旧例向保商追取。惟应告知领事官照会地方官查办出力，责令照例赔偿。但负欠之人，或缉捕不获，或死亡不存，或家产尽绝，无力赔偿，大法国商人不得问官取赔。遇有大法国人诓骗中国人财物者，领事官亦一体为中国人出力追还。但中国人不得问领事官与大法国取偿。

第三十八款　凡有大法国人与中国人争闹事件，或遇有争斗中或一二人及多人不等被火器及别器殴伤致毙者，系中国人，由中国官严拿审明，照中国例治罪，系大法国人，由领事官设法拘拿迅速讯明，照大法国例治罪。其应如何治罪之处将来大法国议定例款。如有别样情形，在本款未经分晰者，俱照此办理。因所定之例，大法国人在各口地方如有犯大小等罪，均照大法国例办理。

第三十九款　大法国人在通商各口地方如有不协争执事件，均归大法国官办理，<u>遇有大法国人与各国人有所争执情事，中国官不必过问，</u>

至大法国船在通商各口地方，中国官亦不为经理，均归大法国官及该船主自行办理。

三　中法规定越南及中国边省关系专约专约及附件，订于民国十九年即西历一九三〇年五月十六日，厥后又陆续订立附表议定书，并交换照会，均于民国二十四年七月二十二日公布后，发生效力。

第九条　凡在中国犯重罪或轻罪，或经告发犯重罪或轻罪，而逃入越南境内之中国人民，及在越南犯重罪或轻罪，或经告发犯重罪或轻罪，而逃入中国领土内之法国人民，经有关系长官证明罪状，向对方官厅要求时，应予查缉、逮捕、引渡。但依照国际惯例不引渡者，不在此限。

附件二（乙）

大中华民国国民政府外交部长王为照复事。接准贵公使本日照开"关于本日签订之中法专约第五条，兹本公使特向贵部长保证。在越南之中国人民，关于法制管辖，及民事刑事税务，以及其他各项之诉讼程序，应享有与给予任何他国人民之同样待遇相同"等由，本部长业经阅悉。相应函复贵公使查照为荷。

附件四（乙）

大法国驻华特命全权公使玛德为照复事。接准贵部长本日照开"关于本日签订之中法专约第二条及第三条，本部长特向贵公使声明。关于侨居昆明市南宁市，与东兴城之法国人民，其现状暂予维持，法国政府并得在上述城市继续派驻领事。至于在上述地点内法国人民依照现行法律章程租赁不动产一节，本部长允予采取适当办法，公布章程，俾得订立租赁契约，其年限与中国自开商埠中制度最优之通行规章所规定之租赁契约之年限相同。此项章程，应与本专约同时公布实行"
等由，本公使业经阅悉。相应照复贵部长查照为荷。

中巴条约

按语：中国与巴西所订和好通商条约，其中关于司法事项者，节录
如下：

中巴和好通商条约订于前清光绪七年即西历一八八一年，共十七条（原文称款）

如解释有疑义时，各以本国文字及法文为准。

第四款　中国人民在巴国如安本分，但得不违巴国律例章程，无论何
处任便游历。巴国人民亦准前往中国内地游历。须由领事官照会关
道请领印照前往，回日缴销。其印照缮写中巴两国文字。所经过地方
如饬交出执照，即应随时呈验。该民雇人雇船雇车装运行李，不得拦
阻。如其照内有误，以及查出沿途或有不法情事，即送交就近领事查
办，惟于途中，止可拘禁，不得凌虐，如在通商各口出外游玩者，地
在百里之中，期在五日之内，可以无庸请照。至于船上诸色人等，不
在此例。如有上岸，应由地方官会同领事官另定章程，妥为弹压。
第九款　巴国人民在中国遇有控告华民事件，皆应先禀领事官查明根
由。先行劝息，使不成讼。华民有赴领事官控告巴国民在中国者，领
事官亦应一体劝息，间有不能听劝者，无论原告或系华民，或系巴
民，皆专由被告所属之官员，公平讯断。
第十款　巴国民人在中国有被华民违例相欺，准地方官查拿照例审
办。华民有被巴国人在中国违例相欺，巴国官亦按例查拿究治。总

之，两国民人交涉财产犯罪各案，俱由被告者所属之官员专行审断，各照本国律例定罪。惟逋欠案件，应由欠户所属之官员勉力设法使其偿还，窃盗案件，应照被告者之国律例办理。两国官员均不能代偿。至中国民人遇有本身犯案或牵涉被控，凡在巴人公馆寓所行栈及商船隐匿者，由地方官一面知照领事官，一面立即派差协同设法拘拿，不得庇纵掯留。

第十一款　巴国属民在中国有自相控告案件，不论人产，皆归巴国官查办，设与别国有事在中国涉讼，应由巴国领事与该国领事办理。以上案内如牵涉中国人，仍应按前两款办理，若将来中国与各国另行议立中西交涉公律，巴国亦应照办。

第十二款　凡两国船只驶至通商口岸，本船诸色人等，如有上岸滋事，各照两国常例拿办。至巴国船只，或在中国沿海通商口岸，有与本地船只相碰互控情事，可由被告所属之官员，查照各国碰船现行章程审理。倘未甘服，应听原告所属之官员，照会审理之员，秉公复讯，核断了结。

第十三款　中国民人在巴国有控告事件，听其至审院控告。应得名分，与巴国民人及与相待最优之国民人无异。

中和条约

　　按语：中国与和兰于前清同治二年即西历一八六三年订立《天津条约》十六条。和兰依约享有领事裁判权。中和两国代表虽曾于民国二十年四月二十三日签订撤销领判权之协定，然未经两国政府批准。故和兰现仍继续享有领判权。兹将中和《天津条约》关于司法事项，节录如下：

中和天津条约订于前清同治二年即西历一八六三年共十六条（原文称款）

　　如解释有疑义时，各以本国文字为准。

第三款　和国民人可往内地游历通商。如要前往内地各处游历，须由起程处所领事官发给执照，地方官盖印为凭。经过地方官验照放行。若欲雇船雇人，悉从其便。倘无执照，或有照讹误，以及有作为不法等情，该处官长拿交就近领事官惩办，沿途只可拘禁，不可凌虐，惟通商各口有欲出外游玩者，路在百里内，期在三五天，无庸请照。惟水手船上人等，不在此例。如入内地贩运货物，须按照各国新定章程办理。不准在内地开设行店。

第六款　和国属民相涉案件，皆归领事官审判，与中国无涉，和国民人与中国民人有控告案件，必须领事官与地方官各先为劝息。如不能劝息，再行照会公平讯断。中国民人有欺凌扰害和民者，皆归地方官审判，和国民人有犯事在中国者，皆由领事官审判，各按本国法律严办，以昭平允。如和民有犯罪潜逃入中国内地，华民有犯罪潜逃入和民船屋，均应领事官与地方官随时照会查实，即行送出，均不得隐匿袒庇。倘华民有欠和民债务潜逃者，若地方官查知，自当严拿追究。和民有欠华民债务潜逃者，和国官查知，亦当严拿追究。两国官均不代为赔偿。

第七款　和民在中国者，地方官必时加保护。如有欺凌扰害恣意抢掠，即当设法查追。并将该犯按律严办。和船在中国辖下海洋被劫，地方官闻报迅即设法查拿。如追有赃物，交领事官给还原主。中国官不能代为赔偿。和船在中国沿海地方搁浅碰坏或遭风收口，地方官闻报，即当设法照料护交就近领事官，以敦和睦。

中国瑞士条约

按语：中国瑞士通好条约订于民国七年六月十三日共五条。惟关于司法事项以附件订之。其文如下：

关于领事裁判权（即治外法权）瑞士国领事应享有现在或将来允与最惠国领事之同等利权，俟中国司法制度改良有效时，瑞士国即与他缔约国同弃其在中国之领事裁判权。

中英条约

按语：中英鸦片战争后签订南京和约之次年，即前清道光二十三年西历一八四三年，中国与英国订立五口通商章程十五条。（原文称款）其第十三条订明英国领事有权审理诉讼。是为外国在华依约享有片面领事裁判权之始。迨西历一八五八年订立中英《天津条约》将该项章程废止，并将领事裁判权详加厘定，嗣是而后，复陆续订立条约多种。兹将现行各条约中关于司法事项条款节录于下：

一　中英天津条约订于前清咸丰八年即西历一八五八年，共五十六条（原文称款）

如解释有疑义时，以英文本为准。

第九款　英国民人准听持照前往内地各处游历通商。执照由领事官发给，由地方官盖印。经过地方如饬交出执照，应可随时呈验，无讹放行。雇人装运行李货物不得拦阻。如其无照，其中或有讹误，以及有不法情事，就近送交领事官惩办，沿途止可拘禁，不可凌虐，如通商各口有出外游玩者，地在百里，期在三五日内，毋庸请照。惟水手船上人等不在此列。应由地方官会同领事官另定章程妥为弹压，惟于江宁等处有贼处所，俟城池克复之后，再行给照。

第十五款　英国属民相涉案件，不论人产，皆归英官查办。

第十六款　英国民人有犯事者，皆由英国惩办，中国人欺凌扰害英民，皆由中国地方官自行惩办，两国交涉事件，彼此均须会同公平审断，以昭允当。

第十七款　凡英国民人控告中国民人事件，应先赴领事官衙门投禀，领事官即当查明根由，先行劝息使不成讼。中国民人有赴领事官告英国民人者，领事官亦应一体劝息，间有不能劝息者，即由中国地方官与领事馆会同审办，公平讯断。

第十八款　英国民人，中国官宪自必时加保护，令其身家安全。如遭欺凌扰害及有不法匪徒放火焚烧房屋或抢掠者，地方官立即设法派拨兵役弹压、查追，并将焚抢匪徒按例严办。

第十九款　英国船只在中国辖下海洋有被强盗抢劫者，地方官一经闻报，即应设法查追拿办。所有追得赃物，交领事官给还原主。

第二十一款　中国民人因犯法逃在香港，或潜往英国船中者，中国官照会英国官访查严拿，查明实系罪犯交出，通商各口倘有中国犯罪民人潜匿英国船中房屋，一经中国官员照会，领事官即行交出，不得隐匿袒庇。

第二十二款　中国人有欠英国人债务不偿或潜行逃避者，中国官务须认真严拿追缴，英国人有欠中国人债务不偿或潜行逃避者，英国官亦应一体办理。

第二十三款　中国商民或到香港生理拖欠债务者，由香港英官办理，惟债主逃往中国地方，由领事官通知中国官，务须设法严拿，果系有力能偿还者，务须尽数追缴秉公办理。

二　展拓香港界址专条中英两国订于前清光绪二十四年即西历一八九八年

"……自开办后，遇有两国交犯之事，仍照中英原约、香港章程办理……"

按语：解交逃犯，有条约，依条约办理，无条约，依国际通例办理。所谓香港章程，乃英国之国内法，中国原不受其约束，惟条约内既明订"照香港章程办理"，则该章程之规定即不能不顾及之。兹特附录备考。

附件

中国逃犯引渡条例（第二十六号）（香港政府法令第一七八号，一八八九年七月三日）

查一八五八年六月二十六日中英所订《天津条约》，其第二十一条规定，凡中国人民因犯法逃在香港或潜往英国船中者，经中国官照会英国官访查严拿，查明实系罪犯，交出等语。

为使上述关于中国罪犯逃在香港或英国船中者之引渡条约实施更有效力起见，香港总督经咨商立法会议同意后，颁定条例如下：

二　一八五〇年第二号条例与一八七一年第二号条例废止之，但于本条例施行前已经依照上述二条例或其中一条例，对于罪犯引渡所为之程序及一切行为，不因该条例之废止而受任何影响，此项程序仍应完成，罪犯仍应引渡，一若本条例未曾施行者然。

三　在本条例中除与上下文意义相反者外，所称"引渡罪"，乃指该罪如犯在香港，即属于第一表所列之罪。所称"逃犯"，乃指中国人在中国境内或公海上、中国船上犯引渡罪而逃在香港，或在该处之英国船中。

本条例第一表所列之罪，应依犯罪时香港法律解释。

四　英国与中国现在及将来关于引渡逃犯所订任何协定，均须适用本条例各种规定。

五　解交逃犯，应受下列各项限制：

甲　请求引渡之逃犯，其所犯之罪，若系政治性质，即不应交出。若治安裁判官或最高法院推事于接受护身状提讯时，或香港总督依证据认定请求引渡之目的实际上系欲审判政治罪犯或非可引渡之罪犯者，亦不应交出。

乙　凡逃犯在英国管辖区域内犯罪已经起诉，而此罪并非即系请求交解之罪者，或在香港已被判决罪刑正在执行者，均不得交解。应俟判决无罪或执行期满，或因其他原因开释后，方可解交。

丙　中国政府须先保证所请求引渡之罪犯，在该犯未经送回，或未有返还英国领城之机会以前，对于其前犯引渡罪以外之他罪，不加羁押或审讯，否则无论如何，不得解交。

六　凡逃在香港之罪犯，无论其请求交解之罪，系在本条例施行以前或以后，又无论香港各法院对于该罪同时有无管辖权，均得依照本条例之规定，拘拿解交。

七　中国官员以为逃犯系在香港，或疑其在香港，而向总督请求引渡时，总督可以其签印命令将请求引渡之事，谕知治安裁判官，命其签发拘票，拘提逃犯。

八　治安裁判官接奉该项命令，应签发拘票，拘捕逃犯。如该犯已先经拘获则应令将该犯解案依照本条例处理之。

九　治安裁判官如接受关于逃犯报告或告发，假使其罪犯在香港，按其情形，应出票拘捕者，治安裁判官得签发拘票，拘提逃犯。

凡如此拘获之逃犯，除治安裁判官因案情之状况，于相当期间内，接奉总督命令告以该逃犯已经请求引渡外，应即释放之。

十　逃犯解案时，治安裁判官审讯程序及管辖权限，尽可能范围内，一若该犯在香港犯罪被诉者然，凡欲以证明该犯所犯之罪系政治罪，或非可引渡之罪，提出证据方法，治安裁判官应考虑之。

十一　治安裁判官审讯时，如认所提之证据，除本条例别有规定外，设该犯在香港犯罪已足认为可移送最高法院审理者，应将该犯羁押于维多利亚监狱，以待总督之训令，否则应释放之。治安裁判官将逃犯羁押于维多利亚监狱后，应谕知该犯自羁押日起，十五日内不为解交，彼有请求最高法院提讯之权利。治安裁判官应将供词等证据，送呈总督，附具报告。下列各点，特应提及。

甲　犯引渡罪后经过之期间。

乙　逃犯在香港居住之期间及其品行。

丙　对于被诉案之性质及缘由，有无可疑情形。

十二　在未发令释放逃犯前，治安裁判官应将其欲发此项命令之意旨，通知皇家律师。

十三　（甲）自治安裁判官将逃犯羁押之日起，满十五日后，或经提讯，票已签发，提票缴销，而最高法院未将逃犯释放时，总督得于法院裁决之后，或在其他情形，经其特许延长期间以后，立即签署命令将逃犯提交中国官署合法代表，该逃犯应即遵照解交。但无论何时，如总督依据治安裁判官之报告或其他事实，认定在维多利亚监狱，羁押听候总督命令之某逃犯，已在香港居住一年以上，则总督应会同法院院长审查治安裁判官之报告，及其所取供词证据。该总督须决定该逃犯应否引渡。

（乙）逃犯在香港依治安裁判官签发命令提交之后，而又逃脱者，任何警察人员，均得不持拘票逮捕之，交还所有脱逃之处。原监守亦得将该犯捕回，依照原发命令监管之。

十四　除有提审状，正在最高法院进行时，应经承办法官以书面表示同意外，总督得随时签署命令开释逃犯。

十五　逃犯依本条例羁押听候总督命令而未于羁押后二个月内解交引渡出境者，最高法院任何法官，一经逃犯或其代理人请求，且经相当证明，已将此项意旨通知皇家律师者，如别无反对之充分理由，即得将逃犯释放。

十六　凡教唆主使命令帮助怂恿或事前随附犯引渡罪者，依本条例意旨，应以犯引渡罪论，均得加以逮捕解交。

十七　如治安裁判官、维多利亚监狱典狱长、狱吏及探捕人等，因遵守或执行依本条例签发之票签命令致被人控诉者，一经证明实有此项票签命令，即为充分答辩。应受有利之判断，及讼费之赔偿。

（第十八十九两条规定格式及施行，从略。）

附　引渡罪表（此系第一表，其第二表为签票格式表，从略）

杀人及杀人未遂罪。

过失杀人罪。

恶意伤害罪。

伪造或变造货币罪，混用或行使伪造或变造之货币罪，包括香港法律所认为犯罪之伪造或变造纸币、行券或其凭证，伪造或变造其他公私文书，以及发行或故意行使此项伪造或变造之货币等罪。

侵占或窃盗罪。

收受赃物罪。

诈欺取财罪。

违反破产法罪。

受寄人、银行人员、代理承办者、受托人，或任何公司之董事或职员之诈欺罪。（照现行法为犯罪者）

强奸罪。

拐骗罪。

窃取小孩罪。

绑票罪。

妨害自由罪。

窃盗罪。（夜间或昼间）

放火罪。

抢夺强盗罪。

书信恐吓或故意威胁罪。

海盗罪（国际法及或国内法所认者）海上沉没或损毁船只罪，或其未遂罪。

在公海船上意图杀人或加以重伤之伤害罪。

在公海船上对于船主背叛罪或阴谋背叛罪。

伪证罪或教唆伪证罪。

恶意毁坏罪。（可构成罪名者）

凡未列入上表，而依照一八六五年第七号条例，即"关于窃盗及同种类罪香港法令修正汇纂条例"，或依改订上开法令之其他条例认为可控诉之罪者。

凡未列入上表，而依照一八六五年第六号条例，即"关于伪造罪香港法令修正汇纂条例",或依改订上开法令之其他条例,认为可控诉之罪者。

凡未列入上表,而依照一八六五年第十号条例,即"关于货币罪香港法令修正汇纂条例",或依改订上开法令之其他条例,认为可控诉之罪者。

凡未列入上表,而依照一八六五年第四号条例,即"关于侵害身体罪香港法令修正汇纂条例",或依改订上开法令之其他条例,认为可控诉之罪者。

修正中国逃犯引渡条例(第二十三号)(香港政府法令第一八四号,一八九七年十一月十七日)

香港总督与立法会商洽后,制定章程如下:

一 从略

二 一八八九年第二十六号条例之第十条废止之。

三 条例之第十条代以下列之规定。

治安裁判官审讯时,其程序及管辖权限,与该犯若在香港犯罪而被告诉者同,但须具备下列条件。

甲 如所犯之罪,为杀人罪、过失杀人罪、海盗罪、夜间窃盗罪、破扉窃盗罪或抢夺强盗罪,而被告于拘捕前最后之十二个月内,在香港居住未满六个月者,治安裁判官得以英国驻华领事馆职员询问犯罪供词之缮本为证据,此项缮本,须由领事馆职员证明与原本无异,并曾向宣誓供述之人朗诵,经其表示明了,且所供并无出于强迫之处。

乙 此项供词之英文译本,如经当地英国领事馆职员证实为正确者,得附于该供词之缮本经证实者,如此,则译本与原本同为证据。

丙 不论任何证状之缮本或译本,采为证据时,若经逃犯请求须即向之诵读，并问彼有无理由可以证明其不应羁押，听候总督发落。

丁　逃犯对于甲项所载期间内，曾在香港居住六个月以上之主张，应负举证之责。

戊　任何案件关于验明逃犯确系本人之证据，必经治安裁判官认为满意始可。

治安裁判官须考虑任何欲以证明该逃犯所犯之罪，系政治性质，或系不得引渡之罪之证据方法。

三　香港交解华人逃犯章程中英两国订于清光绪三十年即西历一九〇四年共五端

中英两国既立和约之内，有载明凡华人在中国犯罪逃往香港，一经省宪知照，即当查拿解交省宪讯办，故此例之设，以便申行和约云。

一　凡有控告，或华官照会巡理府，请将华人逸犯拿获，交领事官审办。巡理府当即察明犯罪之人，委系华人所犯，亦是中国之例，应出票拿获研讯。如其犯已被获，或已在监，可即提讯。

一　所发之票，应注明该犯罪名。如查拿别犯焉。

一　研讯后，视该犯确有令人信其果有作此奸科者，可将其犯监押，候总督发落。或释放，或交解，均听总督查夺。如定夺将该犯交解，巡理府即将该犯卷宗呈缴，按和约交解。

一　港督可有权劄饬巡捕官查拿逸犯，或劄饬监狱羁押该犯，或将该犯交解中国官宪审办。

一　凡官员按此例奉公查办，在该犯不准控其错拿。如有错拿，亦不准该犯讨控赔偿。如该犯控告，经官讯得确是奉票拿犯，应即断被拿之犯曲。拿犯官得直。其衙费须该犯输缴。

四　中英烟台会议条约订于前清光绪二年即西历一八七六年共三端

第二端

　　咸丰八年，所定英国条约第十六款所载，英国民人有犯事者，皆由英国惩办。中国人欺凌扰害英民皆由中国地方官自行惩办。两国交涉事件，彼此均须会同公平审断。以昭允当。等语。查原约内英文所载，系英国民人有犯事者，由英国领事官或他项奉派干员惩办等字样，汉文以英国两字，包括前经英国议有详细章程，并添派按察司等员，在上海设立承审公堂，以便遵照和约条款办理，目下英国适将前定章程酌量修正，以归尽善。中国亦在上海设有会审衙门办理中外交涉案件。惟所派委员审断案件，或因事权不一，或因怕招嫌怨，往往未能认真审追。兹议由总理衙门照会各国驻京大臣请将通商口岸应如何会同总署议定承审章程，妥为商办，以昭公允。

　　凡遇内地各省地方或通商口岸，有关系英人命盗案件。议由英国大臣派员前往该处观审。此事应先声叙明白，庶免日后彼此另有异词。威大臣即将前情备文照会。请由总理衙门照复。以将来照办缘由声明备案。至中国各口审断交涉案件，两国法律既有不同，只能视被告者为何国之人，即赴何国官员处控告，原告为何国之人，其本国官员只可赴承审官员处观审，倘观审之员以为办理未妥，可以逐细辩论，庶保各无向隔，各按本国法律审断，此即条约第十六款所载会同两字本意。以上各情，两国官员均当遵守。

五　中英会议藏印续约订于前清光绪十九年即西历一八九三年共九条（原文称款）

　　第六款　凡英国商民在藏界内与中藏商民有争办之事，应由中国边界官与哲孟雄办事大员面商酌办。其面商酌办者，固为查明两造情形，彼此秉公办理。如两边官员意见有不合处，须照被告所供，按伊本国律例办理。

六　中英续议滇缅条约订于前清光绪二十年即西历一八九四年共二十条

第十五条　一英国之民有犯罪逃至中国地界者，或中国之民有犯罪逃至英国地界者，一经行文请交逃犯，两国即应设法搜拿，查有可信其为罪犯之据，交与索犯之官。行文请交逃犯之意，系言无论两国何官，只要有官印，便可行文请交。此种请交逃犯之文书，亦可行于犯罪逃往之地最近之边界官。

七　中英续议缅甸条约订于前清光绪二十三年即西历一八九七年共十九条

第十五条　与原约无所增改。（即上开光绪二十年中英条约之第十五款捕务事。）

八　中英续议通商行船条约订于前清光绪二十八年即西历一九○二年，共十六条（原文称款）

如解释有疑义时，以英文本为准。

第四款　中国人民曾已出资巨数购买他国公司之股票，虽众人悉知，究竟华民如此购买股票，是否合例之处，尚未明定。故中国现将华民或已购买或将来购买他国公司股票，均须认为合例。凡同一公司愿入股购票者，各有本分当守，自宜彼此一律。不得稍有歧异。中国又允遇有华民购买公司股份者，应将该人民购买股份之举，即作为已允遵守该公司订定章程，并愿按英国公堂解释该章程办法之据。倘不遵办，致被公司控告，中国公堂应即饬令买股份之华民，遵守该章程，当与英国公堂饬令买股份之英民相等无异。不得另有苛求。英国允英民如购中国公司股票，其当守本分与华民之有股份者相同。并订明以上所开各节，凡曾经呈控公堂而已经不予准理之案。与是款无涉。

第十二款　中国深欲整顿本国律例以期与各西国律例改同一律。英国允愿尽力协助以成此举。一俟查悉中国律例情形，及其审断办法，及一切相关事宜，皆臻妥善，英国即允弃其治外法权。

九　中英修订藏印通商章程订于前清光绪三十四年即西历一九〇八年，共十五条（原文称款）

第四款　如英印人民在各商埠与中藏人民有所争论，应由最近商埠之英国商务委员，与该商埠裁判局之中藏官员会同查讯，面议办法。其会同面议之意，系为证明实情，公平办理，如有意见不合之处，按照被告之国法律办理，凡属此种交涉案件，均由被告之国之官主审，其原告之国之官只可会审。

凡英印人与英印人因身家产业之权利而起之事，俱归英国官管理。

英印人民在各商埠及往各商埠之道中有犯罪者，应由地方官送交最近犯罪之商埠英国商务委员。按印度法律审讯惩办。但地方官于此种英印人民除应行拘禁外，不得格外凌虐。中藏人民有对于各商埠内或往各商埠之道中之英印人犯罪者，应由中藏地方官拿获按律惩办。两面审办之法，俱应至公且平。

凡中藏人民到英国商务委员处控诉英印人民，中藏官得有派员往英国商务委员公堂观审之权利，凡英印人民到商埠内裁判局控告中藏人民之案件，英国商务委员亦得有派员往裁判局观审之权利。

第五款　西藏大吏遵北京政府训令深愿改良西藏法律。俾与各西国律例改同一律，英国允愿无论何时，英国在中国弃其治外法权，并俟查悉西藏律的情形，及其审断判法，及一切相关事宜，皆臻妥善，英国亦即弃其治外法权。

第七款　凡因信借揭欠倒闭而起之控告案件，应由该管官查讯，设法追索赔偿。但如欠债者报穷无力赔偿，该管官不任赔偿之责。亦不得将公产官物扣抵。

第八款之二　英国官商雇用中国人民作合法事业，不得稍加限制。此种受雇之人，亦不得稍加扰害。于西藏人民应享之权利，亦不得因此稍受损失。但此种人于应纳赋税，不得豁免。如有犯罪情事，应归地方官按律惩办，雇主不得稍加庇匿。

第十款　凡官商往来藏印，其公私财产货物途中被劫，即应报明巡警官。巡警官应立即设法拿获劫盗。交地方官立即审办追赃。如盗犯逃至巡警局地方官权力不及之地，不能缉获。则巡警局及地方官咸不任偿失之责。

十　中英交收威海卫专约订于民国十九年即西历一九三〇年四月十八日，共二十条，关于司法事项，照录如下：

第十五条　所有威海卫英国高等法院或地方法院在收回前判决之案件，于收回后，应认为与中国各法院自行判决者，有同样效力。

中美条约

　　按语：中国与美国先后订立条约数种。各条约中关于司法事项，节录如下：

一　中美望厦通商条约订于前清道光二十四年即西历一八四四年，共三十四条（原文称款）

第十六款　中国商人，遇有拖欠合众国人债项或诓骗财物，听合众国人自向讨取。不能官为保偿。若控告到官，中国地方官接到领事照会，即应秉公查明，催追还欠。倘欠债之人，实已身亡产绝；诓骗之犯，实已逃匿无踪。合众国人不得执洋行代赔之旧例，呈请着赔。若合众国人有拖欠诓骗华商财物之事，仿照此例办理。领事官亦不保偿。

第十九款　嗣后合众国民人在中国安分贸易。与中国民人互相友爱，地方官自必时加保护。令其身家安全，并查禁匪徒不得欺凌骚扰。倘有内地不法匪徒，逞凶放火焚烧洋楼，掠夺财物，领事官速即报明地方官。派拨兵役弹压查拿。并将焚抢匪徒按例严办。

第二十一款　嗣后中国民人与合众国民人有争斗词讼交涉事件，中国民人由中国地方官捉拿审讯，照中国例治罪，合众国民人由领事官捉拿审讯，照本国例治罪。但须两得其平秉公断结。不得各存偏护，致启争端。

第二十四款　合众国民人因有要事向中国地方官辩诉。宜先禀明领事等官查明禀内字句明顺，事在情理者，即为转行地方官查办。中国商民因有要事向领事等官辩诉，先禀明地方官查明。禀内字句明顺事在情理者，即为转行领事等官查办。倘遇有中国人与合众国人因事相争不能以和平调处者，即须两国官员查明公议察夺。

第二十五款　合众国民人在中国各港口因财产互相涉讼，由本国领事等官讯明办理。<u>若合众国民人在中国与别国贸易之人因事争论者，应</u><u>听两造查照各本国所立条约办理，中国官员均不得过问。</u>

二　中美天津条约订于前清咸丰八年即西历一八五八年，共三十条（原文称款）

第十一款　大合众国民人在中华安分贸易办事者，当与中国人一体和好友爱。地方官必时加保护。务使身家一切安全，不使受欺辱骚扰等事。倘其屋宇产业有被内地不法匪徒逞凶恐吓、焚毁、侵害，一经领事官报明，地方官立当派拨兵役弹压驱逐。并将匪徒查拿，按律重办。倘华民与大合众国人有争斗词讼等案，华民归中国官按律治罪，<u>大合众国人无论在岸上海面与华民欺侮毁坏物件殴伤损害一切非礼不</u><u>合情事，应归领事等官按本国例惩办，至提拿犯人，以备质讯，或由</u><u>地方官，或由大合众国官，均无不可。</u>

第十三款　大合众国船只在中国洋面遭风、触礁、搁浅、遇盗、致有损坏等害者，该处地方官一经查知，即应设法拯救保护，并加抚恤。俾得驶至最近港口修理。并准其采买粮食汲取淡水。倘商船有在中国所辖内洋被盗抢劫者，地方文武员弁一经闻报即当严拿贼盗照例治罪。起获原赃，无论多寡，或交本人，或交领事官俱可。但不得冒开失单。至中国地广人稠，万一正盗不能缉获，或起赃不全，不得令中国赔偿货款。但若地方官通盗沾染，一经证明，行文大宪。奏明严行治罪。将该员家产查抄抵偿。

第十八款　大合众国船只一经进口，即由海关酌派妥役随船管押。或搭坐商船，或自雇船只，均听其便。倘大合众国民人有在船上不安本分离船逃走至内地避匿者，一经领事官知照，中国地方官即派役访<u>查</u>，拿送领事等官治罪，若有中国犯法民人逃至大合众国人寓馆及商船潜匿者，中国地方官查出即行文领事等官捉拿送回，均不得稍有庇匿。至大合众国商民水手人等均归领事等官随时稽查约束。倘两国人有倚强滋事轻用火器伤人至酿斗杀重案。两国官员均应执法严办。不得稍有偏徇，致令众心不服。

第二十四款　中国人有该欠大合众国人债项者，准其按律控追。一经领事官照知地方官立即设法查究。严追给领。倘大合众国人有该欠华民者，亦准由领事官知会讨取，或直向领事官控追俱可。但两国官员均不保偿。

第二十七款　大合众国民人在中国通商各港口自因财产涉讼，由本国领事等官讯明办理，若大合众国民人在中国与别国贸易之人因事争论者，应听两造查照各本国所立条约办理，中国官员不得过问。

第二十八款　大合众国民人因有要事向中国地方官辩诉，先禀明领事等官，查明禀内字句明顺事在情理者，即为转行地方官查办。中国商民因有要事向领事等官辩诉者，准其一面禀地方官，一面到领事等官禀呈查办。倘遇有中国人与大合众国人因事相争不能以和平调处者，即须两国官员查明公议察夺。更不得索取规费。并准请人到堂代传，以免言语不通，致受委曲。

三　中美续补条约订于前清光绪六年即西历一八八〇年，共四条（原文称款）

第四款　倘遇有中国人与美国人因事相争，两国官员应行审定，中国与美国允此等案件被告系何国之人，即归其本国官员审定。原告之官员，于审定时，可以前往观审。承审官应以观审之礼相待，该原告之官员如欲添传证见，或查讯驳讯案中作证之人，可以再行传讯。倘观审之员以为办理不公，亦可逐细辩论，并详报上宪，所有案件各审定

之员，均系各按本国律法办理。（此条在新式法院已不适用）

四　中美续议通商行船条约订于前清光绪二十九年即西历一九〇三年，共十七条（原文称款）

如解释有疑义时，以英文本为准。

第十五款　中国政府深欲整顿本国律例，以期与各西国律例改同一律。美国允愿尽力协助，以成此举。一俟查悉中国律例情形，及其审断办法，并一切相关事宜，皆臻妥善，美国即允弃其领事裁判权。

中日条约

按语：中国与日本于前清同治十年，订立通好条约十八条，当时日本并无片面领事裁判权，嗣于甲午战后，中日订立通商行船条约二十九条，日本始享有领判权。越七年，又订续约十三条，现虽均已满期，然关于司法事项，尚未订有新约，事实上仍暂照旧办理。故旧约中关于司法部分，亦可略供参考，节录如下：

一　中日通商行船条约订于前清光绪二十二年即西历一八九六年，共二十九条（原文称款）

如解释有疑义时，以英文本为准。

第六款　日本臣民准听持照前往中国内地各处游历通商。执照由日本领事发给，由中国地方官盖印。经过地方如饬交出执照，应随时呈验。无讹放行。所有雇佣车船人夫牲口装运行李货物，不得拦阻。如查无执照或有不法情事，就近送交领事官惩办，沿途止可拘禁，不可凌虐。执照自发给之日起以华十三个月为限，若无执照进内地者，罚银不过三百两之数。惟在通商各口岸有出外游玩，地不过华百里，期不过五日者，无庸请照。船上水手人不在此列。

第十九款　日本船只被中国强盗海贼抢劫者，中国官员即应设法将匪徒拿办追赃。

第二十款　日本在中国之人民，及其所有财产物件，专归日本妥派官吏管辖，凡日本人控告日本人，或被别国人控告，均归日本妥派官吏讯断，与中国官员无涉。

第二十一款　凡中国官员或人民控告在中国之日本臣民负欠钱债等项，或争在中国财产物件等事，归日本官员讯断。凡在中国日本官员或人民控告中国臣民负欠钱债等项，或争中国人之财产物件等事，归中国官员讯断。

第二十二款　凡日本臣民被控在中国犯法，归日本官员审理，如果审出真罪，依照日本法律惩办。中国臣民被日本人在中国控告犯法，归中国官员审理，如果审出真罪，依照中国法律惩办。

第二十三款　中国人有欠日本人债务不偿，或诡诈逃避者，中国官务须严拿追缴。日本人有欠中国人债务不偿，或诡诈逃避者，日本官亦应一律办理。

第二十四款　日本人在中国犯罪，或逃亡负债者，潜往中国内地，或潜匿中国臣民房屋或船上，一经日本领事照请，即将该犯交出。中国人在中国犯罪，或逃亡负债者，潜匿在中国之日本臣民所住房屋或中国水面日本船上，一经中国官照请，日本官即将该犯交出。

二　中国通商行船条约续约订于前清光绪二十九年即西历一九〇三年，共十三条（原文称款）

以英文本为准。

第十一款　中国深欲整顿本国律例，以期与东西各国律例改同一律。日本允愿尽力协助以成此举。一俟查悉中国律例情形，及其审断办法，及一切相关事宜，皆臻妥善，日本国即允弃其治外法权。

按语：此外订有关于满蒙条约，涉及司法事宜者，照录如下：

三　中日关于南满洲及东部内蒙古之条约订于民国四年五月二十五日共九条

第二条　日本国臣民在南满洲为盖造商工业应用之房厂，或为经营农业，得商租其需用地亩。

第三条　日本国臣民得在南满洲任便居住，往来，并经营商工业等一切生意。

第四条　如有日本国臣民及中国人民愿在东部内蒙古合办农业，及附随工业时，中国政府可允准之。

第五条　前三条所载之日本国臣民，除须将照例所领之护照向地方官注册外，应服从中国警察法令及课税。

民刑诉讼日本国臣民为被告时，归日本领事官。又中国人民为被告时，归中国官吏审判，彼此均得派员到堂旁听，但关于土地之日本国臣民与中国人民之民事诉讼，按照中国法律及地方习惯，由两国派员共同审判。

将来该地方之司法制度完全改良时，所有关于日本臣民之民刑一切诉讼，即完全由中国法庭审理。

四　中日马关和约一八九五年四月十七日在日本马关订立，共十一款。其第五款规定关系国籍之取得丧失，在司法上往往发生管辖争执。兹将该款照录如下：

第五款　本约批准互换之后，限二年之内，日本准中国让与地方人民愿迁居让与地方之外者，任便变卖所有产业，退去界外，但限满之后尚未迁徙者，酌宜视为日本臣民。

中秘条约

　　按语：中国与秘鲁所订通商条约现虽已满期。然关于司法事项尚未订有新约，事实上仍暂照旧办理。故旧约中关于司法部分，亦可略供参考。照录如下：

中秘通商条约订于前清同治十三年即西历一八七四年，共十九条（原文称款）
　　如解释有疑义时，各以本国文字为准，得兼参照英文本。

第五款　中国民人在秘国如安本分，但能不违秘国律例章程，无论何处，任便游历。秘国民人亦准听持照前往内地各处游历通商。所领执照由领事官盖印发给，复由地方官盖印。内系日斯巴尼亚文字，并中华文字所经过地方，如饬交出执照，即应随时呈验。无讹放行。该民雇人雇船雇车装运行李货物，不得拦阻。其货物应照报单章程办理。如其无照，或有讹误，以及查出沿途或有不法情事，送交就近领事查办，惟于途中止可拘禁，不得凌虐。如在通商各口出外游玩者，地在百里之中，期在五日之内，可以无庸请照。至于水手船上人等，不在此例，应由地方官会同领事官另定章程，妥为弹压。

第十二款　秘国民人在中国遇有控告华民事件，皆应先禀领事官查明根由，先行劝息，使不成讼。华民有赴领事官告秘国民在中国者，领事官亦应一体调处，间有不能使和者，即由地方官与领事官会同审办，公平讯断。

第十三款　秘国民人在中国有被华民违例相欺，准地方官查拿，照例审办。华民有被秘国人在中国违例相欺，秘国官亦应按例查拿究治。

第十四款　秘国属民在中国有相涉案件，不论人产，皆归秘国官查办，设与别国有事涉讼，在中国应遵某国前与秘国定约办理。以上案内如牵涉中国人，仍应按第十二十三两款，会同中国官办理。

第十五款　中国商民在秘国有控告事件，准其原被告任便呈禀地方官照例审断。与秘国商民及待各国商民之例一律办理。

中国瑞典那威条约

按语：中国与瑞典那威所订中瑞那条约，及与瑞典所订中瑞通商条约，现虽均已满期，然关于司法事宜尚未订有新约，事实上仍暂照旧办理。民国二十三年四月二十三日，那威驻华公使照会中国外交部长声明：那威人民将与参与华盛顿会议各国之人民，同时服从中国之法律章程及中国法院之管辖。然在实行放弃其领判权以前，亦暂照旧办理。故旧约中关于司法部分，亦可略供参考。照录如下：

一　中瑞那条约订于前清道光二十七年即西历一八四七年，共三十三条（原文称款）

第十六款　中国商人遇有拖欠瑞典国那威国等人债项，或诓骗财物，听瑞典国那威国等人自向讨取，不能官为保偿。若控告到官，中国地方官接到领事官照会，即应秉公查明，催追还欠。倘欠债之人，实已身亡产绝，诓骗之犯，实已逃匿无踪，瑞典国那威国等人不得执洋行代赔之旧例，呈请着赔。若瑞典国那威国等人有拖欠诓骗华商财物之事，仿照此例办理，领事官亦不保偿。

第十九款　嗣后瑞典国那威国等民人在中国安分贸易，与中国民人互相友爱，地方官自必时加保护。令其身家安全，并查禁匪徒不得欺凌骚扰。倘有内地不法匪徒逞凶放火焚烧洋楼掠夺财物，领事官速即报明，地方官派拨兵役弹压查拿。并将焚抢匪徒按例严办。

第二十一款　嗣后中国民人与瑞典国那威国等民人有争斗词讼交涉事件，中国民人由中国地方官捉拿审讯，照中国例治罪。瑞典国那威国等民人由领事等官捉拿审讯，照本国例治罪。但须两得其平秉公断结，不得各存偏护，致启争端。

第二十四款　瑞典国那威国等民人因有要事向中国地方官辩诉，先禀明领事等官查明禀内字句明顺，事在情理者，即为转行地方官查办。中国商民因有要事向领事等官辩诉。先禀明地方官查明禀内字句明顺，事在情理者，即为转行领事等官查办。倘遇有中国人与瑞典国那威国等人因事相争，不能以和平调处者，即须三国官员察明公议察夺。

第二十五款　瑞典国那威国等民人在中国各港口自因财产涉讼，由本国领事等官讯明办理。若瑞典国那威国等民人在中国与别国贸易之人因事争论者，应听两造查照各本国所立条约办理，中国官员均不得过问。

第二十六款　瑞典国那威国等贸易船只进中国五港口湾泊，仍归各领事等官督同船主人等经营。中国无从统辖。倘遇有外洋别国凌害瑞典国那威国等贸易民人，中国不能代为报复。若瑞典国那威国等商船在中国所辖内洋被盗抢劫者，中国地方文武官一经闻报，即须严拿强盗，照例治罪。起获原赃，无论多少，均交近地领事等官全付本人收回。但中国地广人稠，万一正盗不能缉获，或有盗无赃，及起赃不全，中国地方官例有处分，不能赔还赃物。

第二十九款　瑞典国那威国等民人间有在船上不安本分离船逃走至内地避匿者，中国地方官即派役拿送领事等官治罪。若有中国犯法民人逃至瑞典国那威国等人寓馆及商船潜匿者，中国地方官查出，即行文领事等官捉拿送回，均不得稍有庇匿。至瑞典国那威国等商民水手人等，均归领事等官随时稽查约束。倘三国人有倚强滋事轻用火器伤人致酿斗杀重案，三国官员均应执法严办。不得稍有偏徇，致令众心不服。

第三十三款　瑞典国那威国等民人，凡有擅自向别处不开关之港口私行贸易，及走私漏税，或携带鸦片及别项违禁货物至中国者，听中国地方官自行办理治罪，瑞典国那威国等官民均不得稍有袒护。若别国船只冒瑞典国那威国等旗号作不法贸易者，瑞典国那威国等自应设法禁止。

二　中瑞通商条约订于前清光绪三十四年即西历一九〇八年，共十七条（原文称款）

　　如解释有疑义时，以英文本为准。

第十款　凡瑞典人被瑞典人或被他国人控告，均归瑞典妥派官吏讯断，与中国官员无涉。惟中国现正改良律例及审判各事宜，兹特订明，一俟各国均允弃其治外法权，瑞典国亦必照办。两国人民遇有因负欠钱债及争财产物件涉讼之案，皆由被告所属之官员公平讯断，均应照最优待国人民控告相同案件之办法一律办理。如两国人民有被控犯罪各案，由被告所属之官员审讯，审出真罪，各照本国法律惩办，均应照最优待国人民控告相同案件之办法一律办理。

第十一款　瑞典人在中国犯罪或逃亡负债者，潜往中国内地，或潜匿中国人民房屋内或船上，以避捕传，一经瑞典领事照请，中国官即将该犯交出。中国人在中国犯罪或逃亡负债者，潜匿在中国之瑞典人民所住房屋或中国水面瑞典船上，一经中国官照请，瑞典官即将该犯交出，均不得庇纵揹留。

中比条约

按语：中国与比利时旧订之中比通商条约，虽现已满期，另立新约。然比国之领判权，在未依新约实行放弃以前，事实上仍暂照旧办理。故应用时，旧约关于司法事项之条约，亦可略供参考，节录如下：

一　中比通商条约订于前清同治四年即西历一八六五年共四十七条（原文称款）

第十款　比国民人准听持照往内地各处游历通商。所领执照，应由钦差大臣或领事等官发给，中法合写，盖用印信。其执照上，仍应用地方官钤印为凭。如遇执照有遗失者，比国人无以缴送，而地方官员无凭查验，不肯存留。以便再与领事等官复领一件，如查出沿途或有不法情事，听凭中国官员就近送交领事官收管惩办，惟于途中止可拘禁，不得凌虐。所获比国之人如在通商各口出外游玩者，地在百里之中，期在三五日内，可以无庸请照。至于各色船只水手人等，不在此例。应由地方官会同领事官另定章程。其驻扎中国之比国官员如给执照之时。惟不准前往暂有匪徒各省份。其执照只准给与体面有身家之人为凭。

第十六款　比国民人遇有控告华民事件，皆应先禀领事官查明根由，先行劝息，使不成讼。中国民人有赴领事官告比民者，领事官亦应一体调处。间有不能使和者，即由地方官与领事官会同审办，公平讯断。

第十七款　比国民人约准中国官宪，自必时加保护，令其身家安全。如遭欺凌扰害及有不法匪徒放火焚毁房屋抢掠财货，又准地方官立即设法派拨兵役弹压查拿。将该犯按例严办，并将所抢财物尽力追交。倘承缉官不能获犯起赃，只可准照中国例处分。

第十八款　比国民人若有华民欠债不偿，约准地方官认真代为催缴，或有潜行逃避情事，应严为缉拿追还。比人欠债不偿或潜行逃避者，比国官亦应一体办理，但均不能官为赔偿。

第十九款　比国民人有被华民违例相欺，约准地方官查拿照例审办。华人有被比国人违例相欺，比国官员亦应按例查拿究治。嗣定约之后比国即专定约束比民章程，比民如在各口地方有犯大小等罪，均照比国例办理。中国亦一律约束华民，以昭平允。如有别样情形，在本约未经分晰者，俱照此办理。

第二十款　比国人与比国人在通商各口地方如有不协争执事件，均归比国官办理。遇有比国人与各国人有争执情事，中国官不必过问。

第四十三款　凡比国兵船商船水手人等逃亡，领事官或船主知会地方官实力查拿，解送领事官及船主收领，倘有中国人役负罪逃入比国寓所或商船隐匿，地方官照会领事官查明罪由，即设法拘送中国官，彼此均不得稍有庇匿。

第四十四款　遇有比国商船在中国洋面被洋盗打劫，附近文武官员一经闻知，即上紧缉拿，照例治罪。所有赃物，无论在何处搜获，及如何情形，均缴送领事转给事主收领。倘承缉之人或不能获盗，或不能全起赃物，照中国例处分。但不能赔偿。

附　刚果国专章二款订于光绪二十四年

一　中国与各国所立约内，凡载身家财产与审案之权，其如何待遇各国者，今亦可施诸刚果自主之国。
二　议定中国民人可随意迁往刚果自主之国境内侨寓居住。凡一切动者静者之财产，皆可购买执业。并能更易业主。至行船经商工艺各事，其待华民与待最优国之民人相同。

　　按语：中比旧订通商条约满期后，中国政府与比国政府于民国十七年新订友好通商条约。关于司法事项，节录如下：

二　中比友好通商条约订于民国十七年即西历一九二八年十一月二十二日，共五条
　　如解释有疑义时，以英文本为准。

第二条　此缔约国人民，在彼缔约国领土内，应受彼缔约国法律及法院之管辖。

　　按语：此约又有附件五种，其关于司法者，节录如下：

附件一　比国驻华代办使事复中国外交部长换文

大比利时国驻华代办使事纪佑穆为照复事接准贵部长本日来照内开，中比两国本日签订之条约，其第二条于民国十九年（一九三〇）一月一日起发生效力。在是日前，中国政府与比国政府订定中国对于比国人民行使法权之详细办法。如该项办法届时尚未订定，比国人民应于现有领事裁判权之国半数以上承认放弃是项特权时，受中国法律及法院之管辖等因，本国政府对于此即表示赞同，相应照会贵部长查照可也。

附件二　中国外交部长声明书

本部长兹声明除现已施行之法典外，中华民国国民政府于民国十九年一月一日或是日以前，颁布民法商法。

附件三　中国外交部长及比国代办使事共同声明书

中比两国政府声明，本日签字之中比条约内，毋须加入保证华人在比国及卢森堡国适用关于个人身份之法律，及比人及卢森堡人在中国适用关于个人身份之法律。因两缔约国除适用此种个人身份之法律有碍国内公共秩序外，于大体上皆承认是项根据于国际私法之原则。

附件四　中国外交部长声明书

本部长兹以中华民国国民政府名义声明，比国人民在中国停止享受领事裁判权，在两国之关系达于完全平等地位之后，中国政府鉴于中国人民得在比国及卢森堡国领土之任何区域内居住营商及享有土地权，故允许比国及卢森堡国人民在中国享有同样权利。但仍得将以法律或章程限制之。

中义条约

　　按语：中国与义大利旧订中义友好通商条约，虽现已满期，另立新约。然义国之领判权在未依新约实行放弃以前，事实上仍暂照旧办理。故应用时，旧约关于司法事项之条款亦可略供参考。节录如下：

一　中义友好通商条约订于前清同治五年即西历一八六六年共五十五条（原文称款）

如解释有疑义时，各以本国文字为准。

第九款　义国民人准听持照前往内地各处游历通商。所领执照，由领事官发给，由地方官盖印。经过地方，如饬交出执照，即应随时呈验，无讹放行。该民雇船雇人装运行李货物，不得拦阻，如其无照，其中或有讹误，以及查出沿途或有不法情事，就近送交领事官办理，惟于途中止可拘禁，不得凌虐。如在通商各口出外游玩者，地在百里之中，期在三五日内，可以无庸请照。至于水手船上人等，不在此例，应由地方官会同领事官另定章程，妥为弹压。其有贼处所，俟城池克复之后，再行给照前往。

第十款　两国职员来往行文，各应按照品级官阶定式。所有平行各官文移，均用照会。义国领事官以下详呈各省督抚，均用申陈。督抚均用劄行各等字样。至于各国商民人等，设若有事请由各官查办，应用具禀字样，以示区别。义国人每有赴诉地方官，其禀函皆由领事官转递。领事官即将禀内情词查核适理妥当，随即转递，否则更正，或即发还。中国人有禀赴领事官，亦先投地方官一体办理。

第十五款　义国属民相涉案件，不论人产，皆归义官查办，设与别国有事涉讼，应遵某国前与义国定约办理，中国不必与闻。以上案内如牵涉中国人，仍应按第十六七两款会同中国官办理。

第十六款　凡义国民人有被华民违例相欺，约准地方官查拿照例审办。华民有被义国人违例相欺，义国官员亦应按例查拿究治。嗣定约之后，义国即专定约束义民章程，中国亦须一同约束华民，以昭公允。

第十七款　义国民人遇有控告华民事件，皆应先禀领事官查明根由，先行劝息，使不成讼。中国民人有赴领事官告义民者，领事官亦应一体调处，间有不能使和者，<u>即由地方官与领事官会同审办，公平讯断</u>。

第十八款　义国民人约准中国官宪自必时加保护，令其身家安全。至中国官员无论遇有何事，均不得威压强取义国船只，以为公用私用等项。如遭欺凌、扰害及有不法匪徒放火焚烧房屋、抢掠财物，应由地方官立即设法派拨兵役弹压查拿，将该犯按例严办，并将所抢财物，尽力追交。倘承缉官不能获犯起赃，只可照中国例处分。

第十九款　义国船只在中国管下洋面有被强盗抢劫者，约准地方官一经闻报即应设法追拿查办。所有追获赃物，<u>直交领事官发还失主</u>，倘承缉官不能获盗起赃，只可准照中国例处分，但不能赔偿。

第二十二款　义国民人居住房屋以及义国船只，适地方官查出有内地逃犯潜匿不出，约准行知义国领事官，即行交出，不得隐匿袒庇。凡义国兵船商船水手人等逃亡，领事官或船主知会地方官实力查拿，解送领事官及船主收领。

第二十三款　义国民人若有华民欠债不偿，约准地方官认真代为催缴。或有潜行逃避情事，应严为缉拿追还。义人欠债不偿，或潜行逃避。义国官亦应一体办理。但均不能官为赔偿。

　　按语：中义旧订友好通商条约满期后，中国政府与义国政府于民国十七年新订友好通商条约。关于司法事项，节录如下：

二　中义友好通商条约订于民国十七年即西历一九二八年十一月二十七日，共五条

如解释有疑义时，以英文本为准。

第二条　此缔约国人民在彼缔约国领土内，应受彼缔约国法律及法院之管辖，但为行使及防卫其权利，应有向法院陈诉之自由及便利。

按语：此约又有附件四种，其关于司法者，节录如下：

附件一　义国驻华公使复中国外交部长换文

大义大利国钦命驻华全权公使华蕾为照复事：接准贵部长本日照会内开，本部长兹以中华民国国民政府名义声明中义两国本日签订之条约，其第二条于民国十九年一月一日起发生效力。在是日前，中国政府与义国政府订定中国对于义国人民行使法权之详细办法，如该项办法届时尚未订定，则中国与签订华盛顿条约国议定取消领事裁判权之后定一日期，自该日期始，义国人民受中国法律及法院之管辖，但该日期应于各该国一律适用。上述华盛顿条约系指一九二一年至一九二二年华盛顿会议时直接参与讨论太平洋及远东问题之各国（中国除外）等由，本公使对于上开各节声明本国政府完全同意。相应照复贵部长查照为荷。

附件二　中国外交部长声明书

本部长兹声明中华民国国民政府于民国十九年一月一日或是日以前除现已施行之法典及法律外，颁布民法商法。

附件三　中国外交部长声明书

本部长兹以中华民国国民政府名义声明：义国人民在中国停止享受领

事裁判权及其他特权并两国之关系达于完全平等地位之后，中国政府
鉴于中国人民于义国法律章程范围之内在义国领土之任何区域内享有
居住营商及土地权。故允许义国人民在中国享有同样权利。但仍得以
法律及章程限制之。

中西条约

　　按语：中国与西班牙旧订中西通商条约，虽现已满期另立新约，
然西国之领事裁判权在未依新约实行放弃以前，事实上仍暂照旧办
理。故应用时，关于司法事项之条约，节录如下：

一　中西通商条约（原文称中日通商条约，以西班牙旧译作日斯巴尼
亚也）
　　　订于前清同治三年即西历一八六四年，共五十二条。（原文称款）
　　　如解释有疑义时，各以本国文字为准。

第七款　日斯巴尼亚国商人除运货赴各处通商贸易单照等件均照各关章
程由各关监督发给外，其并不携带货物之民人，专为持往内地游历执照，
由领事官发给，由地方官盖印。经过地方，如饬交出执照，应可随时呈
验。无讹放行。雇船雇人装运行李货物，不得拦阻。如其无照，其中或
有讹误，以及有不法情事，就近送交领事官惩办，沿途止可拘禁，不得
凌虐。如通商各口有出外游玩者，地在百里，期在三五日内，毋庸请
照。惟水手船上人等，不在此例，应由地方官会同领事官另定章程，妥
为弹压。惟于有贼处所，不准给照前往。俟地方平静之后，再行给照。
第十二款　日斯巴尼亚国属民相涉案件，不论人产，皆归日斯巴尼亚

国官查办，<u>设与别国有事涉讼，应遵某国前与日斯巴尼亚国定约办理，中国不必与闻</u>。以上案内，如牵涉有中国人，仍应按第十三第十四两款会同中国官办理。

第十三款　中国人有欺凌扰害日斯巴尼亚国人者，由日斯巴尼亚国领事官知照中国地方官自行惩办。日斯巴尼亚国人有欺凌扰害中国人者，亦由中国官知照日斯巴尼亚国领事官一体惩办。若有杀人、抢夺、重伤、谋杀、故烧房屋等重案，查明系日斯巴尼亚国人犯者，将该犯送交领事官转送小吕宋地方，按律治罪。

第十四款　日斯巴尼亚国民人控告中国民人事件，应先赴领事官衙门投禀。领事官即当查明根由，先行劝息，使不成讼。中国民人有赴领事官署告日斯巴尼亚国民人者，领事官亦一体劝息。间有不能劝息者，<u>亦由中国地方官与领事官会同审办，公平讯断</u>。

第十六款　日斯巴尼亚国船只在中国辖下海洋有被强盗抢劫者，地方官一经闻报，即应设法查拿追办。所有追得赃物，交领事官给还原主。倘承缉官不能获盗起赃，只可照中国例处分，不能赔偿。

第十八款　通商各口倘有中国犯罪之人潜匿于日斯巴尼亚国房屋及船中者，一经中国官员照会，领事官即行查明交出，不得隐匿祖庇。若有日斯巴尼亚国水手民人因犯法逃在中国房屋或船中潜住，一经日斯巴尼亚国领事官照会，地方官即行查拿交送。

第十九款　日斯巴尼亚国民人若有华民欠债不偿，约准地方官认真代为催缴，或有潜行逃避情事，应严为缉拿追还。日斯巴尼亚国人欠债不偿或潜行逃避者，日斯巴尼亚国官亦应一体办理，均不能官为赔偿。

　　按语：中西旧订通商条约满期后，中国政府与西国政府于民国十七年新订友好通商条约，关于司法事项，节录如下：

二　中西友好通商条约订于民国十七年即西历一九二八年十二月二十七日，共五条

如解释有疑义时，以英文本为准。

第二条　此缔约国人民在彼缔约国领土内，应受彼缔约国法律及法院之管辖，但为行使及防卫其权利，应有向法院陈诉之自由及便利。

按语：此约又有附件四种，其关于司法者，照录如下：

附件一　西国驻华公使复中国外交部长换文

大西班牙君主国钦命驻华全权公使嘎利德为照复事：接准贵长本日照会内开，本部长兹以中华民国国民政府名义声明中西两国本日签订之条约，其第二条于民国十九年一月一日起发生效力。在是日前，中国政府与西国政府订定中国对于西国人民行使法权之详细办法，如该项办法，届时尚未订定，则中国与签订华盛顿条约国议定取消领事裁判权之后定一日期，自该日期始，西国人民受中国法律及法院之管辖，但该日期应于各该国一律适用。上述华盛顿条约国，系指一九二一年至一九二二年华盛顿会议时直接参与讨论太平洋及远东问题之各国（中国除外）等由，本公使对于上开各节，声明西国政府完全同意。相应照复贵部长查照为荷。

附件二　中国外交部长声明书

本部长兹声明中华民国国民政府于民国十九年一月一日，或是日以前，除现行之法典及法律外，颁布民法商法。

附件三　中国外交部长声明书

本部长兹以中华民国国民政府名义声明西国人民，在中国停止享受领事裁判权及其特权。并两国之关系达于完全平等地位之后，中国政府鉴于中国人民于西属法律章程范围之内，在西国领土之任何区域内享有居住营商及土地权。故允许西国人民在中国享有同样权利。但仍得以法律及章程限制之。

中葡条约

　　按语：中国与葡萄牙旧订之中葡通商条约，虽现已满期，另立新约。然葡国之领事裁判权，在未依新约实行放弃以前，事实上仍暂照旧办理。故应用时，旧约关于司法事项之条款，亦可略供参考，节录如下：

一　中葡通商条约订于前清光绪十三年即西历一八八七年，共五十四条（原文称款）

　　如解释有疑义时，以英文本为准。

第十七款　大西洋国商人运货赴通商口岸贸易，其单照等件，均照各国章程由各关监督发给。其并不携带货物之民人，专为持往内地游历执照，由领事官发给，由地方官盖印。经过地方，如饬交出执照，应可随时呈验。无讹放行。雇船雇人装运行李货物，均不得拦阻。如其无执照，或其有讹误，以及有不法情事，可就近交送领事官惩办，沿途只可拘禁，不得凌虐。如通商各口有出外游玩者，地在百里，期在五日内，毋庸请照。惟水手船上人等，不在此例。应由地方官会同领事官另定章程。

第十八款　大西洋国船只在大清国辖下海洋地方有被强盗抢劫者，地方官一经闻报，即行设法查追拿办。如能追得赃物，交领事官给还原主。

第四十五款　大清国 / 大西洋国交犯一节，除中国犯罪民人有逃至澳门地方潜匿者，由两广总督照会澳门总督，即由澳门总督仍照向来办法，查获交出外，其通商各口岸有犯罪华民逃匿大西洋国寓所及船上者，一经中国地方官照会领事官，即行查获交出。其大西洋国犯罪之人，有逃匿中国地方者，一经大西洋国官员照会中国地方官，亦即查获交出，均不得迟延袒庇。

第四十七款　在大清国地方，所有大西洋国属民互控案件，不论人产，皆归大西洋国官审办。

第四十八款　大清国人如有欺凌扰害大西洋国人者，由大西洋国官知照大清国地方官，按大清国律例自行惩办。大西洋国人如有欺凌扰害大清国人者，亦由大清国官知照大西洋国领事官，按大西洋国律例惩办。

第四十九款　大清国人有欠大西洋国人债务不偿或潜行逃避者，中国官必须认真严行查拿。如果系账据确凿，力能赔缴者，务须追缴。大西洋国人有欠大清国人债务不偿者，大西洋国领事官亦一体追缴。但不论是何情形，两国均不保偿民人欠项。

第五十款　大西洋国人每有赴诉地方官，其禀呈皆由领事官转递。领事官即将禀内情词查核适理妥当，随即转递。否则更正，或发还。大清国人有禀赴领事官呈递，亦先投地方官一体办理。

第五十一款　大西洋国民人如有控告大清国民人事件，应先赴领事官衙门递禀。领事官查核其情节，须力为劝和息讼。大清国民人如有赴领事官衙门控告大西洋国人者，领事官亦应查核其情节力为劝息。若有不能劝息者，应由大清国地方官与领事官会同审办，各按本国之律例公平讯断。

　　按语：中葡旧订通商条约满期后，中国政府与葡国政府于民国十七年新订友好通商条约。关于司法事项，节录如下：

二　中葡友好通商条约订于民国十七年即西历一九二八年十二月十九日，共五条

　　如解释有疑义时，以英文本为准。

第二条　此缔约国人民在彼缔约国领土内，应受彼缔约国法律及法院之管辖。但为行使及防卫其权利，应有向法院陈诉之自由及便利。

　　按语：此约又有附件六种，其关于司法者，节录如下：

附件一　葡国驻华公使复中国外交部长换文

大葡萄牙共和国特命驻华全权公使毕为照复事：接准贵部长本日照会内开，本部长兹以中华民国国民政府名义声明，中葡两国本日签订之条约，其第二条于民国十九年一月一日起发生效力。在是日前，中国政府与葡国政府订定，中国对于在华葡国人民行使法权之详细办法，如该项办法届时尚未订定，则中国与签订华盛顿条约国议定取消领事裁判权之后定一日期，自该日期始，葡国人民受中国法律及法院之管辖，但该日期应于各该国一律适用。上述华盛顿条约国，系指一九二一年至一九二二年华盛顿会议时直接参与讨论太平洋及远东问题之各国（中国除外）等由，本公使对于上开各节，声明葡国政府完

全同意。相应照复贵部长查照为荷。

附件二　中国外交部长声明书

本部长兹声明中华民国国民政府于民国十九年一月一日，或是日以前，除现已施行之法典及法律外，颁布民法商法。

附件三　中国外交部长声明书

本部长兹以中华民国国民政府名义声明，葡国人民在中国停止享受领事裁判权及其他特权并两国之关系达于完全平等地位之后，中国政府鉴于中国人民于葡国法律章程范围之内，在葡国领土之任何区域内享有住居营商及土地权，故允许葡国人民在中国享有同样权利。但仍得以法律及章程限制之。

中丹条约

　　按语：中国与丹麦旧订之中丹通商条约，虽现已满期，另立新约，然丹国之领判权在未依新约实行放弃以前，事实上仍暂照旧办理。故应用时，旧约关于司法事项之条款，亦可略供参考，节录如下：

一　中丹通商条约订于前清同治二年即西历一八六三年，共五十五条（原文称款）

　　如解释有疑义时，以英文本为准。

第九款　丹国民人准听持照前往内地各处游历通商，所领执照，由领事官发给，由地方官盖印。经过地方如饬交出执照，即应随时呈验。无讹放行。该民雇船雇人装运行李货物，不得拦阻。如其无照，其中或有讹误，以及查出沿途或有不法情事，就近送交领事惩办，惟于途中止可拘禁，不得凌虐。如在通商各口出外游玩者，地在百里之中，期在三五日内，可以无庸请照。至于水手船上人等不在此例，应由地方官会同领事官另定章程，妥为弹压。其江宁等处有贼处所，俟城池克复之后，再行给照前往。

第十五款　丹国属民相涉案件，不论人产皆归丹官查办，设与别国有事涉讼，应遵某国前与丹国定约办理，中国不必与闻。以上案内如牵涉中国人，仍应按十六十七两款会同中国官办理。

第十六款　凡丹国民人有被华人违例相欺，约准地方官查拿，照例审办。华民有被丹国人违例相欺，丹国官员亦应按例查拿究治。嗣定约之后丹国即专定约束丹民章程。中国亦须一同约束华民，以昭公允。

第十七款　丹国人民遇有控告华民事件，皆应先禀领事官查明根由，先行劝息，使不成讼。中国民人有赴领事官告丹民者，领事官亦应一体调处。间有不能使和者，即由地方官与领事官查明，会同审办，公平讯断。

第十八款　丹国民人约准中国官宪自必时加保护，令其身家安全。如遭欺扰害及有不法匪徒放火焚烧房屋，抢掠财货，又准地方官立即设法派拨兵役弹压查拿，将该犯按例严办。并将所抢财物，尽力追交。倘承缉官不能获犯起赃，只可准照中国例处分。

第十九款　丹国船只在中国管下洋面有被强盗抢劫者，准经地方官一经闻报，即应设法追拿查办，所有追获赃物，直交领事官发还失主。倘承缉官不能获盗起赃，只可准照中国例处分，但不能赔偿。

第二十一款　丹国民人居住房屋以及丹国船只，适地方官查出有内地逃犯潜匿不出，约准行知丹国领事官，即行交出，不得隐匿袒庇。

第二十二款　丹国民人有华民欠债不偿，约准地方官认真代为催缴，或有潜行逃避情事，应严为缉拿追还。丹人欠债不偿，或潜行逃避者，丹国官亦应一体办理，但均不能官为赔偿。

第五十三款　中华海面近有贼盗抢劫，关于内外商民大有损碍。大清 /
大丹各国约定会议设法消除。

　　按语：中丹旧订通商条约满期后，中国政府与丹国政府于民国
十七年新订友好通商条约。关于司法事项，节录如下：

二　中丹友好通商条约订于民国十七年即西历一九二八年十二月十二日，共五条
　　如解释有疑义时，以英文本为准。

第二条　此缔约国人民在彼缔约国领土内，应受彼缔约国法律及法院
之管辖。但为行使及防卫其权利，应有向法院陈诉之自由及便利。

　　按语：此约又有附件四种，其关于司法者，节录如下：

附件一　丹国驻华公使复中国外交部长换文
大丹麦国钦命驻华全权公使高福曼为照复事：接准贵部长本日照会内
开，本部长兹以中华民国国民政府名义声明，中丹两国本日签订之条
约，其第二条于民国十九年一月一日起发生效力。在是日前，中国政
府与丹国政府订定中国对于丹国人民行使法权之详细办法，如该项办
法届时尚未订立，则中国与签订华盛顿条约国议定取消领事裁判权之
后定一日期，自该日期始，丹国人民受中国法律及法院之管辖。但该
日期，应于各该国一律适用。上述华盛顿条约国，系指一九二一年至
一九二二年华盛顿会议时直接参与讨论太平洋及远东问题之各国（中
国除外）等由，本公使对于上开各节，声明本国政府完全同意，相应

照复贵部长查照为荷。

附件二　中国外交部长声明书

本部长兹声明中华民国国民政府于民国十九年一月一日或是日以前，除现已施行之法典及法律外，颁布民法商法。

附件三　中国外交部长声明书

本部长兹以中华民国国民政府名义声明，丹国人民在中国停止享受领事裁判权及其他特权。并两国之关系达于完全平等地位之后，中国政府鉴于中国人民于丹国法律及章程范围之内，在丹国领土之任何区域内享有居住营商及土地权，故允许丹国人民在中国享有同样权利。但仍得以法律及章程限定之。

第三编　无领事裁判权之条约

中德条约

　　按语：前清咸丰年间订立中德条约，德国依约享有领事裁判权，迨民国六年八月十四日我国对德宣战，中德条约因而废止。所有德侨，均受我国法权之支配。欧战告终，中国代表因争持山东问题，拒签对德和约。直至民国十年签订中德协约，中国始将法权正式收回。兹将该协约暨声明文件及公函关于司法事项，节录如下：

一　中德协约订于民国十年即西历一九二一年五月二十日，共七条
　　如解释有疑义时，以法文本为准。

第三条　此国人民在彼国境内，得遵照所在地法律章程之规定，有游

历居留及经营商务或工业之权利，惟以第三国人民所能游历居留及经营商务或工业之处为限。两国人民于生命以及财产方面，均在所在地法庭管辖之下。

两国人民应遵守所在国之法律，其应纳之税捐租赋，不得超过所在国本国人民所纳之数。

二　德国代表致中国外交总长声明文件民国十年五月二十日

正式声明如下：

允认取消在华之领事裁判权。

三　中国外交总长复德国代表公函民国十年五月二十日

至于贵代表询问各节特行答复如下：

（一）中德侨民财产将来之保证　中国政府对于在中国德人和平营业，允许给予以完全保护，并除按照普通承认国际法原则或中国法律所规定外，不再查封其财产，惟德国政府对于在德华侨应同样办理。

（二）司法保障　在中国德人诉讼案件，当全由新设之法庭以新法律审理，有上诉之权，并用正式之诉讼手续办理。于诉案期间，德籍律师及翻译经法庭正式认可者，得用为辅助。

（三）会审公堂之案件　德侨在会审公堂原被告案件，中国将来当寻一解决方法，使各方面均得其平。

（四）中国对敌通商条例　此项各种条例，在协约批准日起，当然失其效力。

中奥条约

按语：前清同治八年，中国与奥匈联合国订立中奥条约，奥国依约享有领事裁判权。迫民国六年八月十四日我国对奥匈宣战，中奥条约因而废止。所有奥侨，均受我国法权之支配。欧战告终，中国参加签订对奥和约，关于法权尚无明文规定。直至民国十四年签订中奥通商条约，始将法权正式收回。兹将该约关于司法事项，照录如下：

中奥通商条约订于民国十四年即西历一九二五年十月十九日，共二十一条

如解释有疑义时，以英文本为准。

第一条　大中华民国人民在大奥地利亚民国境内，与大奥地利亚民国人民在大中华民国境内，其身体财产应受所在地法律充分之维护及保障，并得遵照所在地法律章程之规定，有游历居留及经营商务或工业之权利。惟以他国人民所能游历居留及经营商务或工业之处为限。

上列各项之规定，并依照现行之法律章程，得适用于商业旅行人及公司。

第四条　两国人民之民刑事诉讼案件，均在所在地法庭管辖之下。该人民等为行使及防卫自己权利起见，有向所在地法庭声诉之自由，并得与所在地本国人民一体委任律师及代理人。

奥国政府承认对于旅奥华人予以完全之保护，俾得各安其业，除为国际法及奥国法律所承认者外，对于彼等所有货物，不得没收。惟中国政府对于奥国在中国之人，亦应予以同样之待遇。在中国奥人之诉讼案件，应由新法庭以新法律通常手续审理之，并有上诉之权。在诉讼期间，奥籍或他国国籍之律师及翻译如经法庭正当之承认者，得许其出庭。

中匈条约

按语：前清同治八年，中国与奥匈联合国订立中奥条约，匈国依约享有领事裁判权。迫民国六年八月十四日我国对奥匈宣战，中奥条约因而废止。欧战告终，中国参加签订对匈和约，关于法权尚无明文规定。自应依照国际公法通例办理。

中苏条约

按语：俄国革命，帝制推翻，原有驻华公使领事，均失其代表资格。我国因于民国九年九月二十三日颁布命令，停止其使领待遇。所有俄侨，均置于我国法权管辖之下。民国十三年五月三十一日签订中俄解决悬案大纲协定，复正式订明取消其领事裁判权，所有侨华苏俄人民，其法律上地位，在未订新约详细规定以前，自应依照国际公法通例及中国法律办理。兹该协定关于司法事项，节录如下：

中俄解决悬案大纲协定订于民国十三年即西历一九二四年五月三十一日，共十五条

如解释有疑义时，以英文本为准。

第十二条　苏俄政府允诺取消其治外法权及领事裁判权。

中墨条约

按语：中墨商约订于前清光绪二十五年，即西历一八九九年，洎民国十七年期满失效。翌年十月三十一日，中国驻墨公使奉本国政府命，照请墨西哥政府正式宣告墨西哥今后不复在华要求领事裁判权。同日接准墨国外交部长照复。其文如下：

墨西哥外交部长复中国驻墨公使照会

为照复事：案准十月三十一日贵公使照会，述及关于中政府决心取消领事裁判权事，墨政府曾经深表同情，中政府至深感荷，以及在华墨人自一八九九年条约期满失效后之地位。并称当兹中国一本平等相互之原则，与各友邦重修睦谊之际，墨西哥向来主张各国应有制定法律管辖其境内人民之主权。中政府用是照请墨西哥政府正式宣告墨西哥今后不复在华要求领事裁判权。兹特为贵部长声明者：在中墨新约尚未议定之前，所有在华墨人之生命财产，中政府当依照中国法律予以充分之保护。与其他友邦侨民一律待遇，绝不加以歧视。末复希望保证今后墨政府继续以相同之待遇保护留墨华侨，不加歧视等因；准此，查贵国恢复法权运动，其主张之正当，自有其充分之理由，亟应详加考虑。本国政府本其素来之主张及墨西哥民族之思想，以极同情之态度加以考虑之结果，以为任何国家应有独立自主之全权，此种各民族合理之要求，实不能不予以承认也。本国政府对于中墨关系殊为明了。墨国在华公私方面均无直接利权。乃华侨之留墨者则为数甚众。虽两国同位于太平洋，将来彼此或有发展商务及其他事业之可能。然就现状观之，实无任何政治作用足使本国政府取直接行动，赞助中国，取得完全自主之国际地位。今基于法律正谊最高点之观念，乃不得不予以同情之赞助焉。兹可欣然为贵公使告者，本部长奉本国大总统训令。墨国政府今后对中国制定法律，治理境内人民之主权，绝不加以非议，或要求在华领事裁判权。本国既继续予在墨华侨享受一般人民同等之保护，用是接受中政府之宣言，深信其能履行其义务，依照中国法律，充分保护在华墨人之生命财产，与其他外侨平等待遇，不加歧视，实纫睦谊。相应照复查照为荷。

中智条约

　　按语：中国与智利于民国四年二月十八日，订立友好条约五条。关于司法事项，并无明文规定。自应依照国际公法通例办理。虽智利曾一度主张依照该约第二条最惠条款得享有领事裁判权，然领事裁判权之约定，含有政治性质，非有明文不得援以为例。当经我国据理申驳，今已不再主张矣。

中玻条约

　　按语：中国与玻利维亚于民国八年十二月三日订立友好条约五条。关于司法事项，并无明文规定。自应依照国际公法通例办理。

中国波斯条约（波斯现已改名伊朗惟本书仍暂沿用订约时名称）

　　按语：中国与波斯于民国九年，订立友好条约七条，就中关于司法事项者，节录如下：

中波友好条约订于民国九年即西历一九三〇年六月一日，共七条

　　如解释有疑义时，以法文本为准。

第四条　两缔约国之臣民或人民，在他一缔约国内游历或居留时，服从所在国之法律。倘遇有诉讼争执，犯所有法律上之一切轻重罪案，归所在国即中国或波斯国法院审理。

中芬条约

　　按语：中国与芬兰于民国十五年订立友好条约。关于司法事项者，节录如下：

中芬友好条约订于民国十五年十月二十九日，共七条
　　如解释有疑义时，以法文本为准。

第三条　此缔约国人民在彼缔约国境内，其身体财产均在所在国法庭管辖之下。

中国波兰条约

　　按语：中国与波兰于民国十八年订立友好通商航海条约。关于司法事项者，节录如下：

中国波兰友好通商航海条约订于民国十八年即西历一九二九年九月十八日，共二十二条
　　如解释有疑义时，以法文本为准。

第五条　两缔约国无论何项正当生业人民，在彼此境内，其身体及财

产，应享受所在国法令充分之保护，即此缔约国对于彼缔约国在本国境内之人民，担保按照本国法律予以身体上之安全，私人财产之不受侵犯，并对于上列人民一切私人权利及利益，加以保护。此项人民按照所在国法令规定，与任何他国人民同样有游历、居住、留学、作工、经商及从事各种正当事业生业之权。惟以任何他国人民所能游历、居住、留学、作工、经商及从事各种正当事业生业之处为限。并应遵守所在地法令。其所纳各种税捐，不得超过或异于所在国本国人民所应纳之数。

第六条　两缔约国人民在彼此领土内，所有民刑诉讼案件，均应与所在国本国人民受所在国法律之支配，及所在国法院之管辖，两国人民为行使及防护自己权利起见，有向所在国法院声诉之权，并得与所在国本国人民一律自由选任律师及代理人。

第八条　此缔约国人民，在彼缔约国境内，关于其所有财产及遗产事项，应遵照下列各款办理：

　　一　此缔约国人民，在彼缔约国境内，有自由处分、自由输出、自由汇出及自由写立遗嘱任意处分其所有财产之权。

　　二　关于遗产事项，应按死者所属国法律办理，至关于遗产全部或一部分之各种公法上限制，应按财产所在地法律办理。

　　三　凡遗产无论有无遗嘱，此缔约国人民，在彼缔约国境内，均有承受之权。如身故者依照其本国法律无合法继承人或管理人，而所有人生前对于其财产又未有遗嘱之处分时，其遗产当然应由死者所属国领事依据其本国法律保管处理之。

此缔约国人民，如有财产在彼缔约国境内，而非在该国境内身故者，其财产所在之处，若无合法继承人或管理人时，亦照上项规定办理。

　　四　若一缔约国人民，在海上身故，则其所随带财产，应送交附近死者所属国之领事。

第九条　两缔约国政府于彼此领土内对方人民之公用房屋、私人住宅及经商应用之栈房、店铺与一切附属产业，及商业账簿、商业信札与一切应用物件，除按照法令明文办理外，不得搜索或检查。

第十二条　两缔约国政府，对于两国人民所用商标图样曾向所在国主管官厅呈准注册者，彼此均应依法保护。

第十三条　凡依照此缔约国法令组织之各种商业公司，得在彼缔约国境内依照所在国法令规定之手续，设立营业。于所在国法律章程范围以内，经营其业务。并对于本约第五条第六条第七条第八条第九条第十条第十二条各项规定，除其性质只能适用于个人者外，均得一律适用。

第十五条　凡按照中国法律认为中国船者，及按照波兰法律认为波兰船者，于条约适用上均认为中国船只或波兰船只。

两缔约国互允各自沿海已开各商港在现行法令范围内，准许对方国商船自由驶入，并停泊及装卸客货。此项商船并应完全遵守各商港一切章程之规定。

凡在中国口岸之波兰船只及在波兰口岸之中国船只，如对于法令及海关或口岸章程所规定之义务完全履行、并毫不违犯何项禁令时，该项船只及其所载货物或材料除依法定程序外，不得扣留或拘捕之。

第十八条　此缔约国商船，在彼缔约国领水内，船上内部发生纷扰，经当地官厅认为妨害当地治安时，应由该官厅管辖处理之。

附加议定书

　　按语：中国与波兰又于民国十九年七月一日订立附加议定书一

件，双方约定将民国十八年九月十八日签订之友好通商航海条约各项规定补充解释。就中关于司法事项者，照录如下：

第六条　第六条所规定之所在国法院（Tribunaux Locaux），即指依照诉讼人所在国现行法律有权管辖之该国法院。

第八条　第一款财产自由输出权，应以不侵害本国国内法令为限，第三款所得遗产权之给予，应以不轶出本国国内法令范围为限。

第十三条　两缔约国互相约定对于在各该国境内之外国公司得令其遵照所在国本国法令预经准许，方能设立。

第十八条　缔约两方互相约定，此缔约国地方官厅对于在彼缔约国船只上所发生之事项，必须经被缔约国领事或该船船主之请求，方可干涉。惟遇有必须干涉，而其迟延势将酿成重大结果者，或遇有非船上人员牵涉于船上所发生之骚扰时，无待上述请求，径行干涉。但干涉官厅应立即将事实通知最近之彼缔约国领事。

中希条约

　　按语：中国与希腊于民国十八年，订立通好条约。关于司法事项者，节录如下：

中希通好条约订于民国十八年九月三十日共八条

　　如解释有疑义时，以法文本为准。

第三条　两国人民应服从所在国法律章程，得买卖游历经商及正当营业，惟在他国人民所能游历经商营业之处为限，人民及其财产应在所在国法院管辖之下，应服从所在国之法律，所纳税则税赋不得超过于所在国之本国人民所纳之额。

（按照法文标准本，应译为两国人民得按照所在国法律章程买卖游历经商及正当营业。）

中捷条约

　　按语：中国与捷克于民国十九年订立友好通商条约。关于司法事项者，节录如下：

中捷友好通商条约订于民国十九年即西历一九三〇年二月十二日，共二十一条

　　如解释有疑义时，以英文本为准。

第五条　两缔约国人民在彼此领土内，其身体及财产应受所在国法律章程充分之保护。并得依照所在国法律章程享有游历，居住，设立营业组织，取得或租赁财产，作工，及经营工商业之权利。但以两国允许任何他国人民享有此项权利之处为限。并应与任何他国人民同样享有并受同样之条件。

第六条　两缔约国人民及其财产，在彼此领土内应受所在国法律章程之支配，及所在国法院之管辖。两缔约国人民，在彼此领土内，遇有诉讼案件，应有向所在国法院声诉之权。并得依照所在国法律，自由选任律师或代理人，如法院认为有必要时，得召集翻译员到庭襄助。

第十条　两缔约国政府对于彼此领地内对于人民之身体及房屋，非按照现行法律章程，不得搜查。

第十一条　两缔约人民，在彼此领土内私人所有财产，有依照所在国法律章程，订立遗嘱，或用他种方法，自由处分之权。此缔约国人民在彼缔约国领土内身故时，该管地方行政官厅，应即通知死者所属国之最近领事官员。如此项领事官员闻讯在先，亦应立即通知该管地方官厅。两缔约国之一国人民身故时，关于继承事项，应适用死者所属国法律。此缔约国人民在彼缔约国领土内所遗动产或不动产，应由死者所属国领事官员或其委任之财产管理人，协同该管地方官厅，依照所属国法律管理之。如依照其本国法律，死者确无继承人时，其财产应依照财产所在国法律章程处理之，关于遗产之任何争执发生于财产所在国者，应由所在国法院审判。

此缔约国人民，在海上身故，或在彼缔约国领土内并无固定住所或永久住所，而于经过时身故者，其所遗财物及贵重物品，应不拘方式交由死者所属国之最近领事官员，再行处理。

第十七条　两缔约国政府，对于两国人民所用商标图样，曾向所在国主管官厅，依照其法律章程，呈准注册者，彼此均应予以保护。如有假冒或伪造情事，应依法禁止处罚。

第十八条　两缔约国约定，本约所有规定凡关涉彼此人民权利义务者，除依其性质，此项权利义务只能适用于自然人者外，应一律适用于经此缔约国法律所承认之彼缔约国法人。

中土条约

按语：中国与土耳其于民国二十三年即西历一九三四年四月四日订立友好条约五条，关于司法事项，尚无明文规定。自应依照国际公法通例办理。

第四编　上海特区法院协定

上海公共租界内中国法院协定

　　按语：民国十九年一月一日为上海临时法院协定三年届满之期。我国代表于是年二月十七日与巴西、美国、英国、那威、和兰、法国六国代表，签订上海公共租界内中国法院协定及其附件。自民国十九年四月一日起发生效力。继续有效三年。至民国二十二年二月八日，我国代表复与协定签字各国代表彼此照会声明，再自民国二十二年四月一日起，继续有效三年。届期经双方同意，仍得延长其期间。兹将该协定及其附件，照录如下：

上海公共租界内中国法院协定订于民国十九年二月十七日，共十条

第一条　自本协定发生效力之日起，所有以前关于在上海公共租界内设置中国审判机关之一切章程协定换文及其他换文，概行废止。

第二条　中国政府依照关于司法制度之中国法律章程及本协定之规定，在上海公共租界内设置地方法院及高等法院分院各一所，所有中国现行有效及将来依法制定公布之法律章程，无论其为实体法或程序法，一律适用于各该法院。至现时沿用之洋泾浜章程及附则，在中国政府自行制定公布此项章程及附则以前，须顾及之；并须顾及本协定之规定。高等法院分院之民刑判决及裁决，均得依中国法律上诉于中国最高法院。

第三条　领事委员或领事官员出庭观审或会同出庭于公共租界内现有中国审判机关之旧习惯，在依本协定设置之各该法院内，不得再行继

续适用。

第四条　无论何人经工部局捕房或司法警察逮捕者，除休息日不计外，应于二十四小时内送交依本协定设置之各该法院处理之。逾时不送交者应即释放。

第五条　依本协定设置之各该法院，应各置检察官若干员，由中国政府任命之。办理各该法院管辖区域内之检验事务；及所有关于适用中华民国刑法第一百零三条至第一百八十六条之案件，依照中国法律执行检察官职务；但已经工部局捕房或关系人起诉者，检察官无庸再行起诉。至检察官一切侦查程序，应公开之。被告律师，并得到庭陈述意见。

其他案件在各该法院管辖区域内发生者，应由工部局捕房起诉，或由关系人提起自诉。检察官对于工部局捕房或关系人起诉之一切刑事案件，均得莅庭陈述意见。

第六条　一切诉讼文件，如传票、拘票、命令及其他诉讼文件等，经本协定设置之各该法院推事一人签署后，发生效力。即由司法警察或由承发吏依照下列规定分别送达或执行。

在公共租界内发见之人犯，经各该法院之法庭调查后，方得移送于租界外之官署。被告律师得到庭陈述意见。但由其他中国新式法院之嘱托者，经法庭认明确系本人后，即得移送。各该法院依照在各该法院适用之诉讼程序所为之一切民刑判决及裁决，一经确定，应即执行。工部局捕房于必要时，遇有委托，应尽力予以协助。

承发吏由各该法院院长分别派充，办理送达一切传票；及送达关于民事案件之一切文件。但执行民事判决时，承发吏应由司法警察会同协助。各该法院之司法警察员警，由高等法院分院院长于工部局推荐后，委派之。高等法院分院院长有指明理由将其免职之权。或因工部局指明理由之请求，亦得终止其职务。司法警察员警应服中国司法主管机关所规定之制服；应受各该法院之命令及指挥；并尽忠于其职务。

第七条　附属于上海公共租界内现有中国审判机关之民事管收所及女监，应移归依本协定设置之各该法院。由中国主管机关监督并管理之。除依违警罚法洋泾浜章程及附则处罚之人犯，暨逮捕候讯之人，应在公共租界禁押外，凡在公共租界现有中国审判机关附属监狱内执行中之一切人犯，及依本协定设置之各该法院判处罪刑之一切人犯，或在租界内监狱执行，或在租界外中国监狱执行，均由各该法院自行酌定。租界内监狱之管理方法，尽其可行之程度，应遵照中国监狱法令办理。中国司法主管机关，有随时派员视察之权。

依本协定设置之各该法院判处死刑人犯，应送交租界外中国主管机关执行。

第八条　关于一造为外国人之诉讼案件，其有相当资格之外国律师，在依本协定设置之各该法院，许其执行职务。但以代表该外国当事人为限。关于工部局为刑事告诉人或民事原告，及工部局捕房起诉之案件，工部局亦得由相当资格之中国或外国律师，同样代表出庭。

其他案件工部局认为有关公共租界利益时，亦得由其延请有相当资格之中国或外国律师一人，于诉讼进行中代表出庭，以书面向法庭陈述意见。如该律师认为必要时，得依民事诉讼法之规定具状参加。

依本条规定许可在上述各该法院出庭之外国律师，应向司法行政部呈领律师证书，并应遵守关于律师之中国法令，其惩戒法令亦包括在内。

第九条　中国政府派常川代表二人，其他签字于本协定之各国政府，共派常川代表二人，高等法院分院院长，或签字于本协定之外国主管官员，对于本协定之解释与其适用如发生意见不同时，得将其不同之意见送交该常川代表等，共同设法调解。但该代表等之报告书，除经签字国双方同意外，对于任何一方均无拘束力。又该法院之民刑判决裁决及命令之本体，均不得送交该代表等研究。

第十条　本协定及其附属换文，定于中华民国十九年四月一日即西历一九三〇年四月一日起发生效力。并自是日起继续有效三年。届期经双方同意得延长其期间。

附件（乙）中国代表复协定签字各国代表照会民国十九年二月十七日签发共八款

为照复事：接准来照内开本日签订关于在上海公共租界内设置高等法院分院地方法院之协定，贵公使／代使请本部长将下列各点予以证实：

一　兹经双方了解：本协定设置之各该法院对于上海公共租界内之民刑及违警案件并检验事务，均有管辖权。其属人管辖与其他中国法院相同；其土地管辖与上海公共租界现有中国审判机关相同，但（甲）租界外外人私有地产上发生之华洋刑事案件，及（乙）租界外四周之华洋民事案件，不在上述土地管辖之内。

二　兹经双方了解：公共租界内现有中国审判机关与法租界现有审判机关划分管辖之现行习惯，在中国政府与关系国确定办法以前，仍照旧办理。

三　兹经双方了解：工部局尽其可行之程度，应推荐中国人于本协定设置之各该法院备充司法警察员警。又经双方了解：高等法院分院院长依照本协定第六条之规定所派充之司法警员，就其中工部局指定之一员，在院址内配给一办公室，凡一切诉讼文件，如传票拘票命令判决书，依上述本协定条款之规定，应送达执行者，为送达执行起见，由该员录载其事由。

四　兹经双方了解：公共租界内现有中国审判机关及其从前审判机关之判决，不因依本协定各该法院之设置而影响其效力。上述各判决除曾经合法上诉或保留上诉者外，均认为有效及确定之判决。兹又经双方了解：经依本协定设置之各该法院判决，应与其他中国法院之判决有同等地位之效力。

五　兹经双方了解：将来关于租界外道路之法律上地位之谈判，不因本协定而受任何影响或妨碍。

六　兹经双方了解：公共租界内现有中国审判机关存放中国银行之六万元，中国政府应予维持，作为依本协定设置之各该法院存款。

七　兹经双方同意：依本协定设置之各该法院，应依中国法律设置赃物库，凡法院没收之赃物均为中国政府之所有。又经双方了解：没收之鸦片及供吸食或制造鸦片之器具，均于每三个月在公共租界内公开焚毁。至没收之枪支，工部局得建议处分办法，经由各该法院院长转呈司法行政部。

八　兹经双方了解：自本协定发生效力之日起，所有公共租界内现有中国审判机关之一切案件，均由依本协定设置之各该法院依各该法院适用之诉讼手续办理。但华洋诉讼案件，尽其可行之程度，须依接收时审判程度赓续进行，并于十二个月内办结之。此项期间依各案情形之需要，各该法院之法庭得酌量延长之。

本部长等对于上开各点之了解照予证实，相应复请查照为荷。

外交部复英美法和巴西 / 那威驻华公使 / 代办照会民国二十二年二月八日

为照复事：准本日来照内开，为照会事案查西历一千九百三十年二

月十七日巴西、美国、英国、那威、和兰暨法国各驻华代表与贵国
政府代表在南京所订关于上海公共租界内中国法院之协定，其第十
款规定"本协定及其附属换文定于中华民国十九年四月一日即西历
一九三〇年四月一日起发生效力，并自是日起继续有效三年，届期经
双方同意，得延长其期间。"现经各本国政府预商提议将该协定及附
属换文，自西历一千九百三十三年四月一日起，延长有效期间三年。
此项协定及附属换文，任何一方，如欲取消，应于期满六个月前通知
彼方，否则应继续有效。至任何一方通知彼方取消后满六个月为止。
兹特声明此项延长协定及附属换文有效期间办法，业经各本国政府同
意，相应照会贵部长。如荷同意，即希见复为盼。等因；准此，本部
长兹特声明，本国政府对于上项提议表示同意。相应照复，即希查照
为荷。须至照会者。

国民政府指令行政院第三五〇号民国二十二年二月二十七日

呈据外交部呈报：上海公共租界中国法院协定及附件换文延长有效
期间三年一案，经与有关系各使将前次照会照签互换，转请鉴核备
案由。
呈悉　准予备案　此令

本协定土地管辖之说明

　　按语：上海公共租界内中国法院协定附件第一端有依本协定设置
之各该法院其土地管辖除但书规定外，与上海公共租界内中国审判机
关相同等语。查订约当时所称上海公共租界内中国审判机关系指上海

临时法院而言，其土地管辖范围，载在收回会审公廨暂行章程第一条甲项及其换文第二端。兹照录于后，以便参阅。

（旧）收回会审公廨暂行章程计共九条民国十五年即西历一九二六年八月三十一日签订，翌年一月一日实行

第一条（甲）江苏省政府就上海公共租界原有之会审公廨改设临时法院（原称法庭嗣以换文改称法院），除照条约属于各国领事裁判之案件外，凡租界内民刑案件均由临时法院审理。

（旧）收回会审公廨暂行章程之换文共九端其第二端如下

二　兹经双方了解：临时法院之职权，照第一条甲项所开，包含下列三项：

　　甲　在黄浦港范围内外国船只上所发生之华洋刑事案件。

　　乙　在外国人地产上包括工部局道路之在租界区外上海宝山两县境内者，所发生之华洋刑事案件。但此种了解，对于将来关于此项道路状况之谈判，不得妨碍。

　　丙　租界外上海宝山境内发生之华洋民事案件。

上海法租界内中国法院协定

　　按语：民国二十年即西历一九三一年七月二十八日，我国代表与法国代表签订上海法租界内中国法院协定及附件。其有效期间

自一九三一年七月三十一日起至一九三三年四月一日止。如经双方同意，得延长三年。兹将该协定及其附件，暨历次解释，照录于下：

上海法租界内中国法院协定订于民国二十年七月二十八日共十四条

第一条　自本协定发生效力之日起，现在上海法租界内设置之机关，即所称会审公廨，以及有关系之一切章程及惯例，概行废止。

第二条　中国政府依照关于司法行政之中国法律及章程在上海法租界内，设置地方法院及高等法院分院各一所；各该法院应有专属人员，并限于该租界范围行使其管辖权。

对于高等法院之判决及裁决，中国最高法院依照中国法律受理其上诉案件。

第三条　中国现行有效及将来合法制定公布之法律章程，应一律适用于各该法院，至租界行政章程亦顾及之。

第四条　各该法院应设置检察处，其人员由中国政府任命之此项检察官办理检验事务；并关于适用刑法第一百零三条至第一百八十六条之一切案件，依照中国法律执行其职务，但已经租界行政当局或被害人起诉者不在此限。检察官侦查程序应公开之。被告得由律师协助。其他案件在各该法院管辖区域内发生者，应由租界行政当局起诉，或由被害人提起自诉。检察官对于租界行政当局或被害人起诉之一切刑事案件，均有莅庭陈述意见之权。

第五条　一切诉讼文件及判决，须经上述法院推事一人签署后发生效力，一经签署，应即分别送达或执行。

第六条　凡在租界内逮捕之人犯，除休息日不计外，应于二十四小时内送交该管法院，逾时不送交者，应即释放。

第七条　任何人犯罪非先经该管法院庭询，不得移送于租界外之官厅，被告得由律师协助。但由其他中国新式法院嘱托移送者，经法院认明确系本人后，应即移送。

第八条　租界行政当局，一经要求如何协助，应即在权限范围以内，尽力予以此项协助，俾二法院之判决得以执行。

第九条　各该法院院长应分别委派承发吏，在各该法院民庭执行职务。承发吏送达传票及其他诉讼文件。但执行判决时应由司法警察偕行，遇有要求，司法警察应予协助。

第十条　司法警察，警员在内，由高等法院分院院长于租界行政当局推荐后委派之。高等法院分院院长得指明理由，自动或因租界行政当局之声请，终止司法警察之职务。司法警察应服中国制服，应受各该法院之命令及指挥，并尽忠于其职务。

第十一条　附属于本协定第一条所指公廨之拘禁处所，嗣后应完全归中国司法当局管理。

各该法院于其管辖权限内，得决定将在上述拘禁处所内正在执行之人犯，仍令其在该处所内继续执行，或移送于租界外之监狱；各该法院对于本院判处监禁之人犯，亦可指定其监禁处所；但因违犯中国违警罚法或租界行政章程而被处罚者，不得拘留于在租界外之拘禁处所。凡判处死刑之人犯，应送交邻近之中国官厅。

第十二条　法国籍或外国籍之律师得在二法院出庭；但须依照中国法规持有中国司法行政部发给之律师证书，并须遵守关于律师职务之中国法律及章程，其惩戒法令亦包括在内。

上述法国籍或其他非中国籍之律师，以承办非中国籍为当事人一造之案件，并以代表该当事人为限。租界行政当局为原告人告诉人或参加人，或已提起刑事诉讼时，不独得延请中国律师，并得延请法国国籍或其他国籍律师。租界行政当局遇有认为有关租界利益之案件时，得经由律师以书面陈述意见，或依照中国民事诉讼法参加诉讼。

第十三条　中法两国政府各派常川代表二人，如遇关于本协定之解释或其适用，发生意见不同时，高等法院分院院长或法国驻华公使，得将其不同之意见交请该代表等共同商议，但该代表等之意见，除经双方政府同意外，并不拘束中国或法国政府；又各该法院之命令判决或裁决，不在该代表等讨论之列。

第十四条　本协定及附属换文，其有效期间自一九三一年七月三十一日起至一九三三年四月一日止，如经中法两国政府同意，得延长三年。

附件　中国代表复法国代表照会民国二十年七月二十八日签发，共七款

大中华民国外交部长王为照复事：接准贵公使来照关于本日签订关于上海法租界内设置中国法院之协定，兹本部长特向贵公使声明对于来照所开各点，表示同意，予以证实：

一　凡属于本协定第一条所指公廨之房屋，及其动产，连同文卷及银行存款，应一律移交于二法院。

二　高等法院分院院长，就司法警员中租界行政当局指定之一员，在院址内拨给一办公室，以便录载一切司法文件，如传票，拘票，裁决，及判决书之事由。

三　租界行政当局，应尽其可行之程度，选择中国人荐充为司法员警。

四　中国政府据法国政府之推荐，委派顾问一人，不支俸金；关于租界监狱制度及其行政，该顾问得向中国司法当局陈送建议及意见。

五　凡本协定第一条所指公廨所为之判决，除已经按例上诉或尚得按例上诉外，均有确定判决之效力。

六　凡依照本协定规定属于二法院之管辖案件，于本协定生效之日尚未审结者，应即移交各该法院。各该法院应在可能范围内，认为以前诉讼手续业已确定，并设法于十二个月内将上述案件判决之，但遇必要时此项期间得延长之。

七　凡按照中国法律没收或判罪时扣留之物，应存放二法院院址内，由中国政府处分之。鸦片及与鸦片有关之器具，每三个月应于租界内公开焚毁。至关于枪支之处置，租界行政当局得建议办法经由各该法院院长转呈中国政府。

相应照复查照为荷。

外交部复法国驻华公使照会民国二十二年三月二十四日

为照复事：准本日来照内开，为照会事：案查一九三一年七月二十八日，上海法租界设置中国法院协定第十四条，载有本协定及其附件，其有效期间至一九三三年四月一日止，并经双方同意得继续有效三年。兹法国政府准备将此项协定，以及附件，自一九三三年四月一日起，延长有效期间三年。如任何一方于一九三五年十月一日前，未将届期作废之意通知对方，该项协定，应无期延长。但任何一方，保留于六个月以前通知作废之权。谅中国政府，当能赞同以上述条件，延长该协定及其附件。相应照会贵部长，如荷同意，即希见复为盼。等因；准此，本部长兹特声明本国政府，对于上项提议，表示同意。相应函复，即希查照可也。须至照会者。

国民政府指令行政院第六九二号民国二十二年四月十九日

呈据外交部呈报：上海法租界设置中国法院协定有效期间，业经双方同意延长三年。抄同换文请鉴核转呈备案。经提会通过，转请鉴核备案由。

呈件均悉。准予备案。附件存。　此令

关于上海法租界内中国法院协定及附件之解释

一　自上海法租界内中国法院成立日起各租界法院之管辖应依我国诉讼法办理以前两租界审判机关划分管辖办法当然废止令二十年八月十八日司法行政部训令江苏高等法院第二第三两分院及首检官第一九七二号

查一九零二年公共租界会审公廨与法租界会审公廨划分管辖之办法，原属畸形制度，与普通法律原则大相径庭。十九年签订之"上海特区法院协定"其附件第二项内声明："……公共租界现有中国审判机关与法租界现有审判机关划分管辖之现行习惯，在中国政府与关系国确定办法以前，仍照旧办理。"等语。但此次议定之"上海法租界内设置中国法院之协定"其第一条规定："……有关系之一切章程及惯例，概行废止。"是上项关于划分管辖之特殊办法，已在废止之列。又查十九年协定附件第二项，原指公共租界现有中国审判机关与法界现有审判机关而言。现在法租界审判机关既已变更此项声明，自同时失其效力。再关于此点，本部代表与法方代表商议时，曾经法方代表一再声明上述划分管辖办法，自新法院成立日当然取消。吾方议事录载明有案。以后两租界法院之管辖，自应完全依照我国诉讼法办理。

二　核示上海法租界内设置中国法院之协定第四条关于检察官办理检

察事务疑义令二十一年六月十一日司法行政部指令江苏高等法院第三分院首检官第一〇六八〇号

查协定第四条第一项所称此项检察官办理检验事务一语，征诸同条全文，显为限定检察官权限而设。非谓一切勘验事务均应由检察官办理。如在审判中发生应行勘验情形，依协定第三条自应适用刑事诉讼法第一百五十六条第二项后段之规定，由法院或受命推事实施勘验。

三　上海法租界内设置中国法院之协定附件第五款所称已经按例上诉或尚得按例上诉其上诉期限应适用旧例令二十年九月七日司法院指令司法行政部第六一〇号

查关于上海法租界内设置中国法院之协定附件第五款所称，已经按例上诉系阻止判决确定之规定。既称按例，则关于上诉之期限，自适用其旧例声请复审之期限。

四　指示法租界内设置中国法院之协定第五条所称执行异议令二十年十一月四日司法院指令司法行政部第八二九号

查协定第五条所称执行，自指一切诉讼文件及判决而言。至执行以后关于没收物件之处分与执行非不可分，仍应依刑事诉讼法第四九三条办理。

五　上海法租界内设置中国法院之协定附件第五款规定有拘束内地法院之效力令二十年九月七日司法院训令司法行政部第五八七号

关于上海法租界内设置中国法院之协定附件第五款规定，有无拘束内地法院之效力，请核示令遵。等情；到院，查此项协定及其附件为条约之一种，自应与条约有同等之效力。

六　前上海法租界会审公廨所为判决时间效力解释疑义函二十一年七月一日司法院函司法行政部第一七一号

查该分院接收前上海法租界会审公廨，既据呈明系在上年七月三十一日下午六时，则在是日接收时间以前，该公廨所为之判决，可依民国二十年七月二十八日中法协定附件第五款办理。

七　上海法租界内设置中国法院之协定第四条土地管辖解释疑义代电

二十四年八月三十一日司法院复江苏高等法院第三分院代电院字第一三一二号

查该协定租界行政当局起诉或被害人提起自诉，既以在各该法院管辖区域内发生者为限，其土地管辖，自应依被告之犯罪地定之，不适用刑诉法第五条关于被告之住所居所或所在地之规定。

附　　录

法律适用条例民国七年八月五日公布，十六年八月十二日国民政府令暂准援用

第一章　总纲

第一条　依本条例，适用外国法时，其规定，有背于中国公共秩序，或善良风俗者，仍不适用之。

第二条　依本条例，适用当事人本国法时，其当事人有多数之国籍者，依最后取得之国籍定其本国法；但依国籍法，应认为中国人者，依中国之法律。

当事人无国籍者，依其住所地法，住所不明时，依其居所地法。

当事人本国内各地方法律不同者，依其所属地方之法。

第三条　外国法人，经中国法认许成立者，以其住所地法，为其本国法。

第四条　依本条例，适用当事人本国法时，如依其本国法应适用中国法者，依中国法。

第二章　关于人之法律

第五条　人之能力，依其本国法。

外国人，依其本国法为无能力，而依中国法为有能力者，就其在中国之法律行为，视为有能力；但关于亲族法，继承法，及在外国不动产之法律行为，不在此限。

有能力之外国人，取得中国国籍，依中国法为无能力时，仍保持其固有之能力。

第六条　凡在中国有住所或居所之外国人，依其本国法，及中国法同有禁治产之原因者，得宣告禁治产。

第七条　前条规定，于准禁治产，适用之。

第八条　凡在中国有住所或居所之外国人，生死不明时，只就其在中国之财产，及应依中国法律之法律关系，得依中国法，为死亡之宣告。

第三章　关于亲族之法律

第九条　婚姻成立之要件，依当事人各该本国法。

第十条　婚姻之效力，依夫之本国法。

夫妇财产制，依婚姻成立时夫之本国法。

第十一条　离婚，依其事实发生时夫之本国法，及中国法，均认其事实为离婚原因者，得宣告之。

第十二条　子之身份，依出生时其母之夫之本国法，如其夫于其子出生前已死亡，依其最后所属国之法律。

第十三条　私生子认领之成立要件，依认领者与被认领者各该本国法。认领之效力依认领者之本国法。

第十四条　养子成立之要件，依当事人各该本国法，养子之效力，依养父母之本国法。

第十五条　父母与子之法律关系，依父之本国法，无父者，依母之本国法。

第十六条　扶养之义务，依扶养义务者之本国法；但扶养权利之请求，为中国法所不许者，不在此限。

第十七条　前八条以外之亲族关系，及因其关系所生之权利义务，依当事人之本国法。

第十八条　监护，依被监护人之本国法；但在中国有住所或居所之外国人，有下列情形之一者，其监护依中国法。

　　一　依其本国法，有须置监护人之原因，而无人行监护事务者；

　　二　在中国受禁治产之宣告者。

第十九条　前条之规定，于保佐准用之。

第四章　关于继承之法律

第二十条　继承，依被继承人之本国法。

第二十一条　遗嘱之成立要件及效力，依成立时遗嘱人之本国法。遗嘱之撤销，依撤销时遗嘱人之本国法。

第五章　关于财产之法律

第二十二条　关于物权，依物之所在地法；但关于船舶之物权，依其船籍国之法律。物权之得丧，除关于船舶外，依其原因事实完成时物之所在地法。

关于物权之遗嘱方式，得依第二十六条第一项前段之规定。

第二十三条　法律行为发生债权者，其成立要件及效力，依当事人意思定其应适用之法律。

当事人意思不明时，同国籍者，依其本国法，国籍不同者，依行为地法。

行为地不同者，以发通知之地为行为地。

契约，要约地与承诺地不同者，其契约之成立及效力，以发要约通知地为行为地；若受要约人，于承诺时，不知其发信地者，以要约人之住所地，视为行为地。

第二十四条　关于因事务管理不当利得发生之债权，依事实发生地法。

第二十五条　关于因不法行为发生之债权，依行为地法，但依中国法；不认为不法者，不适用之。

前项不法行为之损害赔偿，及其他处分之请求，以中国法认许者为限。

第六章　关于法律行为方式之法律

第二十六条　法律行为之方式，除有特别规定外，依行为地法；但适用规定行为效力之法律所定之方式，亦为有效。

以行使或保全票据上权利为目的之行为，其方式，不适用前项但书规定。

第七章　附则

第二十七条　本条例，自公布日施行。

国籍法十八年二月五日国民政府公布（同日施行）

第一章　固有国籍

第一条　下列各人属中华民国国籍：

　　一　生时父为中国人者；

　　二　生于父死后其父死时为中国人者；

　　三　父无可考或无国籍，其母为中国人者；

　　四　生于中国地，父母均无可考，或均无国籍者。

第二章　国籍之取得

第二条　外国人有下列各款情事之一者，取得中华民国国籍：

　　一　为中国人妻者，但依其本国法保留国籍者，不在此限；

　　二　父为中国人经其父认知者；

　　三　父无可考或未认知，母为中国人，经其母认知者；

　　四　为中国人之养子者；

　　五　归化者。

第三条　外国人，或无国籍人，经内政部许可，得归化。

呈请归化者，非具备下列各款条件，内政部不得为前项之许可。

　　一　继续五年以上，在中国有住所者；

　　二　年满二十岁以上，依中国法及其本国法为有能力者；

　　三　品行端正者；

　　四　有相当之财产或艺能足以自立者；

无国籍人归化时，前项第二款之条件，专以中国法定之。

第四条　下列各款之外国人，现于中国有住所者，虽未经继续五年以上，亦得归化。

　　一　父或母曾为中国人者；

　　二　妻曾为中国人者；

　　三　生于中国地者；

　　四　曾在中国有居所，继续十年以上者。

前项第一、第二、第三款之外国人，非继续三年以上，在中国有居所者，不得归化。但第三款之外国人，其父或母生于中国地者，不在此限。

第五条　外国人现于中国有住所，其父或母为中国人者，虽不具备第三条第二项第一款第二款及第四款条件，亦得归化。

第六条　外国人有殊勋于中国者，虽不具备第三条第二项各款条件，亦得归化。

内政部为前项归化之许可，须经国民政府核准。

第七条　归化须于《国民政府公报》公布之。自公布之日起，发生效力。

第八条 归化人之妻及依其本国法未成年之子，随同取得中华民国国籍。但妻或未成年之子，其本国法有反对之规定者，不在此限。

第九条 依第二条之规定取得中华民国国籍者，及随同归化人取得中华民国国籍之妻及子，不得任下列各款公职。

 一 国民政府委员，各院院长，各部部长，及委员会委员长；

 二 立法院立法委员，及监察院监察委员；

 三 全权大使公使；

 四 海陆空军将官；

 五 各省区政府委员；

 六 各特别市市长；

 七 各级地方自治职员。

前项限制依第六条规定归化者，自取得国籍日起，满五年后，其他自取得国籍日起，满十年后，内政部得呈请国民政府解除之。

第三章 国籍之丧失

第十条 中国人有下列各款情事之一者，丧失中华民国国籍。

 一 为外国人妻，自请脱离国籍，经内政部许可者；

 二 父为外国人，经其父认知者；

 三 父无可考或未认知，母为外国人经其母认知者。

依前项第二第三款规定，丧失国籍者，以依中国法未成年，或非中国人之妻为限。

第十一条 自愿取得外国国籍者，经内政部之许可，得丧失中华民国国籍。但以年满二十岁以上，依中国法有能力者为限。

第十二条 有下列各款情事之一者，内政部不得为丧失国籍之许可。

 一 届服兵役年龄，未免除服兵役义务，尚未服兵役者；

 二 现服兵役者；

三　现任中国文官武职者。

第十三条　有下列各款情事之一者，虽合于第十条第十一条之规定，仍不丧失国籍。

一　为刑事嫌疑人，或被告人；

二　受刑之宣告，执行未终结者；

三　为民事被告人；

四　受强制执行，未终结者；

五　受破产之宣告，未复权者；

六　有滞纳租税，或受滞纳租税处分，未终结者。

第十四条　丧失国籍者，丧失非中国人不能享有之权利。丧失国籍人，在丧失国籍前，已享有前项权利者，若丧失国籍后一年以内，不让于中国人时，其权利归属于国库。

第四章　国籍之回复

第十五条　依第十条第一项第一款之规定，丧失国籍者，婚姻关系消灭后，经内政部之许可，得回复中华民国国籍。

第十六条　依第十一条之规定，丧失国籍者，若于中国有住所，并具备第三条第二项第三、第四款条件时，经内政部许可，得回复中华民国国籍。但归化人及随同取得国籍之妻及子丧失国籍者，不在此限。

第十七条　第八条规定，于第十五条第十六条情形准用之。

第十八条　回复国籍人，自回复国籍日起，三年以内不得任第九条第一项各款公职。

第五章　附则

第十九条　本法施行条例另定之。

第二十条　本法自公布日施行。

国籍法施行条例十八年二月十五日国民政府公布（同日施行）

第一条　在国籍法及本条例施行前，依前国籍法及其施行规则，已取得或丧失或回复中华民国国籍者，一律有效。

第二条　依国籍法第二条第一款至第四款及第八款，取得中华民国国籍者，由本人或父或母声请住居地方之该管官署核明，转报内政部备案。并由内政部于《国民政府公报》公布之。其住居外国者，得声请最近中国使领馆转报。

第三条　依国籍法第二条第五款愿取得中华民国国籍者，应由本人出具下列书件，声请住居地方之该管官署，转请内政部核办。

　　一　愿书；

　　二　住居地方公民二人以上之保证书。

内政部核准归化时，应发给许可证书。并于《国民政府公报》公布之。

第四条　依国籍法第十条第一项第二款、第三款丧失中华民国国籍者，应由本人或父或母声请住居地方之该管官署核明，转报内政部备案。并由内政部于《国民政府公报》公布之。其住居外国者，得声请最近中国使领馆转报。

第五条　依国籍法第十一条规定，愿丧失中华民国国籍者，应由本人出具声请书，呈请住居地方之该管官署，转请内政部核办。其居住外国者，得声请最近中国使领馆核转。经内政部核准丧失国籍时，应发给许可证书。并于《国民政府公报》公布之。自公布之日起发生效力。

第六条　依国籍法第二条第五款及第十一条取得或丧失中华民国国籍者，内政部须指定新闻纸二种，令声请人登载取得或丧失国籍之事实。

第七条　依国籍法第十五条至十七条回复中华民国国籍者，准用本条例第二条，第三条及第六条之规定。

第八条　取得回复或丧失中华民国国籍后，发现有与国籍法之规定不合情事，其经内政部许可者，应将已给之许可证书撤销；经内政部备案者，应将原案注销。并于《国民政府公报》公布之。

第九条　国籍法施行前，中国人已取得外国国籍，若未依前国籍法及其施行规则呈明者，应依本条例第五条之规定办理。

第十条　国籍法施行后，中国人已取得外国国籍，仍任中华民国公职者，由该管长官查明撤销其公职。

第十一条　本条例所引之声请书、愿书、保证书及许可证书程式，另定之。

第十二条　本条例自公布日施行。

民法总则编立法原则审查案第十端说明民国十七年十二月中央政治会议第一六八次会议议决

关于条约对于人民之效力

凡条约经双方批准公布后，两国家间当然有拘束力，但对于一般国民，有认为同时直接发生效力者，有认为仍须经立法手续，方能直接发生效力者，兹拟采用第一种手续，故将原案第十端"外国法人之认可依法律及条约之规定"句内"及条约"三字删去。（是凡中外条约一经中国政府批准公布，对于中国人民，即直接发生效力，与一般法律无异。）

司法院训令民国二十年七月二十七日训令司法行政部第四五六号

关于条约与法律抵触时之效力

原则上条约与法律抵触时，应以条约之效力为优，若条约批准在后，或与法律颁布之日相同，自无问题，若批准在颁布之前，应将其抵触之点，随时陈明候核。

中外法院民事协助办法民国十五年三月二十七日司法部指令山东高审厅准如拟办理十八年五月四日司法行政部咨外交部暂应有效

第一条　外国法院嘱托中国法院协助民事事件，除于法令及条约等有特别规定外，依本办法办理。

第二条　外国法院以民事诉讼上之文件，嘱托中国法院代为送达者，其方法依民事诉讼条例关于送达各规定。但其情事有与各该规定歧异者，不适用之。

第三条　外国法院，以特定事件嘱托中国法院代为调查者，以不侵及中国法权者为限；依其嘱托之本旨，予以调查，并答复之。

第四条　关于送达或调查之费用，依中国法院征收费用各规则办理。

第五条　嘱托事件之接洽，应由外交机关。

第六条　外国法院嘱托事件，所有嘱托书，及其他关系文件，如系外国文时，应将各件分别译成汉文。

第七条　嘱托法院所属国，应于嘱托书内声明对于中国法院嘱托事件，当为同等之协助。

管辖在华外国人实施条例民国二十年五月六日国民政府公布，同年十二月二十九日国民政府令暂缓施行

第一条　本条例所称外国人，专指民国十八年十二月三十一日在华享有领事裁判权之外国人民。

第二条　外国人应受中国各级司法法院之管辖。

第三条　在东省特区地方法院，沈阳地方法院，天津地方法院，青岛地方法院，上海地方法院，汉口地方法院，巴县地方法院，闽侯地方法院，广州地方法院，及其系属之各该高等法院内，各设专庭，受理属于外国人为被告之民刑诉讼案件。

第四条　专庭庭长，由其所系属之法院院长兼充之。

第五条　外国人为被告之民刑诉讼案件，发生在第三条以外之各法院管辖者，被告得用书面声请，受第三条以外之该管法院审理。

第六条　专庭得设法律咨议若干人，由司法行政部遴选品行端方，具有法官资格之法律专家，呈请派充之。

第七条　外国人之拘提或羁押，及其住宅或其他处所之搜索，应依刑事诉讼法行之。外国人犯有刑法，或其他刑事法规上之嫌疑，已经逮捕，应即移送法院讯问，最迟不得逾二十四小时。

第八条　外国人与外国人，或与其他人民所订仲裁契约，经当事人之一方或双方声请时，法院应认为有效，并执行依据该项契约所为之决定书。但有下列情形之一者不在此限。

　　一　违背公共秩序者；

　　二　违背善良风俗者；

　　三　依普通法院原则，应认为无效者。

第九条　外国人为民刑诉讼案件当事人，得依法律委任中国或外国律师为诉讼代理人，或辩护人。

律师章程，及其他关于律师之法令，对于前项外国律师适用之。

第十条　外国人犯违警罚者，由法院或警察机关审讯之。

警察机关处罚外国人，限于十五元以下之罚金。但再犯者不在此限。

前项罚金，于判定后五日以内不完纳者，每一元易拘留一日。其不满一元者，以一日计算。

第十一条　关于外国人之监禁羁押及拘留处所，由司法行政部以命令指定之。

第十二条　本条例施行日期及其期间，由国民政府以命令定之。

录自郭云观主编:《中外条约司法部分辑
览》，上海第一特区地方法院文牍科主任
姜震瀛襄辑，商务印书馆1935年版

谈改良中国法律教育

（1936 年）

谨按：民国二十五年间，上海各大学法律教授组织中国法律教育会。请先生及张耀曾先生莅会演讲。张先生就法理阐发，先生则就实用立言。此篇演讲录曾经先生亲自订正。——张祜注

不佞兹将往年担任法律教席之区区经验，及近年从事司法实务观察所得者，贡献一二，仍望诸位专家指正。

办教育者每言：经费无来路，人才无去路。言经费无来路，多系实情。言人才无去路，未必尽然。不佞当任教时，亦觉待用之人甚多。迨任事时，又觉可用之才甚少。其关键毕竟在质而不在量。故法律学生失业人数逐年增加，而司法机关欲物色相当人才，又极不容易。如果确系人才，殆未有无去路者。究应如何改进法律教育，可使供求相应，乃一亟待解决之问题。

新毕业之法律学生，学理方面虽有门径，究竟缺少实务经验。纵经司法官考试及格，亦难骤膺司法重任。故前北京有司法讲习所司法储才馆，近南京有法官训练所之设。无非欲以补充普通法律讲课之未

逮。考试及格者，入所肄业，体用兼赅，假以时日，自可蔚成全材。然若各大学法律学系编纂讲义，尽量援引现行法令，增广实务课程，并设法使学生有充分实习之机会，则训练所亦将无设立之必要。即仍设立，入所训练，亦可缩短期限。似于时间经济，两有裨益。其毕业后不为法官，而欲执行律师业务者，亦可获有实用知识，不至临案茫然不知所措。现时法律学系多设有诉讼实习一门。惟教材应加充实，办理应加认真，始有实益。

适言造就法律学生，其关键在质而不在量。欲求质之改进，应先提高招生程度，严加甄别。现时一般心理，多以自然科学较难，根底浅者难求上进。若改入法科，稍具常识，随班听讲，届时总可领得毕业证书。而办学者因有种种原因，间亦不免有所迁就，致渐养成社会上不甚重视法科学生之风气。须知法科之难，并不亚于理科。如入学者，程度太低或资质太钝，其后纵有优良师资教材，亦多无能为力。故欲造就法律人才，招生考试，宁严勿滥。国文尤应重视。如或姑息通融，即不啻为种他日失业之因。

入学程度固应提高。教学方法亦应酌量改良。不佞前任教授时，即见学生专攻书本者，诚可照例博得多少分数，但毕业后致用困难，终无以达教育之目的。欲矫其弊，自以教学实用化，最为当务之急。教室内所讲授者应与社会实际上所需用者息息相关。议论不离事实，原则证以实例。务期所习尽能致用，而后法律教育不为虚设。故不佞常将教材分为甲乙二类。甲类系书本教材，注重理论阐释。乙类系实用教材，注重运用法律；或援引法律，以绳具体事实；或先述具体事实，使学生自求法律上之解决。其不易解决者，俟其愤悱而前，然后从而启发之。辄收事半功倍之效。既感兴趣，印象便深。虽欲忘之，不可得也。平日既如此讲授，考试命题，自亦分为理论实用两类。做理论题，不许阅书。做实用题，则听其翻阅。盖实用题答案，非素有研究者不办，临时翻书，于事无济。持此铨材，什不失一。

惟教学方法多端，各有所宜。神而明之，存乎其人。欲造就法律人才，须先有良好师资。不佞虽尝任法律教授，然谬膺此席，心中滋愧。盖博览不易，专精尤难。任教者能专精一门，已堪钦佩。兼精二门，殊属罕睹。其自言精通三四门以上，包揽钟点，多多益善者，则非吾所敢知矣。惟欲望其尽心教学，必先优其待遇，使生活安定，广置书籍，使日知所无。经费较裕之学校，最后多聘专任教授。其兼职者，如所兼职务不甚妨碍教学工作，或反可增进教学之效率者，自可许其兼职。办学自应注重师资。师资不良，其余无足观矣。

任教固贵乎专精，承学亦不宜多骛。现时一般法律学校，大抵课目过繁，课点太多。勤学者每罢于奔命，无暇玩索自得。其资质稍钝或性情好逸者，穷于应付，不免敷衍塞责。欲救其弊，编订课程，分配钟点，应先务其大者。如宪法、民法、刑法、法院组织法、行政法等，自应占重要地位。但讲授时亦不必逐处细讲，多费时间。只需审择扼要之处，阐述法律精义，务期深刻透辟，引起读律兴趣。其次要易解之处，可由学生阅读自修。至民事诉讼法及刑事诉讼法尤关实用书本讲义之外，应提要实习。他如刑事政策，监狱学，破产法，强制执行法之类，一俟基本法律原理了解之后，触类旁通。自修颇易，似无须另占课点；可指定书籍，令学生自行阅读，按时命题考试，至及格为度。课点减少之后，教员可以余力精研深造，学生可以余力从容自修。教学相长，成绩自必可观。然此仅就普通法律课程而论，若为养成上海特区及其他通商大埠之司法人材，预备兼办涉外案件者，尚应谙习国际公法，国际私法，国籍法，以及现行中外条约协定涉及司法事项者；即中外约章沿革，交涉事例，乃至各国民法之比较，亦应知其概要。庶临案因应，能为适当之措置，不至有乖明允或有损法权。

以上所谈，犹仅为灌输法律知识也。惟整个法律教育，尚需包括法官律师应有之道义，暨学者之人生观念及人格修养。近时大学师生之情谊，甚欠笃挚。上课听讲之外，彼此鲜有接近机会。班中人数众多，往往至学生毕业时，教师犹有未能尽识之者。熏陶之功，自无从说起。迨学生离校入世，间有挟其一知半解，或误用聪明，逾越轨范，致为世所诟病者。每以少数之失检，累及全体之名誉。揆厥原因，固多由学校制度未善，环境欠佳；然为之教师者，诚能热诚诱掖，整躬表率，常于演讲之时，接近之际，就法律学生立身淑世所应知应行者，相机启发，未始不可以稍资挽救也。

录自郭云观:《法学丛论》，张祜辑录，第 70—73 页

论执法应先寡欲

（1947 年）

甚矣为司法官之难也。学识难，修养尤难。修养之方不一，而首当无世俗之好。好赌，好醉，好渔色，好货利，恶好也。宜戒。好美衣食，好田宅，好车马，好交游征逐，俗好也。宜远。好收藏书画金石古玩，雅好也。好虚荣，好人之誉己，常好也。要皆宜慎。盖心有所好，则易为物移；移则生欲，因欲生蔽；始而为人所乘，继而为人所弄而不自觉，或觉而不能自拔。患固常起于忽微，而至于不可收拾。故好者欲之端，蔽之渐，招侮之由，而溺职之阶也。忆二十五年前，余任北京大理院推事时，寓仆某，随余有年。客有以余何好私询于仆者，以为仆无不知之。仆始而愕然，继而瞠然，索思良久无所得。客不之信，问益急。仆窘，姑以再思对。客去，仆以语家人。余闻之，召仆前，询其事。嗫嚅不敢答。余曰，无伤，第与言已径请于主人，主人自谓嗜菠菜豆腐羹上置半熟鸡蛋二，所好者止此。次日，客又来。仆具以告。客嗒然，急反走。此一事也。又余少壮时，尝读律于纽约。闻言美国某州高等法院有某推事，素以淹博正直闻，惟稍好味。旧友某常款以精馔，过从遂密。友惟尽其谊耳，初无他意。而黠者乘之，以不敢贿某推事者，求贿其友。友卒为所动，自念诉讼非胜即负，因与求者约；当尽力相助，胜则受，负则辞，无功之报不受也。求者益悦。顾友终不肯言于某推事。乃分金谋之书记官某，设法探得尚未宣示之裁判主文，视主文所定胜负，以别贿赂之辞受。其后有求之者，辄施故技应之。久之成巨富。而某推事终无所觉。然人民实疑法官受贿，威信坠矣。他年友病且死，痛悔前愆，临终自白，人始知其致富之由焉。此又一事也。今观此二事，如前者，可知世人无时不在探求司法官之所好而乘之；如后者，可知苟有所好，不论雅俗，辄易为人所乘而舞弄之于不知不觉。其他类此事，屡有所闻，实不胜枚举。甚矣为司法官之难也。可不慎哉。

录自《震旦法律经济杂志》1947 年第 3 卷
第 7 期，第 2 页

涉外民事法例草案 [①]

（1948 年）

弁言

  去年十一月间，南京举行全国司法行政检讨会议，司法行政部参事处暨上海高等法院及地方法院分别提案，金以方今法权全面收回，涉外案件骤增，现行《法律适用条例》实太简略，拟请修正，以应急需等由。当经大会并案讨论，决议："请司法行政部聘请专家，从速拟订《修正法律适用条例草案》，呈由行政院转送立法院审议。"经记录在卷，汇送司法行政部办理在案。谢部长以上海法院受理涉外案件特繁，函命云观拟具修正意见，爰有《法律适用条例修正刍议》之作。惟院务殷繁，未能专一公其事；公退之余，陆续属稿，阅时十月，草就刍议三十四篇。复将拟改之条文依类重列，都三十二条，各附修正理由，权称《涉外民事法例草案》，亦即《法律适用条例修正草案》也。窃思研究实用国际私法，最难精当。昔德国起草民法施

---

① 是即《法律适用条例修正草案》（以下简称修正案）。

行法国际私法部分，历时十有五年，易稿多次；美国法学会重述此
法，十载成书；日本旧法例公布后，未及施行，旋即废止，另颁新法
例，亦复阅时八载。制定此法之难，概可想见。我国立法主义与英美
迥异，难相为谋；虽与德日主义接近，然德日法例颁行迄今，垂五十
年，亦有不合时宜之处。此际修正条例，自应外觇世界各国最近之立
法趋势，力图协调，借以减免彼此法律之冲突；同时兼顾我国之立法
政策，史地民情，务期平允切实，可行可久。自维绠短汲深，拟此草
案，疏漏自必难免。倘此稿可供立法诸公讨论蓝本之一，为幸已多。
仍将于公余重加细按，如续有一得之愚，当再补陈，备供采择。

著者谨识　三十七年十月

名称

涉外民事法例

【原名：法律适用条例】

【修正理由】按国际私法之名称，今昔学者，各有主张，多至十余
种。见智见仁，莫衷一是。盖国际私法研究范围之宜广宜狭，迄今尚无
定准。学者之研讨，除涉外私法关系适用法律之准则外，往往涉及国内
公法，如国籍法，破产法，民事诉讼法，甚有涉及赋税法刑事法之适用
者。遂致国际私法学之定名，极难周密切当。至若国家颁行之具体法规，
如现行《法律适用条例》者，原系仿效德国规定，专订涉外民事关系适
用法律之准则，内容纯而不杂。则揭橥要义，简赅定名，尚非难事。似
不可徒以一般国际私法学定名之困难，遂疑及《法律适用条例》改称之
不易。彼为广泛之抽象法学，此乃单纯之具体法规，实未可相提并论也。

按我国《法律适用条例》之名称，大致采自日本讲义之用语。实

则此语导源于欧陆学者一家之言（Anwendung der Gesetze, Application of Law），缘彼之研究范围，除涉外私法外，兼欲赅括前述数种公法涉外部分之适用。故命名涵义不得不广。惟我国此项单行条例，则专为涉外私法而设，其涉外公法部分，则散载于其他法令。乃订立条例者当时未加辨别，漫袭广泛之名称。既未指出涉外性质，又未标明民事关系，致本法之要旨特色，隐晦不明，顾名莫能思义，殊难认为惬当。兹拟改称涉外民事法例，分别说明理由如下：

涉外——《法律适用条例》各条之规定所欲解决者，无一而非涉外法律问题，易言之，即学者所谓含有外国因素（Foreign element）之法律关系也。凡当事人一造或两造为外国人，或无国籍人，或两造均为中国人而其系争物在外国，或行为地在外国，或事实发生地在外国，暨外国法律应否适用及如何适用各问题，诸如此类，必其事件先含有外国因素，而后有适用本条例之可能。故定名应标涉外字样。此其一。

民事——《法律适用条例》各条所规定者，如人之能力，如禁治产，如宣告死亡，如婚姻之成立与离婚，如亲子关系，如继承，如遗嘱，以及如物权，如债权，实无一不包于民法五编之内。其规定兼及票据船舶者，此在我国民商合一之下，亦属于民事特别法之范围。除民事关系外，绝未涉及他种法律关系。故标明民事，可以概括本法之内容。此其二。

法例——是即"法律适用法"之简称也。按法例之名，肇于晋律。其后并入名例。民国纪元，颁布《暂行刑律》，首章复称法例。现行刑法，沿用无改。而现行民法首章，亦称法例。法例一语，今昔命意不同，义有广狭，而寻绎今语，固含有法律适用法之意义焉。如民法规定法律与习惯及习惯与法理适用次序之先后，则载入法例；暨刑法规定新旧法律适用之准则，国内国外犯罪适用法律之范围，属地属人主义之选定，以及外国裁判效力之承认问题，亦皆列入法例一章。由是观之，我国法例一语，含有法律适用法之意义，实非无征。至若日本明治年间颁行之单行法《日本法例》三十条，包括全部国际私法，则直以法例一语，为"法律适用法"之简称，美国法家康氏（A. K. Kuhn）引日本法例，称为"Ho-rei"，又称为"日本法律适用条例"（Japanese Statute upon the Application of Laws），是西人亦了解"法例"一语之含义。此乃我国固有之法律名词，语简而赅，东邻日本，尚犹借取，用旧若新，遐迩共喻，垂五十年。吾人数典未忘，似不应轻自舍弃，自以改称法例为是。此其三。

综此三端，合称涉外民事法例，犹言涉外民事法律适用法也。如是定名，则本法之要义特色，可以赅括无遗。更试就名称之字数观之，波兰于一九二六年八月颁布《国际上私法关系适用法》，义虽明而语嫌长。日本仅用法例二字，语虽简而义嫌晦。求其语简义明字数适中者，其惟改称涉外民事法例乎？ ①

体裁

本修正案凡三十二条，悉依现行民法编次排列。并将变例规定移置于后。与德国日本波兰等国立法例相同。而不分章节，又与德日同。

【原条例第二十七条，分为七章，不依民法编次排例，且将变例规定倒置于前。】

【修正理由】我国现行《法律适用条例》（以下简称原条例）近仿日本，远效德国。按《日本法例》凡三十条，德国凡二十五条，均依

---

① 查民国三十二年六月四日公布施行之《法规制定标准法》第三条载有："法律得按其规定事项之性质，定名为法或条例。"等语。兹以法例二字为法律适用法之简称，内实含有法字。如以格于规定，必欲定名为法，只得增加字数，仍称"涉外民事法律适用法"。特附注备考。

序类列，不复分章，而其条理自亦井然不紊。我国条例仅二十七条，以视德日条文，多寡略等。乃此寥寥二十七条，竟区为七章。甚有一条自成一章者。无论按之常规，或揆之先例，似均无分章之必要。而其第一章所谓总纲者，似尤亟待改正。盖该章所列各条，包括排除条款，反致条款，多数国籍或无国籍，及国内法律不统一，各种规定，实非适用法之常例，乃其变例。且不啻全部适用法重要变例之汇集也。凡变例之规定应列于原则之后。此征之德国日本波兰各国立法先例，莫不皆然。我国现行条例，内容尽仿德国日本，乃独将变例之规定，倒置于前，称为总纲，一若开宗明义揭橥原则者，似未免误会法意。仍以仿照德日波兰先例，移殿于后为是。至于适用法条文规定之顺序及其类别，各国立法先例，有依人物行为三种次序者，有依民法各编次序者。大抵各视其本国民事实体法各编顺序而定。今我国修订适用法，排列条文次序，似应与我国现行民法五编次序，互相配合，首总则，次债编，次物权，次亲属，次继承，又次诸变例规定，而以概括之补充规定殿焉，较为适当。

第一条　人之行为能力，依其本国法。

外国人依其本国法无行为能力，或仅有限制行为能力，而依中国法有行为能力者，就其在中国之法律行为，视为有行为能力。

关于亲属法或继承法之法律行为，或处分在外国不动产之法律行为，不适用前项规定。

【原条例第五条对照：人之能力，依其本国法。

外国人依其本国法为无能力，而依中国法为有能力者，就在其中国之法律行为，视为有能力。但关于依亲族法，继承法及在外国不动产之法律行为，不在此限。

有能力之外国人取得中国国籍，依中国法为无能力时，仍保持其

固有之能力。】

【修正理由】

第一项

按本项规定，近仿日本（《日本法例》第三条第一项）远仿德国
瑞士（《瑞士能力法》第十条第二项，《德国民法施行法》第七条第
一项）。惟德瑞条文，并不泛称能力，而专称行为能力，自较确当。
我国此项规定，亦应改称行为能力，庶不致与他种能力牵混。或云：
《日本法例》亦仅称能力，踵而效之，似无不妥。须知日本学说，虽
有权利能力与行为能力对举之名称，而日本民法却称私权之享有（日
民一条）而不称权利能力，其能力一名词，只指行为能力而言（日民
总则第一章第二节各条），与权利能力无涉。日本法例用语，当然依
据日本民法，其仅称能力，而不称行为能力宜耳。顾我国民法规定，
权利能力与行为能力截然有别，著为明文（中民第六条第十三条）。
故凡应称行为能力之处者，仅称能力，即不免牵混。未可漫效日本，
自乱其例。除上述两种能力外，尚有侵权行为之责任能力，即对于侵
权行为，能负担法律上制裁之资格，亦即损害赔偿之责任所由定。此
与当地之社会公安有关，不止保护人民私益而已；应依侵权行为地
法及法院地法（见修正案第八条）。原条例本项规定，泛称能力，不
独易与权利能力牵混，且有与责任能力牵混之虞，爰为修改如正文。
（关于外国人之权利能力，《民法总则施行法》第二条及第十二条已
有明文规定，本法例无庸赘为规定，当另文详论之。）

第二项

本项规定与《德国民法施行法》第七条第三项，及《日本法例》
第三条第二项相同。惟原文缺少限制行为能力一级，修正案特为增
入，以与民法配合，而便临案援用。

本项所称外国人依其本国法无行为能力，或仅有限制行为能力者，凡未达成年年龄，或未经宣告成年，或不能因结婚而有行为能力，或受禁治产之宣告，或为人妻而能力受限制者，（但亦有主张妻之能力，不应依其本国法，而应依婚姻效力准据法者。）皆是也。所称依中国法有行为能力者，谓此等外国人，年满二十或未满二十而已结婚，或虽受禁治产之宣告而未经中国法院承认其效力者，皆是也。至若依其本国法无行为能力，而依中国法有限制行为能力者，按照类推解释，应视为有限制行为能力，不必以明文规定。

所称就其在中国之法律行为，视为有行为能力者，盖指亲属继承以外，属于财产性质之法律行为而言。（处分在外国之不动产除外）立法意旨，无非欲以维护内国交易上之安全，无使相对人或第三人蒙受意外之损失耳。《波兰国际私法》第三条亦有此项规定，大意亦仿德国日本；但以其法律行为之效果将发生于波兰，且为交易上安全所必要者，始视为有行为能力。加此限制，看似益臻周密；实则引用时易滋争执。盖交易上安全之必要，有时仅为程度问题，判断易流主观；而其法律行为之效果，有时虽直接发生于外国，而间接亦发生于内国，区别似费斟酌。且同一外侨也，同种法律行为也，其行为能力，时而为有，时而为无，内外人民与之交易者，未免难于了解。前立法院编译处草案，拟将原文仿波兰例酌为增改。余以为不如仍旧勿改为妥。

本项原文但书乃第二项上段例外规定之例外，大致复归于第一项之原则规定。惟措辞稍嫌迂回缴绕，似宜仍仿德日先例，不用但书方式，另段再起，较为明晰简洁，便于分项援用。关于亲属法及继承法规定之法律行为，乃即所谓身份行为，以别前项所指之一般财产行为。至原文关于在外国不动产之法律行为，按德国此项规定有"处分行为"字样，颇为重要。盖专指处分在外国不动产之物权行为而言，若仅为交易上之债权行为，（例如年二十二岁之丹麦人，依其本国法尚未成年。如在中国订立买卖预约，允许出售其在丹麦之不动产，是为债权行为。）为维护交易之安全，仍应适用前项规定，视为有行为能力。（参考 Bufnoir-Code Civil Allemand, annot'e vol. IV p. 24.）《日本法例》仿照德国法，而略去"处分"字样。我国此时修订法例，似应依照增入，专指物权行为，以示区别。

原文第三项

此项规定与《德国民法施行法》第七条第二项意旨相同。此在德国虽有其规定之理由，而在我中国却无此必要。盖此种问题之发生，其原因大抵由于内国法之成年年龄，较外国法为高。例如：德国之民法，原则上以二十一岁为成年，而其邻国瑞士之民法，则以二十岁为成年。且依瑞士法未成年而结婚者，亦有行为能力。故瑞士人年甫二十，或未满二十而结婚者，若取得德国国籍，即可援用德国法此项规定，以保持其固有之能力。

尝考世界各国成年年龄，在二十二岁以上，二十五岁以下者，有阿、西、奥、匈、丹、智等国；以二十一岁为成年者，有英、法、坎、澳、德、义、比、和、葡、希、罗、瑞、那、墨、巴等国，实居大多数；以二十岁为成年者，则有日本、瑞士、暹罗及我中国。凡外国成年年龄高于我国或与我国相等者，此项问题自不能发生。惟有极少数之国，其成年年龄较低于我国。例如：苏俄及土耳其以十八岁为成年，此种外国人若甫届成年，而取得中国国籍，究竟能否发生此项问题，自应加以研究。按照我国《国籍法》，取得国籍之原因有四：曰婚姻，曰认知，曰收养，曰归化。由于婚姻入我国籍者，纵年未满二十，然依中国民法未成年人结婚者，有行为能力，自不发生因"依中国法为无能力"而起之问题。其由认知或收养入籍者，虽无以依其本国法未成年者为限之明文，而实际上中国人认知或收养已成年之苏土人民，殊罕闻之。至于由归化入籍者，如苏俄以十八岁为成年，凡十八九岁之苏俄人，若归化中国，似可适用此项规定；然依我国《国籍法》，年未满二十岁者，不得归化，而随同父母归化者，又以依其本国法未成年者为限，今此人依其本国法既已成年，即不得随同归化。而年未满二十，又不得自行归化。是此两层归化条件，无一符合。亦不至发生此种问题。至若年满十八，未届二十之苏俄人，因有殊勋于中国，不具备一切通常条件，而特准归化者，更为事实上所绝无。综观上述各种情形，纵令偶有一二极端例外，然其人既已取得中国国籍，与我同化，其入籍后之能力，即依中国法判断，于理亦顺。且其人依本国法既已成年，当入籍之时，必系出于自愿，或经其同意，则入籍之后，受中国法律支配，自在意中，亦何至失平？况如美国各州皆采住所地法为属人法，而其法律，有以女子十八岁为成年者。此等甫届成年之女子，已有完全行为能力。一旦移设住所于中国，其行为能力如有问题，适用反致条款，依中国法，仅有限制行为能力。夫住所之变更，自我国视之，其关系之重要，常不若国籍之变更也。今因住所移设于中国，尚有依法不能保持其原有行为能力者，而谓取得中国国籍，依中国法无能力者，必使保持其原有行为能力，揆之理论，亦不甚通。

夫日本成年年龄亦定为二十岁，较大多数国家为低，其情形正与我国相同。《日本法例》固亦仿效德国，然不采取此项规定。施行五十年，未闻有何不便。是为能明辨国情，善于取舍。我国独何所顾虑，而必欲为此虚设之规定？故修正案删之。

附论权利能力之准据法

人之权利能力，即为享受权利，负担义务主体之能力也。此在国际私法上，应以何种法律为准据，向来学说有三：（一）依其人所属国之法（即本国法）。谓此法与本人关系较为密切，且随处适用同一法律，可免歧异。（二）依法律关系准据法（Lex causae）。谓随个别案件，依该系争法律关系之准据法而定。例如：因继承事件而引起之继承能力问题，应随继承之准据法即被继承人之本国法定之；因不动产物权之取得而引起取得能力问题，则依该系争法律关系之准据法即物之所在地法定之。（三）依法庭地法。谓依内国法律定之。

《德国民法施行法》第一第二两次草案（即葛蒲哈尔特 Gebhard 草案）曾以专条规定权利能力依系争法律关系之准据法。迨定案时，委员会又将该条删去，终不予明文规定，自该法颁行后，德国联邦法院暨各高等法院彼此判例，不甚一致。多数适用法律关系准据法，但有时亦适用本国法。欧陆学者每将权利能力区为一般权利能力（包括人格），及个别权利能力（例如上述继承能力及不动产取得能力）。谓前者依本国法，后者依法律关系准据法。有时两说俱不可通，则不得不引用现所在国公序良俗之保卫条款（即法庭地法），以排除外国法之适用，借资救济。（至若为诉讼当事人之能力，亦系权利能力之一种，应依法庭地法，向无异议。）鄙意以为本国法主义倾向于理论，似不甚切实际，法庭地法主义则较合于沿革事实而又便于援用。东西学者主张法庭地法主义者，颇不乏人。例如，瑞士国际私法学家迈里之言曰：

> 凡人具有权利能力，在法律上乃视为有人格。此种能力，专依其人现所在地即法庭地之法律定之。

> When a human being has the capacity to have rights, he is regarded as a person before law. This capacity is determinable exclusively by the law of the sojourn (ferum) (Meilikuhn— *International Civil & Commercial Law*, P. 173.)

　　日本国际私法学家中村进午及山田三良诸氏，亦主张法庭地法主义。而山田言之尤详。节录如下：

　　现代文明各国，皆已废止奴隶制度，凡属自然人，莫不认其有人格，外国人之一般权利能力，无论依本国法依所在国法，实际上无甚差异。惟征之外国人地位之沿革，由敌视主义之古代，以至平等主义之现代，外国人之人格，不问其本国法如何，概依所在国之法律定之。且在平等主义之现代，外国人之所以有权利能力，乃所在国之法律，认自然人皆有人格之结果，非以其在本国有人格故也。外国人纵令依其本国法为无人格之奴隶，一入所在国之领土，即被解放而有完全之人格，此为所在国之公益上绝对必须维持之根本法则，无适用外国人本国法之余地。故外国人有无一般权利能力，应依法院地法定之。外国人之子在我国出生时，虽其本国法如西班牙民法第三十条，须自母体分离后，经过二十四小时，始有人格者，仍应适用我国民法第六条，其子之权利能力，始于出生。外国人之权利能力，应依本国法之说，未免忽视历史及所在国之公益。（按缺乏人格者，除上述奴隶外，尚有旧俄时代僧尼，因入修道院而丧失民事上人格。英国法有剥夺人格，屏诸法外者。他国有因犯罪而致民事上死亡者。法国直至一八五四年，始废此制，而美洲有少数国家，至今尚遗留此制者。）

　　上述奴隶及其他剥夺权利能力之制度，其事于今虽不常见，然引证一二，借以阐明法理，自愈见透辟。虽日本后起学者颇多倾向于本国法之说，然山田主张法庭地法主义，实与日本立法精神较能配合。试观《日本民法》第二条规定："外国人除法令或条约所禁止者外，享有私权。"即具有权利能力也。是除法令条约有明文限制者外，日本法律已明白承认外国人确有权利能力。其本国法如何规定，在所不问。倘再主张外国人之权利能力应依其本国法，是直与日本法律之精神相背驰矣。

或谓：《日本民法》第二条乃属实体法之规定，非法律适用法，尚不足资为准据，以解决法律之冲突云云。然我国已进一步将外国人之权利能力，规定于《民法总则施行法》第二条，文曰："外国人于法令限制内，有权利能力。"（其第十二条意旨亦同）是不独在法令限制内之特种权利能力（例如土地、船舶、矿业、渔业等权之享有），应服从中国法律之规定，即在法令限制外之一般权利能力（包括人格），亦已由我国法律以明文承认其具有此能力。至依其本国法是否有此能力，则非所问。是即不容另有准据之法。条文规定，不曰外国人有行为能力，而曰外国人有权利能力，足征行为能力采外国人本国法主义，而权利能力则采法庭地法主义，径以内国法定之。夫民法施行法与法律适用法二者，参互为用，相辅而行。（德国则将民法施行法与法律适用法合而为一。）凡规定已见于彼者，即可省略于此。司法院法规委员会所拟草案，其第七条修正理由云："关于外国人权利能力之问题，《民法总则施行法》第二条及第十二条已有明文规定，《法律适用条例》第五条所称能力，自系指行为能力而言。"等语，因不再规定权利能力之准据法，此项见解，余甚赞同。

惟前立法院编译处草案（作于民国三十三年）及武汉大学法学院院长燕君树棠草案（作于民国三十六年）均拟增订"人之权利能力，依其本国法"一条。此其拟议，似倾向于外国流行之学说，而未顾及我国民法总则施行法（法庭地法）关于外国人之权利能力，已有积极确认之规定，不容另订准据之法。且试就实际情形，浅近言之，旅华外侨，数以万计，熙熙攘攘，无日不为权利义务之主体。其在我国领域之内，享有权利能力也，乃因我国法律对于所有外国侨民，悉赋与一般权利能力之结果（即基于民总施行法第二条之规定），而非由于该外侨本国法律规定之所致也。故设有外国人于此，依其本国法无人格，无权利能力，一旦入我中国境内，便有权利能力。此虽在主张本国法主义者，亦不否认。但须知其所以忽有此种权利能力者，并非如主张本国法主义者所言，先适用其本国法，认为无此能力，又以其违反中国公序良俗，而排除其本国法之适用，复认为有此能力也。实乃径依民法总则施行法（法庭地法）之规定，而直接承认其有此能力也。又例如：外侨之于内国土地、船舶、渔矿事业等类私权，能否享有，即有无特种权利能力，无论何派学说，莫不一致承认其应受内国法令之限制。而法国学者著书，尤喜特设一章专论外国人之地位，列举内国法令对于外国人私权之种种限制，详尽无遗。是皆直接适用法庭地法之限制条文，以凭判断，亦非如本国法主义者所言，先适用该外侨本国法，而复以其有背内国之公共秩序，而排斥其适用也。盖国际私法之有排除条款，纯系一种例外规定，以备偶尔援用，借资救济而已。若频频援引，反将变例视同常例，则非立法之本意也。由是以观，外国人之特种权利能力，以及一般权利能力，均不应依其本国法，而应径依法庭地法。征之民法总则施行法上述规定，实彰彰明甚。

其尚成问题应待研究者，乃在权利能力之起讫时间。我国民法规定："人之权利能力，始于出生。"只须出生完成，即赋予人格，即有权利能力。德国日本及大多数国家，亦皆如是规定。惟法国民法（法民七二五条三款及九〇六条三项），则以出生后尚须有生存能力为要件。而依西班牙民法（西民三十条）胎儿脱离母体后，更须经过二十四小时，始有人格。又关于孪生儿之次序，以及未产胎儿视为已生等事，亦有发生法律冲突之可能。初生之儿，多因继承事件而引起权利能力问题，或因侵权赔偿而引起人格问题。此关于人格及权利能力始期之争执也。又我国民法规定："人之权利能力，终于死亡。"凡人格因死亡而消灭，各国法律皆同。此在通常死亡，自无问题。若因失踪生死不明者，关于死亡时期之推定，各国法律不甚相同。其二人以上同时遇难者，关于同时死亡或先后死亡之推定，各国规定，亦不尽同。每因继承，再婚，人寿保险或终身定期金之涉讼，引起此类问题。此关于人格及权利能力终期之争执也。权利能力之始期及终期，既皆有争执，即不能不有准据之法，以凭援用。按权利能力之起讫，就中出生争执，事关医术鉴定，死亡争执，事关法律推定及举证责任。不甚直接属于人格本身之问题。我国法律适用法原则上既已取范于德国日本，仍宜仿照德日学者解释，凡关于权利能力之起讫，皆可视为权利能力个别问题，即依各该系争法律关系准据法定之，例如：初生儿因人格被侵害，请求赔偿所引起之权利能力问题，即依侵权行为地法，因继承涉讼而引起孪生顺序问题，即依继承准据法，（继承能力，依继承准据法及继承人本国法，即双方属人法，是为例外。）又如失踪者其亲属因继承涉讼，其死亡之推定，亦应依该系争法律关系准据法定之。

　　持本国法之说者，每谓法律关系准据法主义所适用之法律随案而异，致个别权利能力之准据法，难期画一，不若概依其人之本国法为准，庶可随处适用同一法律云云。按满氏国际私法典第二十八条关于人格之始期，即采属人法（本国法）主义。但里许登斯丹（Lischrinstein）法律则适用属地法（即出生地法所在地法），而法学家 Gemma 及 Fedozi 亦皆主张属地法主义。（Raoel, l. p. 164. note）又满氏法典第二十九条关于死亡之推定，亦采属人法主义。惟若概依本国法主义，有时更有歧异错杂之嫌。例如：轮船飞机时常失事，有不同国籍之亲属多人，同时罹难，如不能证明其死亡之先后，我国及德国法推定其同时死亡；日本法不为推定；英国法推定年长者先死；（Jenkr' Digest, 4th ed. §18.）法国法除因年龄差异为不同之推定外，并推定在某种情形下，男人较女人为后死（法民七二○至七二二条）。各国之规定不同如此，设有中英法德籍民，彼此互有亲属关系，一旦同时遭难，因遗产继承涉讼，若法院就同一事件，同一灾难，依死亡之继承人各该本国法，为数个不同之推定，势必歧异抵触，有乖事理之常。若概依系争法律关系准据法（即被继承人之本国法），为生存或死亡，同时或先后之推定，从一处断，主从分明，则无此弊。虽所准据之法，非每案皆同，然在同一案件之内，固可适用同一之法律，不独继承关系为然，即其他私法关系凡涉及个别权利能力者，亦皆适用同一法律。此法律关系准据法主义所以为德日学派所采用也。

　　综上所论，可得三项结语，试再略述如下：

　　（一）关于人格及一般权利能力，适用法庭地法（即现所在地法）。

　　此指人格及一般权利能力存续状态而言。凡有人格，斯有权利能力，斯能享受权利，担负义务，斯能为财产权身份权及其他私权之主体。此种能力，实无人不有，无时不在，统称之为一般权利能力。（通常诉讼当事人能力，亦列入此项。战时敌侨诉讼能力之受限制，亦系适用法庭地法之结果。）

　　（二）关于特种权利能力，适用法庭地法。

　　特种权利能力，谓如外国人对于内国土地船舶渔矿等类事业享有私权之能力。以其为国计民生公安政策之所系，多受当地行政法令所限制。

（三）关于个别权利能力，适用法律关系准据法。（例外情形有兼用本国法者。又法律关系准据法亦有时与本国法偶然相同。）

此项问题之研究，多在一般权利能力之起讫情形，即发生时期与消灭时期。只以其与个别案件之能力争执，及鉴定或推定问题有关，姑称为个别权利能力，以别于上开两项能力。大抵关涉人民私益，与当地之公序良俗无大妨碍。

尚有一种个别权利能力，例如：为人妻者，能否充任一般监护人，及某种人能否充任遗嘱执行人或遗产管理人之类，亦应适用法律关系准据法。

就余个人司法经验而言，第一项之准据法，实无日不用，无案不用。第视为当然如是，不必复援引条文耳。第二项之准据法，例如：关于外侨在华土地所有权，亦时常适用。若第三项之准据法，则数十年来，未闻适用一次，仅见书本上之争论而已。总之，外国人权利能力，适用法庭地法者，居十分之九而有余，适用其本国法者，居十分之一而不足。孰为原则，孰为例外，不俟深辨而自明矣。

第二条　外国法人经中国法认许成立者，以其主事务所之所在地法为其住所地法并为其本国法。

【原条例第三条对照：外国法人经中国法认许成立者，以其住所地法为其本国法】

【修正理由】国际私法上所称外国法人，约分四种：（一）外国国家为私权主体时，（二）外国行政区域为私权主体时，（三）外国公司（即营利社团），（四）外国公益社团及财团（如办理宗教慈善事业者）。（日本民法及我国第二次民律草案有列举规定。现行民法虽无明文，解释当亦大致相同。）（一）（二）两种外国法人之有国籍，自无疑义；（三）（四）两种外国法人，为便利实际起见，亦认为应有国籍。（《公司法》第二百九十一条规定外国公司之名称除标明其种类外并应标明其国籍。）至如何认定国籍，各国学说法例不尽相同。大抵以采法人主事务所之所在地或采法人成立时所依据之法律两种主义为最多。法人主事务所通常多设于成立时所依据法律之同一国家之内，无论二者奚择，裁判结果自无二致。其不同在一国之内者，即不能不有择取标准，以定外国法人之属人法。英美学说主张以法人成立时所依据之法律为准，以其为法人资格所由赋与之法律也（英、美、苏联、秘鲁、巴西等国采此主义）。欧陆学说则主张以法人主事务所之所在地法为准，以其为法人活动根据地之法律也。（德、法、和、比、义、奥、丹、希、西、波、匈、瑞、日、阿、墨、委等国采此主义。居大多数。）而国际订立条约则往往将两种标准同时并举。我国现行条例规定"外国法人经中国法认许成立者，以其住所地法为其本国法"。而民法第二十九条又规定：法人以其主事务所之所在地为住所。彼此参互以观，法院解释现行条例自应采用欧陆学说。（斯为原则。间有例外情形，如民国二十年六月间公布之华侨中小学董事会章程，规定华侨中小学校须呈报主管领事馆转呈教育部立案。此其主事务所固多设在国外，然仍不失为内国法人。依司法院解释，此种学校应在国内设有事务所［不必主事务所］，始可认为内国法人。）惟以外国法人主事务所之所在地法为其住所地法，与其假途于解释，不若径以明文规定，较为直接明确。又即以其住所地法为其本国法，二者相提并论，俾应用时各适其便。（例如外侨公司订立债权契约，择用法律，便于称举。）爰拟修改如正文。

　　所谓外国法人者，乃依外国法律业已成立存在之法人也。如又经中国法律认许其成立者，始以其主事务所之所在地法为其住所地法及本国法。(《公司法》二九二条：外国公司非在其本国设立登记者，不得声请认许。)如未经如是认许者，则不能适用本条规定，而应依照民法总则施行法第十五条办理。前述第一第二两种外国公法人之认许，系随国家外交方面而定，司法上无甚问题；第三第四两种外国私法人之认许，应依据法律及条例办理。我国立法政策，原则上系采相互认许主义。(参阅民国十九年七月间中央政治会议第二三四次会议议决案，及各种中外条约，例如《中美条约》。)民国三十五年四月间《修正公司法》公布施行，关于外国公司之规定，颇为详密。(见《公司法》第二九一条至三〇五条〔依民国三十六年十二月底之统计，上海外商公司在社会局登记者，有十四个国别，共计三百二十六家。美商有一四六家，英商一〇五家，法商二八家，瑞士商二〇家云。〕)

法人与自然人不同，既无年龄身份亲属诸关系，适用其本国法之机会，当然较少。然本条规定，非无实用。关于外国人之能力，例如：某种行为能否为之，某种权利能否有之，(法人之权利能力与自然人之权利能力不尽相同。参阅中民二六条，及民总施行法第十二条。)又对于某种遗赠有无继受能力之类。("英国条例"Statute of Mortmain 禁止以不动产遗赠宗教团体，"即其例也"。)均应依其住所地法即其本国法判断。惟须注意者，某种权利依其本国法虽能享有，但若(一)为中国法令所禁止或限制者，或(二)为同种类之中国法人所不能享有者，或(三)违反中国之公共秩序或善良风俗者，仍应排除该外国法之适用也。

录自《新法学》1949年第2卷第1期，

第37—46页

人生感怀

修辞立诚论

（1912 年前后）

易曰：修辞立其诚。其千古立言之圭臬乎。夫言贵有物，不诚无物，斯立诚尚矣。言之无文，行而不达，斯修辞尚矣。唐虞文章，焕乎为盛。仲尼赞易，首制文言。曾参著远鄙之训，子产擅润色之名。盖理因辞而愈明，辞因修而益达。故修辞一道，为圣贤所不废也。顾后世之所谓修辞者吾惑矣。大抵乾于中而惊乎外。殚精词藻，为文造情。理弗胜辞，华掩厥实。甚或居亮采惠畴之列。忽赋黍离麦秀之诗。处风雨飘摇之秋，竟作春台熙皞之颂。或情牵轩冕，而泛咏□壤。或心实计功，而侈谭明道。言非由衷，本实先拨。东汉而后，斯风渐靡。六代文献之衰，此实为之厉阶。幸诱天衷，斯文未丧。韩欧崛起，关闽嗣徽。宏起衰之愿，传载道之文。理充而词沛，气盛而言皆宜。磅礴焕越，笃实光辉。骎乎而逮于古。溯流探原，等而上之。则文王幽而演易，灵均访而赋骚，贾长沙之痛哭流涕，杜少陵之义愤孤忠，孰非根乎丹诚，抒为文章，深远恳挚，情见乎辞，历百世而不可磨灭。此其初岂必规规然殚精役志于练辞摛藻之末哉。盖一诚既立，心声斯扬。积于中者厚，则彰于外者宏。辞不期修而自修，文不期传而自传于不朽矣。虽然，此殆域乎圣贤豪杰之士。惟是世罕拔萃之人俦，人多中材之禀。矧世变日亟，物情万殊。达隐显微，岂曰易事。信笔书来，既虞涉于芜杂。委心辞句，复恐有窒灵机。则练言选义，以洁其辞□栝修裁，以畅其气，是亦操觚者所不可忽。顾非可矫饰以为之也。必也主诚乎中，先立之干。文以述志，辞缘情生。无以事徇文，无以辞害志。情有余蕴，务靳曲宣。辞或违实，虽美必捐。玩索易训之义，立诚实为修辞之本。诚之不存，辞将为丽。昌黎有言：根茂者实遂，膏沃者光晔，仁义之人其吉蔼如也。是以立言君子无不孜孜焉致力于所以养其根而加其膏者，此之谓知所先务。

录自郭云观：《法学丛论》，张祜辑录，出版社不详1938年版，第6页

巴黎和会纪闻

（1919 年）

其一　民国八年六月十五日记

本年四月二十九日，同人谈及胶事，犹抱几分乐观。不意次日英美法三国会议，竟行武断擅许日人承受德人前在山东所获一切权利。青岛既未能直接交还，而所云彼享经济利益，我拥政治主权，此语是否将与实际相符，仍以国力之强弱为衡。我国代表睹此挫辱，力争无效，愤慨万分。此事积因正多，略述于后。

（一）威尔逊总统之变卦。当威氏揭橥十四条纲义，提倡国际联盟。志在拨乱反正，务期世界各国咸归平治。一时人心厌战，莫不赞同。虽有野心不轨之伦，亦暂息喙，莫敢异词。威氏诩然以为天下归仁矣。不知貌示赞同，令人不虞，内实树党，共图抵制。故以计就计，侈谈公理，以蒙蔽威氏而利用之。阳假和平公道之名，阴行侵凌豪并之实。推威氏之意，国际联盟非成不可，欲期其成，非得强国之赞助不可。强有力者窥知其然，遂有所借以事要挟。一有不遂，辄作拂袖离会之态。夫胶事我直日曲，威氏何尝不明，其始持志何尝不坚。卒以投鼠忌器，仗义不终，宁屈善弱，毋撄好强。又以英法祖日，美纵始终持正，亦叹孤掌难鸣。于是威氏素所主张公理正义，遂幻同泡影。乃威氏门下客犹巧言中国牺牲胶州一隅，以玉成国际联盟之盛举，可谓舍小全大。以此相欺相慰，岂不哀哉。

（二）日本与英法俄义国之密约。当欧战方酣之际，协商国虑德人在华有所谋划，以侵其利益。乃多方劝说中国对德绝交宣战，以杜隐患。当时日本已据胶澳，视若囊中物，深恐中国加入战团，将来席上要求胶澳归还，遂亟筹先发制人之计。其时德势力炽，英法诸国无力东顾，日本按兵观望，乘机要挟，何求不得。乃与英法俄义四国缔结密约，大旨谓将来和议席上，关于山东问题，四国当力助日本，日本方肯听任中国对德绝交宣战。此一千九百十七年春间事也。今日本执约请求赞助，英法不惟不斥其往者乘人之急，背理要约，而反力助之。所谓有约在先，不敢不遵者，此特外交习语，聊以自解。实缘和会中强国重要会议，日本辄占一席。英法二国怀非分之要求，亦正复不少。日本此欲不遂，虽保不于席上指摘瑕疵，遇事作梗。不若彼此迁就，转属两便之道。美国虽昔无密约，今无非分要求；然威总统重视国际联盟，日本故意将种族平等问题，强相聒渎，借题取闹，妨碍进行。威氏欲令日本就范，则于他项问题又不得不稍遂其欲。英法美三国之态度如此，则胶事会议之结果不问可知矣。

（三）英法之远东外交政策。　夫英，庞然帝国也。属地偏环球，大欲既遂，志在持盈以守，故日惟患失。日本，后起之强也。地狭人稠，狁焉思启封疆以图霸，故日惟患得。英人素知日本侵略野心，荆牙张爪，不得其欲不止。苟强加遏制，则铤而走险，势将反噬，英国兵力虽厚，然而地散守难。日本海军方强，一旦有觉，袭击虚懈，则香港印缅澳洲南洋英属诸岛之命运，不可知矣。且英人非不知日本占据山东，国力将益膨胀，其势将不利于己也。然与其遏而激之，授以口实，患且及身；何若利而导之，嫁祸于人，貌似市恩，实以避害。他日彼此划区称霸，未始非两利之道。而日本亦惟惮英国海军之为梗，与英联好，则其余无足畏矣。两情相遘，异旨而同趋。英与日本遂相提携矣。法国之远东政策，多惟英是效。近有英法日三强远东协约之传，虽未必属实，然强有力者咸欲维持势力范围，协力以谋我，殆无疑义。今日甲索山东命脉，乙既赞助。他日乙攫他省权利，甲岂异词。同恶相恕，夫何怪焉。英法与日既属同调，于是美国之势孤。势孤则力薄，若犹空言抗争，将无裨于弱国，徒贾怨于强邻。此美于胶事所以终未能助我也。虽其持正弗终，不无遗憾，然遂谓其卖友助桀，则未可也。

（四）去年九月中日密约。上述三端，由乎外势之压迫。弱国虽屈于势，犹伸于理。理直气壮，犹可诉诸世界公论，以图挽回。独恐孽由自作，事出甘心，自反而有不直，则难于置辩矣。去年九月段祺瑞等与日本签订密约，大借日债，以资黩武之用。胶济铁路遂许中日合办，济顺高徐两路押与日本。自把山东命脉情愿断送，至有欣然同意之明文。墨沈犹新，岂能置辩。纵谓订密约者越权渎职，国人不能承认，然因其以政府名义行之，外人即可指为代表国人。今同一政府所派全权议和专使，又要求取消之。出尔反尔，和会诘我自相矛盾，我实无辞以对。强国虽云专横，然公论所非，彼亦心畏；必见有疵可摘，有隙可乘，而后敢于逆施武断。故胶事失败，去年中日密约纵非惟一原因，然其冒国人之不韪，失公论之赞助，自造厉阶，授人口实，其罪责实无可推诿。或曰，段氏刚愎无识，其误国之罪，实群小成之。

自胶事失望，群情愤激，国中志士，海外华侨，纷纷驰电主张拒签和约。我国代表目击耻辱，愤痛尤深。旬月来审慎思考，权衡利害。最后决定，非将和约内关于山东三款保留，万难签字。

至于奥约，即与德约，除山东三款不计外，大同小异。彼多于我有利，自当签字，佥无异议。此次外交失败原因，固甚繁复，而内争靡己，亦为大梗。盖元气为伤，国势萎弱不振，愈召外人之藐视。而南北分权，国是久悬未定。外交政策平时既乏筹划，临时安能措置裕如。而强邻政客复利我内争，从而谗间拨弄，回首往事，能无寒心。今后要求复议山东问题，取消二十一款，并要求七种希望条款之实现，均俟国际联盟会之议决。联盟会第一次开会在美京华盛顿，期在本年十月间，旋踵即届，（按嗣因美国拒不加入国际联合会，该会改于次年在瑞士开会）胶事失望，可为前车之鉴。殷冀国内政治问题，从早解决，使南北统一，协衷对外。庶有豸乎。

其二　民国八年八月十五日记

山东问题，和会诸强擅行武断，事之不平，莫此为甚。我国代表团多数主张力争不屈，并以拒绝签约为最后之应付方法。而广东军政府所派代表王正廷专使主张尤为坚决。乃我国使节人员中，竟有少数逞其私臆，习于苟安，居然主张列强不许保留，我国亦当签字。不独随便发言，甚至拍电北京政府条陈请示。政府当轴素恐触及外人之怒，保留与否，本在两可之间。徒以代表团中坚诸人主张保留，则亦姑且泛言保留。及闻有持异议者，辄许为具有高见。迭来训令，渐翻前言。代表等为国利民福计，秘之不宣，对外仍坚持保留不少懈。无如外人在京刺探秘要，非常灵敏，消息一漏，中外喧传。和会闻我政府与代表主张歧异，谓我色厉内荏，方讪笑之不暇，宁复有许我保留之理。前此见我并力而争，和会颇持犹豫态度，未置可否，要不无商量余地。及闻北京训令之内容，料我无论如何终当签字，遂声言可不许保留矣。自侮人侮，可为太息。签约之日，会场职员为我事事备齐，待我随班签字。当时我国出席代表陆征祥王正廷二专使，愤慨万分。惟陆专使系北京政府所遣派，心犹重逢北京训令，犹豫未定。经南方代表王专使一再趣劝速决，两人卒皆严拒不到，以示南北代表对外始终一致。会中诸强莫不诧异。初以为此种举动，中国人第能言之，未必敢行。不图竟见诸事实。

拒签之后，世界各国公论莫不对我深表同情，而美国上议院掊击山东三款尤为激烈。责难指斥，如抱切肤之痛。义愤之声，遥动欧土。于英法舆论亦为之一变，以为中国民气未衰，犹足有为，屡屡为我鸣其不平。前昨陆专使游英，英政府表示欢迎，英皇延为上宾，优礼有加。未始非感于近事，转示推之意。美国当轴亦悔大错铸成犹幸解铃未晚，急拟调停八款，还我河山。并商之英法，以资借重。我国代表复就八款加以说明，补其所遗，而详其所略。凡此种种，未始非拒绝签约之效也。设使当日我国代表胸无定见，漫从北京政府之训令，惑于三五人士偏论，贸然到场签约；低头敛息，任人侮蔑；自辱国体，自失人格，则国家之地位直沦降千丈；宁望今日公论之赞助，与夫强国之调停乎。

此后外交方针，依旧亲美，自不俟论。惟美离我辽远，又非日本所甚惮者，虽有相助之善意，往往并未能行。故美国之外，尚须联英，英之实力远及东亚，日本之所畏也。法在远东政策，惟英之马首是瞻，联英亦即联法。或虑英日盟约足为我国联英之梗，殊不知英之亲日，初欲制俄。及俄既败，欲以抗德。今德又败，其余列强足为英害者无几。英之与美，同气连枝，断不至联日抵美。法义绝非健者，亦无联日以制法义之必要。然英日同盟之继续，究有何补于英。既无所补，其势必离。乘其交淡而将离也，我从而友之，英必亲我。何以知其然也，夫中美邦交夙称亲睦。公私交际，华人对美，往往坦诚相与。其对英对日，则未免时怀疑虑。在日包藏祸心，固无足怪。而英之属地偏寰区，已苦散漫难守，不复有拓殖野心，徒以畴昔曾抱侵略政策，影响所及，至今令人疑忌。今后英在远东政策，纯欲发展商务，原与美之政策无异。其必与我提携联络，以敦邦交，昭示公道，以惬舆情，乃能扩充商务之势力。不然，华人与美日亲，与英日疏，凡发展商务兴办实务，皆将就美而忌英。年来趋势，已见征兆，长此以往，英何以堪。相形见绌，已存羡妒之心。一旦我与亲善，宁有见拒之理。故曰英必亲我。夫在我既有亲善之诚，在彼复有乐就之意，两情相遘，自成与国。似乎无待外交之手腕。是又不然，盖中英亲善，则日将势孤；虑其势孤，必一面设法与英续修旧好，一面打破中英亲善之局。此种外交，攻守并进，我将何以待之。此对英外交所以似易而实难，是在我外交当局擘画周详而善处之也。

录自郭云观:《法学丛论》，张祜辑录，
第 77—80 页

坎报发刊辞

（1920 年）

是报曷为以坎名也？设于坎滨，创自坎人士，以饷坎之居民，其销售流播虽不囿于坎乡，而以坎乡绾其中枢也，故名。抑坎之为义，有进于是者。夫坎于其卦其象为水之义，深远矣哉。荀卿述孔子之言曰：夫水，主量必平，似法。盈不求概，似正。绰约微达，似察。以出以入，以就鲜洁，似善化。其万折也必东，似志。今坎报同人所奉为圭臬者，则衡事贵平，持论务正，博访周咨，必勤以察。濯污存洁，湔旧图新。持以恒心，赴以毅力，虽历艰辛衡困，必达其志而后止。以蕲无愧乎水之精义，坎之嘉名。他日成效既著，推行渐广，踵而效之者必众。举邦且将利赖焉，宁独一乡一县之幸耶。同人勖乎哉。

录自郭云观：《法学丛论》，张祜辑录，第 94 页

玉环展复二百年纪念碑铭

（1929年）

玉环，岛于瓯海之上，群屿罗列，东临大洋，南控入瓯孔道，形势至扼要。然隩隰百出，警备难周，失守适以齐敌，自昔云然。旧隶乐清，称玉环山，明洪武间，倭沿海为寇，屡据是山以利进退，资供给。为闽浙患。于是诏令尽徙玉之居民而瓯脱其地，使寇无所资以持久。寇靖则稍稍徙还，寇炽又弃之去，如是者垂三百年。洎清雍正五年，浙江巡抚李卫始奏准展复玉环山，复割温台两府毗近地益之，设厅专治，首任同知为张公坦熊，辟莱斩荆，万绪就理，事详厅志。民国纪元，改厅为县。此其沿革大较也。溯自设治迄今历春秋二百，倭患永绝，地垦民蕃。渔商云集，人文蔚起，几莫知今之乐郊，为当年弃地也。念彼前人艰难缔造，厥功甚伟，安可泯忘？聚族于斯者，谋所以留纪念，既开全县人民庆祝大会，复筹资勒石高矗岭表，四乡具瞻。后起之秀时时观感，庶几兴念启山林，兴文献，以展以复，先哲

劳矣。继往开来，责在吾辈。其各努力无愧前贤，数百年后为功为
罪，其实闻此言而及睹后效者，有此碑存。

录自郭云观:《法学丛论》，张祜辑录，
第 93—94 页

玉坎郭氏家谱后序

（1929 年）

予圜居消夏，晨夕稍事编辑家谱。新毕业学士有踵吾庐辞行者，见而异之。问曰：家族编谱，乃旧时宗法社会之所尚。当今训政伊始，风尚丕变，立法者方谋改革旧制，与民更始，务期个人主义日以盛昌。盖必家族之年轻，而后国家社会之念重。斯义也，先生似宜倡导之。顾何以犹笃好旧制，孜孜焉惟编谱是务。是亦不可以已乎。曰：子为是问，殆未深思焉耳。夫人类之争，起于不相敬爱，独亲其同类，而敬其所由出，则若出诸天性，非强而为之。圣人因性利导，教人以孝悌之道。使之爱其亲，敬其祖，厚其族。多方尽力以培养此敬爱之天性。由是体恕而行，爱其亲，以及人之亲。厚其族，以及人之族。推而至于民吾同胞，物吾与也。其为教，务本而近情。自迩而远，便于实践。大抵中国古来文化，基于人类之同情心，而肇端于家族之亲厚；泰西近代文化，基于人类之怀利心，而趋重于个人之竞进。东西文化，各有偏长。不可责彼而贱此，要当调剂以相成。虽中国家族制度，宗祧观念，历久不无流弊，有亟待改善之处。然孝悌原理，无间古今，仍不失为伦常之大体。在进化人群中，固终不可磨灭。西方鸿哲，感于彼邦物质文明之畸形发达，颇引为隐忧。渐知研究东方文化之优点，以资调剂，使人生观念臻于完善无缺。乃晚近吾国青年，多醉心欧化，且有变本加厉趋于极端，甚有诋孝悌为非行者，蔑绝国性而不知自哀，儇薄悖谬，举世靡然。于今欲回狂澜，其惟济之以敦厚乎。敦厚之道，始于亲亲，吾编谱以纪亲，自托于风雨鸡鸣之义，其亦有心之人所许欤。况家族观念，与国家社会观念，初非不能相容。彼置义田创义塾，以教养族中子弟者，非范文正乎。然先天下之忧而忧，后天下之乐而乐者，亦范文正也。家国观念，本可并存不悖，君子推爱及物之心，原无限量。修齐平治功夫，毕竟一贯。谓必薄于其亲，而后能厚于其国，此瞽言也。抑尤有进焉者，姑舍伦理，而谈科学。夫谱为一家之志乘，亦犹一国之有史也，非止叙述世系而已，兼以记载先世之生活状况，及盛衰穷通之迹，俾后世得以探寻今昔之因果关系，而知所以自爱自勉，故贵乎有谱。盖人类之所以有文野强弱智愚善恶万有不齐者，非基于先天之特性，即由后天之熏陶。质言之，遗传与环境二者，实为之因。虽演嬗推移，渐趋于繁复，然终有定律焉隐然存乎其间，而莫之能越。此稍知教育学社会学者类能道之。惟是推理而谈，不若征诸事实。举群而论，当先验诸一家。子孙阅谱，观夫家世盛衰之迹否泰之由，深思猛省，获益自多。大凡祖先处境困难，而能勤俭奋发，以创基业者，其遗传于子嗣，多气魄沉毅，坚卓有为。洎乎功成日久，子孙席礼履泰，再传之后，往往骄奢逸豫，渐即于衰落。此华门望族所以遗风难继，而英杰贤豪所多起于艰难困苦之中也。抚念盛衰循环之理，能不惧然，惕然以厉。他若祖先之品行性情以，至于容止言动之微，体质之强弱，职业之为劳心或劳力，生平所甚好甚恶者何在，与夫子女之多寡，寿命之修短，及其致疾原因之由于特殊体质者，诸如此类，举无不可以遗传于其子孙男系然，女系亦然。虽所传之分量不齐，而可传之机兆常伏。不仅追及一代，来自近亲，而若隐若现，时断时续，往往有历数传而犹见之者。凡诸特征，一家之谱牒，或其附编之家世见闻录，宜纪实有方，无伤大雅，俾其后昆得以稽寻端倪，如其善也，思所以继述而光大之，以彰先人之美。如其未善，应如何预防而匡矫之，以成干蛊之孝。世世进修，舍其瑕而葆其善，安得不愈传而愈优。此乃家庭社会优乐祸福之所系。近世有识之士咸谓欲促人群进化，必先研究优生优境之学，良有以也。然一家一族之中，苟无谱牒详为记载，虽欲稽考借鉴，其道无由。则有志改良家庭社会者，又安可不从事于编谱，固不止借以敬宗敦亲亲之谊也。既答某生之问，乃笔述旨趣，以谱跋俾吾家后昆得览观焉。

录自郭云观:《法学丛论》，张祜辑录，
第 94—96 页

五十览揆感言

（1938 年）

人生天地间，如蜉蝣蛮触，如朝露石火，眇焉其微，霎焉其蹔也。姑无论耄耋稀龄，纵使寿至百岁，亦不过三万六千余日。此在往古来今之无尽宇宙中，直一须臾耳。余行年五十，只及须臾之半，何足道哉！何足道哉！虽然五十正亦匪易。尝考汉自高祖而下，清自德宗以上，其间历朝递嬗，正统偏安，称帝称王者，凡二百十有一君。综其年龄而匀计之，每一帝王享年四十有一，以帝王之尊，何求不得，而其平均年龄乃仅止此数。今余年臻五十，其亦足以俯仰千载，傲帝王而有余矣。然帝王虽尊，贤明寡而昏庸多，往往穷奢极欲，死于安乐，殊无足与之较修短之数也。稽诸唐宋，如张睢阳孤军障敌，忠勇绝伦，得年四十有九。岳武穆壮烈精忠，震烁今古，卒以冤狱殉国，得年仅三十有九。正气磅礴如文信国，年才四十有七。碧海孤忠之陆秀夫，年才四十有二。明代忠烈，如方正学杨椒山史阁部诸公，得年最高不过四十有六。能跻于五十者，盖无一焉。顾犹谓忠烈之士，见危授命，其不克以天年终者，势也。然古昔绩学才艺之士，如贾长沙年仅三十有三，曹子建王仲宣年皆四十有一，王献之年四十有五，柳子厚四十有七。其最早夭者，莫如注易之王弼，年止二十四，洪都作赋之王勃，年止二十六，仅及余年止半耳。乃至修德讲学，巍然一代宗师，如隋之文中子，年亦仅三十有五。孔门以德行称者，莫过于颜渊，而年三十有二。此皆彰著史乘，人所习闻。其他哲人贤士，虽间有克享遐龄者，然年寿之短不足以称其才德，为余所不及举者，尚不知凡几。古昔然，征诸当世亦然。中土然，征诸异邦，亦莫不然。念昔人之道德文章功业，我无其万一，而天假之年，乃有逾于贤哲忠烈才智之士。何天之厚之耶？抑厚之而适以愧之耶？矧余鬓虽苍而头未童，视虽茫而齿未豁，志气犹壮，筋力未衰，殆尚不止于五十而遽化为异物乎？虽然，君子所贵乎寿者，不在形骸，而在心志。老子有言，死而不亡者寿。故复圣类子，虽形体早逝而德修行卓，名垂宇宙，自君子视之，其寿无疆。彼幼不孙弟，长而无述，虽食粟多历年所，以至于老者，自君子视之，不啻夭也。使余而有以立也，虽三十四十而逝，庸何伤？如无以立也，虽年至七十八十，犹之夭尔。嗟乎，圣人五十而知命，贤人五十而知非，余虽不能知命，将并不能知非而求所以寡其过乎？思之勉之。

录自郭云观:《法学丛论》，张祜辑录，

第83—84页

闲章答儿问

（1941 年）

余五十后，置闲章二。一篆阳文，曰家在三山二水间。一篆阴文，曰出岫无心自在行。有欲借用之者，余不可。儿问其故。余曰：阳篆寓故乡玉环，阴篆寓余名云观，故不可以假人。吾家祠联有云：左右水潆洄，源远流长思祖泽；前后山环抱，灵钟秀毓萃人文。此山抱水潆之处，百余年前，曾祖考始筑室居焉。试陟高岗四望，碧海半环，青山苍郁，所谓玉水环山，本邑殆以是得名。而吾郭氏家于斯者五世矣。唐诗有三山半落青天外，二水中分白鹭洲之句。今缀字偶与略同，然时异地异人异，吾乡自有三山二水，不羡金陵远眺也。儿曰：然则同里人士宜可借用此章矣。曰：仍未可也。儿不解。乃告之曰：夫家有有形者，有无形者。生焉长焉聚族而居者，众人之家也。穷通否泰，随遇而安者，达人之家也。立身俟命，由义居仁，时遭艰屯，不随不苟，卓然有以立者，贤人之家也。唐之颜常山，宋之文文山李若水，明之杨椒山朱舜水。此五贤者，三山二水，正气磅礴，充塞乎天地之间。我思古人，山高水永，心之所归，即家之所在。家固不必有形也。无形之家，存乎吾心。心之为物，匪可以假人也。儿乃憬然悟。次问阴篆之章曰：云无心以出岫焉陶渊明名句，观自在乃心经首言，隐寓父名，儿既闻命矣。敢问末字行之义？余曰：靖节自谓出仕之无心，亦犹行云出岫之无心也。惟其无心，故不以得失萦怀。心无窒碍，故能自在，如行云流水行乎其所当行，止乎其所当止。士君子出处行藏，不当如是耶？又朱紫阳感兴诗云：昨夜江边春水生，艨艟巨舰一毛轻，向来枉费推移力，此日中流自在行。想见学养功深，一旦豁然贯通，容与自得之乐。通书有之：士希贤，贤希圣，圣希天。余置此二篆，阳象刚贞，阴象恬静，以区区希贤之微意尔。

录自郭云观：《法学丛论》，张祜辑录，第 84—85 页

明哲保身释义

（1941 年）

世人常用之明哲保身一语，出自诗大雅烝民章"既明且哲，以保其身"，盖伊吉甫赞仲山甫之辞也。其次章复称其"柔亦不茹，刚亦不吐：不悔矜寡，不畏强御。"则仲山甫襟度之广，气节之高，概可想见。故明哲保身云者，谓顺理守身；非谓临时苟避，偷以全驱也。孟子曰：守孰为大。守身为大，此物此志也。人之失节，亦曰失身，谓丧失身份也。然则明哲保身，犹言明澈义理，克保身份，克守节操耳。乃乡愿卑怯之徒，或渎于富贵，或屈于威胁，枉道徇人，同流合污，往往断章取义，自附于古人明哲保身之义。失之远矣。不可不辨以明之。

士君子既以身许国，死生之际，即不可不审其重轻。苟全固所不取，伤勇亦未足为贤。盖身既许国，国即系之。重其国，即不得不重其身。其生也，为有益于国而生，则其死也，亦当不得有益于国而死，非第以能死为尚也。苟其生不能以国事为重而徒仓皇殉难，则其死未足贵也。昔人讥老学究之死事，有云："无事袖手谈心性，临危一死报君王。"夫何益于国？杨椒山先生尝谓："人皆知致身为忠，而不知为天下爱其身，尤为忠之大者。"故当其为国而生也，时遭屯蹇，弥励坚贞，临履戒慎，以重其身，动心忍性，以沉其勇；支撑于艰危震撼之中，镇定于颠沛流离之际；殚虑以谋之，罄力以赴之。幸而有成，则后天下之乐而乐焉。如其不幸，谋焉而终不成，赴焉而竟不达，而审时度势，生之与义，复不可得而兼；则一死见志，取义成仁；存正气于人间，明是非于百世。然后死得其时，死得其重。如文信国绝笔自赞云："而今而后，庶几无愧。"又如于忠肃辞世时诗云："顾我今朝辞去也，白云堆里笑呵呵。"此其从容就义，浩然无愧，身心何等安泰，至可敬也，故君子之死，有重于泰山，必也智仁勇兼备，而后死焉。非若匹夫匹妇，逞一时之气，辄自经于沟渎者之所为也。因论明哲保身之义，恐世人但知能死为贵，而不知所以善自处于死生之际也。故纵笔及之。（卅年五月）

录自《国防月刊》1949 年第 6 卷第 2 期，第 71 页

辛巳蒙难记

（1941 年）

　　十二月八日昧爽，余方危楼独宿，忽闻炮声隆隆，似来自黄浦江畔，历半小时许，复寂然无声。少顷，闻飞机盘旋空际，掷下传单，院役拾得呈阅，始悉日本已向英美开战，平明，接上海工部局电话，证实其事。余乃立即召集三院联合委员会，开紧急会议，处置一切。（三院，谓最高法院上海特区分庭，及上海第一特区高地两院也，三院联合委员会，系奉司法院电令临时组织，以便处理紧急事务。）

　　是日上午十时许，有日本海军陆战队卒八名，突来把守法院大门，搜查进出人等，院职员陆续离去。余以尚待执行紧急议案，签发高地两院薪俸支票，又以机要文电尚未焚毁，不得不冒险暂留。未几，本院司法警员英人惠脱来见，言有佳讯报告。余诘问何讯，则曰：日军盼望法院合作，照常办公。余正色曰：是即汝所谓佳讯乎？曰：诚知院长处境艰难，顾独不为市民利益计，姑且迁就乎？余哂之。惠脱赧然退去。是晚八时半，有一武装日籍警员由惠脱陪同来见，自言奉命来此护卫院长，其实来监视耳。余示意惠脱却之，不去。惠脱乃导之至楼下法警室少坐。余念为长官者临难自处，最费斟酌，离院太早，则负轻离职守之谤，太迟则蹈犹豫恋栈之嫌。至是辖境沦陷，敌卒临门，长官自由已失，事无可为，洁身引退，此其时矣。乃急致函三院同寅，告以本人即时停止行使职权，退隐养疴。发函后，立即检集机要文电，包括三院紧急会议录，司法外交两部密电，沪区地下工作首领密函，工部局密函。英美两国总领事密函，蒋委员长传令嘉奖密电，及余陆续所作护院抗伪日记等件，开始焚毁。讵一时情急薪湿，益以洋纸重叠，不易燃烧，致浓烟冒出窗外，几被敌卒瞥见。乃急将窗户尽闭，又致满室烟熏，热泪夺眶而出。忽闻门外剥啄有声，大惊，以为敌卒掩至。实则工部局人员来见。嘱在别室少候。余出见，随手反键有烟之室，并出巾拭泪，佯称目疾复发，苦不堪言，明日再约见。余固曾患目疾者，彼深信不疑，遂去。直至夜阑人静，始乃逐件焚之。

九日早晨，有自称日本陆战队队长带同兵士数人来院，声言欲见院长，余派张书记官长见之，但嘱勿发一言。该队长语多恫吓，大意谓若与日军合作，则受保护优待，否则严厉处置等语。卒以不得要领，悻悻而去。

近午，工部局法律处主任美人博良来见，言工部局仍望院长照常维持院务。余谓业已通函引退，并出函稿示之，且告以大义所在，志不可夺。其时工部局总裁仍为英人费利溥，故托其即将此意转达费氏。是晚九时，接博良电话，谓费总裁言，院长所持态度，自极正当，但工部局日籍副总巡甚盼院长继续任事云云。余虑日人劝诱不成，难保不再施威胁。当时情势已急，余居四层楼，室内床下素备有避火巨绳一盘，颇思于午夜纵绳缒墙而走，惟恐为巷口逻者所见，或失足堕伤，未果。辗转思虑，彻夜不能成寐。

十日黎明即起，准备只身脱险。昨日博良来见时，日籍监视员与之俱入，见院长室内卧具衣服书籍安置如常，绝无行色，且余与博良从容谈笑，态度安定，故监视员不疑有他，今晨尚在楼下法警室闲坐。此时院役忽来报告，门前日兵原有八名，现方换岗，只留一名。余乃决定立与向首席检察官乘间先后离院。向首席含泪握别，丁宁为国珍重。余先乘电梯下楼，缓步而出，若无事然。及门，日兵不识，以为普通职员，搜检余之衣袋，仅见眼镜两副，而不知贴身衣袋内尚有安眠药十二片，以备危急之际，吞服殉难，免遭凌辱。药片未被搜及，即匆匆放行出门。本应转步南向，余故意转北而行。仍恐侦卒追踪而至，行时频频回顾。旋自念如有侦卒在后，回顾适以启疑，如无侦卒，何必回顾。乃急以帽掩额，转入歧路。顾余素患疝气，步行过疾，又恐小肠遽坠，不得不少停喘息。再行数十武，见有铅丝网拦阻去路，惟旁留缺口，宽仅容身，日兵守之，余缓步随同行人鱼贯而过，日兵未之觉也。距院渐远，心虽稍定。然亦不敢久于道路，乃造访毗近友人医寓，虽属新交，而一见如旧，殷勤留宿，款厚逾恒。余寄迹甫定，即由电话以蔡氏名义告慰家人，惟未告以所在何处。黄昏后，微服步行二里外，借商店电话，嘱家人明日先妣忌辰须照常举祭。寓仆接应，谓当局欲余继续任职，持之甚坚，觅之甚急，曾派员来询踪迹数次，家中妇孺惊避一空矣。余聆言深惧侦探查按电话号码地址，驰索而来。遂立即离店，以右手抑住小肠，奔回医寓。

次日拟就呈报部院电稿两通，嗣后无由拍发，毁之。又试以密码与查书记官长通讯，亦传递不达。外闻消息几于完全隔绝。至是，反得放下一切，静坐养神。再越一宿，承居停设法，密招法院职员王永镇（化名陆真君）来谈，询问近日家人播徙情形，及余出走当日法院状况如何，据称：

当院长离院五分钟后，日籍监视员即登楼问院长何之。院役漫应之曰，想往威海卫路地院办事处矣。监视员情急，立即电召日兵一车，开赴威海卫路包围地院，禁止职员出入。搜索良久，无所得。乃封闭办公各室而去。于是工部局遂令侦卒四出寻觅院长踪迹。凡规模较大之医院旅舍，以及院长所常到之戚友寓所，殆无不访查，然仍杳无线索可寻。等语。

事变后，将逾旬日，法院久闭，捕房候审人犯愈积愈多，工部局势难再待，徐某居然应工部局之召到高院视事。地院院长职务则派冯某暂代，仍假用余之名义，扬言虚位相待，盖欲借以号召旧属。然庭长推事书记官等多深明大义，相随退出者，有数十人之多。

二十四日工部局登报悬奖，寻觅余及查书记官长之踪迹。复恐余等秘密离沪，竟派员警至寓搜索最近相片。闻在车站船埠等处，均有干探侦伺，以备随时截留。翌日傍晚，王永镇复潜来报告，谓敌伪侦卒，索余仍急。子女四人，原皆走读，近日始随余妻寄宿戚友处，虑被侦卒尾随，发见临时寓址，乃悉令辍学散避，各视所投寓家，暂从其姓。而余本人姓名，则凡三易：自国都西迁，敌伪环伺以来，与外交部次长徐叔谟君通电，自称邓寒松；与沪区地下工作首领蒋伯诚吴开先诸君通讯，则自称潘文寿；至是复改姓蔡名思曾，以外曾祖考蔡姓也。顾姓名虽更，而仪容未改，易被奸人指认，乃追服先考旧丧，玄帽素结，粗衣布履，须发不理，俨若新遭大故者，于是仪容亦为之一变。

如是安度数日，心事甫觉稍纾。乃室外忽传有敌兵多名，乘卡车驶抵门前，状若有所索捕。居停闻报，大惊失色，急闭室门，嘱余脱衣钻入被窝，以巾蒙首，如遭寒疾须使发汗然。自念安危生死，早置度外，殊无足惧。独虑累及居停，心何能安。蜷伏良久，未敢伸首倾听动静。顷之，居停入告曰：敌卒之来，乃为查封左邻工厂机器耳，事毕，已驰去矣。余惊魂始定。

　　自是昼夜战兢，深居简出。其时敌伪稽查户口甚严，倘被发见，万难幸免。士君子以身许国，死原不足畏。独一旦被捕，污以伪命，剥夺自由，求死不得，斯可畏耳。故尝思及时自裁，一死见志，庶可免累居停，免辱此身。所怀安眠药片，赫然犹在，时一抚视，复密藏之以待变。入夜，倚枕不寐，辄又默诵孟子之言曰："可以死，可以无死，死伤勇。""生我所欲也，义亦我所欲也，二者不可得兼，则舍生而取义也。"从知伤勇不足以言成仁，取义必俟难于兼生。故率尔轻生，君子无取。彻夜心思为之起伏不宁。黎明即起，凝神静坐片刻，澄心再思，终以为非至万不得已，不可轻自裁处。

　　于是设计离沪。初拟就近避居青浦，以接洽未妥，不果。嗣拟于新历元旦，乘轮舟取道沈家门，转乘大帆船遄返坎门家乡。适有熟人作伴，言三日可达，趣余理行装。余意未甚决。是夜，忽梦先妣力阻庄容穆出行。庄容穆者，乃余表弟，昔年舟行溺海而死者也。念所梦绝非佳兆，遂罢行。既而消息传来，谓阳历新年，有大帆船一艘，由沈驶坎，途中倾覆，同舟八十余人，生还者九人而已。惨矣！设余元旦成行，必及于难，然则梦亦有时而验欤！

　　行止正在犹豫间，适向首席检察官密约会晤，由友人领路，绕至僻处一极简陋之饭馆内室谈话。向首席视以重庆司法行政部元月江电：嘉奖沪院同人洁身引退，并嘱赴金华会集。余本人亦愿间道前往浙东，只以曾经敌伪登报寻觅，侦网四张，环境险恶，又不得不暂缓出走。

　　出走固难，暂留亦复非易。所伏匿处，同居者皆称我蔡先生，时见彼等窃窃私语，虑其泄漏。乃托友另租房屋，当夜迁移。讵所迁屋住有工人十数家，空气溷浊，午晚爨烟四起，熏目难受。室内有尺半方窦，可通阳台，小扉虚掩，因膝行出窦，试昂首吐气，一抒积郁。

不意失足一蹶，伤及腰部，致不能起坐俯仰者两昼夜。四顾皆陌生粗鲁之辈，无处可寄食，日劳友人遣佣妇绕道馈餐。一日，佣妇他适忘之，失餐饥甚。见邻室工人聚餐，饭香四溢，腹饿愈不可耐。昔余尝习游泳，险遭没顶，始知溺之苦。至是则稍识饥之苦。古人以天下饥溺为怀，苟非亲历体验，安能知之耶！既而发见是处左邻为捕房分驻所，捕探日常出入，倘被识破，吾事立败，思之悚然，乃亟图再徙。

急不暇择，匆就僻陋街巷，向三房客分租一室，愿作四房客，暂图容膝之安。友人言嗣后仍当遣佣馈餐，惟与贫民杂居，衣服亦宜贫民化，方不令人生疑。为备敝缊袍一袭，余虑其附有病菌，不敢御。仍著原衣，罩以布衫，借一破旧棉被，携去盖用，借掩耳目而已。余所居之室在楼下，前为船夫所赁，暗湿而有腥秽之气。楼上足声杂遝，尘土时时自楼板隙缝下坠，发肤衣履，尽为污垢。入夜更不能安睡。乃移榻于室外檐下，靠近庭除鸡栖，虽地面龌龊，夜间尤得吸新鲜空气，心神为之少爽。因念史载文文山因于北庭，所居土室，幽暗湫溢，秽气杂腾，常人所不能堪。文山则善养浩然之气以压胜之，居然无恙，因作正气歌云。予庸驽颠沛未遭戮辱，为幸已多，追怀先哲，敢不随遇而安。载念载慰，遂夷然入睡。其后数日，即移榻径傍鸡栖而睡，不复入室矣。

一日，余睡方酣，不觉天晓。突闻叩门声急，谓觅姓郭者。余大惊，以为侦卒掩至，急自门内告之曰：此处有姓蔡，无姓郭者。其人坚称郭姓实在屋内。余益骇，急移榻入室，蒙被而卧，屏息不动。门启，其人入与三房客之司账絮谈，无他举动。乃知此司账实姓郭也。余询司账里居，谓来自惠安白崎，则百余年前先祖考所从迁之地也。复操闽南语，与谈郭氏谱系源流，司账大悦，惊问蔡先生何以能知郭氏谱系如是之详？笑绐之曰：余娶于郭氏，当助岳家编谱，故能详之。司账深信不疑，款余颇厚。令其子从余读高小国文，诺之。先是，余尝提壶至老虎灶买开水，此后则小门生为我服劳矣。

自离法院，播迁再三，困顿经月，致体重锐减。友人力劝移入医院调养，且为之先容，获承主任医师仗义关照。住院之日，看护循例来试体温脉搏。余自念无病，一切正常，恐惹猜疑，坚拒不试。看护以告，医生耳语之曰：此人实患神经病，汝等慎勿接近，由我亲自诊验可也。陆续所给镇静神经药剂二三种，余依时按格倾入痰盂，若已遵服然。且商请医生另制体温脉搏表悬壁间，以防敌伪人员之稽查。其时王永镇隔日辄绕道一来探视。据闻敌伪地方法院院长一缺，尚犹虚悬，倘觅得旧院长，势必挟往法院。届时假借余之名义，发施号令，虚捏书面谈话，登载报端，将如之何？余深惧祸至，忧心如捣，孟子言所恶有甚于死者，殆此类也。彻夜失眠。次晨，拟就一简云：倘余不幸被捕，誓必绝食殉国。如有以余之名义发表文件或谈话者，必皆出诸假借，请勿信之。务祈亮察。郭云观。寥寥二三行，亲笔缮写二十五通，分别加封，书寄各大报馆及同寅戚友，密付永镇妥慎保藏。如果难至，立即投邮。如是，则敌伪计无所施，一旦获我，等于获一无用之尸体而已。应变之计既定，此心便安，心安则易睡。而医生复给以健饭之药。眠食既佳，较耐辛苦，遂亟思脱离险境。

适阅报载伪高地两院已派有新任院长，准备傀儡登场。似不复搜索旧人，查禁稍弛。遂借亲家张永霓先生之助，预备出走浙东。其时敌伪方疏散难民还乡，办理出境手续尚易，乔装小照，略肖厨司，取得通行证后，凭购三等舱票，有人伴行。出发之前夕，潜往与家人话别，留交遗嘱。然后遄返医院，倚枕假寐。翌日临发，不敢画行，上午四时半即出门，天色黝黑，路绝行人，幸未遇敌警盘问。六时半天晓，雨霰，朔风凛冽，在太古码头，背人掩帽斜倚行李，坐候乘小艇渡江。群艇鳞次系泊，随波起伏，须践越数艇，始达所乘之艇。乘客争先自后推挤，舷滑，余忽失足，几坠水。笃定思之，与其溺死于浦江之渊，毋宁殉难于敌人之手。自是程次益自战兢戒惧。既渡雨雪，而浦东驶甬轮船因故迟延未开，日警往复梭巡，不许上船。立雪枯候八小时之久，饥寒交迫，从者亦病。因念古昔贤哲之苦其心志，劳其筋骨，饿其体肤者，不知凡几。平居尚应艰苦忍耐，况在蒙难跋涉，敢辞艰辛。既慰从者，亦以自慰。直至日晡，甬船始鸣笛将开。是日乃旧历除夕，还乡难民特多，敌警不暇搜检，匆匆放行。登舟驶离上海后，此心如释重负。

翌晨，驶入甬江口，睹抗战遗迹，凭吊歔欷。近午，舟抵鄞城江畔，敌伪警卒分站检查，翻箱倒箧，备极苛扰。余之来历，幸未被窥破。自沪带来张永老开示鄞城寄寓地址，乱离后人事已非，无处访觅。元旦全市闭户，雨雪霏霏，食宿无所。从者言有贫友居陋巷，盍姑就之，遂往。厚给其子压岁钱，则沽酒市脯相餐。惟设榻灶旁，烟熏难耐。拟移住医院，入院须先觅具铺保，从者情急，见临近有棺木店，乃给资令具保。医院庶务处讶为新年不祥之举，却之。许以迟日换保，始勉允入住。

尔时，金华尚未沦陷，托人探询往彼处道径。有谓旅途不难；有谓其中一段山路，蜿蜒数十里，须自步行；有谓沿途萑苻不靖，前鄞院首席检察官陈君，曾遭剥劫衣服，冻毙道路，前车可鉴也。消息阻滞，言人人殊。余累日委顿，疝气复发，不能再行，只得暂住医院疗养。自书简历商，而医院当局弗信，疑余为上海政界人物，避难于此。意恐连累负责，屡言敌伪人员时来稽查，此处非安全之地，讽示迁出为妥。才幸少安，又须迁避，筹思未得善计，为之寝不安席。余生平多处顺境，昔年与燕大毕业同学话别，曾谓：大丈夫须学处逆境。追忆前言，则又泰然顺受，不敢以为逆矣。

　　辛巳岁终，而厄运未终，蒙难续记，留俟另稿。

录自《国防月刊》1948 年第 5 卷第 1 期，
第 73—74 页；郭云观:《法学丛论》，张
祜辑录，第 86—91 页

祝歠庐家二兄八十寿

（1947 年）

榴圃老人今八十，体健神完众莫及。每闻介寿辄掩耳，不肯低昂随世习。有弟匏系大江南，岁岁思兄慕乡邑。未能鞠腏称觍觎，聊写襟怀托篇什。忆昔胜衣就傅年，执卷问业随经筵。脂烛常分孔奋惠，大被喜傍姜肱眠。蜚声文苑骋雄骏，武林拔萃扬先鞭。宦游淮右非素愿，抽簪勇退归林泉。平生作育抱宏旨，主讲环山课经史。辛壬之间创坎校，黉舍新规斯嚆矢。于今桃李遍东南，皓首耆儒犹弟子。备荒积粟济阎闾，领袖群贤主邦议，一旦倭氛跨海来，网罗物望充舆台。褛被裹粮遁荒谷，清风亮节无织埃。当时吟咏入诗史，有似庾信江南哀。捷书乍传抵海澨，始归庐里收创灰。归来花径幸如旧，亭畔修篁池畔柳。灌园学种东陵瓜，采菊每携彭泽酒。一阳初复应嘉辰，九老图成褎在首。陔兰丛桂正敷荣，松茂竹苞颂遐耇。手足频年怅罔疏，邀印未许驾巾车。相期泮水重游日，花萼楼前祝九如。

录自郭云观:《法学丛论》，张祜辑录，

第 96 页

序李君次升国难集

（1946 年）

岁壬戌，予司直大理，尝以余力兼在北平朝阳大学授课，及门以百计。或问：子得人焉尔乎？曰，未及试也。居有间，又以问。曰，得二李矣。谓华宁李良次升与祁阳李祖荫麋寿也。二李不同级，每试辄皆冠军。时次升年才弱冠，予为讲外国法，参引西文，诘屈错综。次升记以文言，雅驯瞻洽，如出宿儒手。予取以传示诸生，视为笔记范本。次升无几微矜色，而嗜学愈笃。为人澹泊宁静，有远志。洎朝大毕业，考入司法储才馆，以深造诣，又以第一人卒业。旋擢任上海第二特区法院推事。海上固声色货利之场，法官操是非曲直之鎗。次升布衣儒素，敝屣繁华；平亭其间，惟明克允；历十载如一日。抗战军兴，沪院处境艰危。敌伪谋先巧夺第二特院，乃勾结法人，设词恫吓，群情惶骇，几为所给。次升独谔谔陈词，洞烛其隐，四座叹服。于是敌伪计无所施。迨强迫易帜，始洁身引退，韬隐自全。其后全沪沦陷，敌伪征之不出，禄之弗受，捕置囹圄，凌辱兼旬，至绝粒七日，终不屈。呜呼，时穷见义，临大节而不可夺，如次升者，可谓贤矣。南宋王伯厚奉诏校士，得文文山试卷，叹曰：斯人古谊若龟鉴，忠肝如铁石。理宗遂拔置首选。时文山年才弱冠。其后二十七年，果取义成仁，垂名宇宙。盖特立独行之士，藏修功力，殆□不始于少小。所谓根深者叶茂，膏沃者光晔。有所由来，非偶焉如是。今更征之于吾次升，益信。次升居恒好学深思，阅事多，积理富。及遭辗轲愤郁，辄发为文章，正气磅礴。迩来裒辑旧时所为诗文，都若干篇，凡三卷，颜曰国难集，以见视。予亦饱经忧患，风檐展读，往往先获我心不禁有蓝逊于青之感焉。次升现任高院庭长，又以其余力兼课法学，生徒无虑千百。衡鉴所及，后起之秀尚有如畴昔朝阳大学二李其人者乎？跂予望之矣。

（三十五年四月）

横跨东西方：英文及译文作品

The Practical Importance of the Study of English Law to Chinese Students

As the legislators and codifiers for new China have perceived the relative adaptability to her of the modern Continental legal system (wherein we may include the Japanese law), the course of legal study and instruction pursued in this country follows that system with such prevailing force as the Chinese people usually display whenever anything, social or political, is coming into fashion. As a consequence, the value of studying English law, or rather Anglo-American law, to Chinese students has not infrequently been disputed, sometimes honestly and sometimes perhaps with prejudice. I, being personally concerned in this problem in the course of my study of English law, have spared no trouble and taken keen interest in making inquiries as to the arguments for and against our study of English law.

The opponents seem to be of opinion that the uncodified system of English law, growing out of enactments and precedents, and characterized by conservative formalities, anomalies, technicalities, the peculiarity of so-called judicial legislation, and irreconcilable decisions one overruling another, is still in the stage of legal chaos; and that, moreover, the essential historical distinction—unknown to other legal systems—of the Common Law from the Statutes and from Equity serves only to involve the system in further complexity. These are the main reasons with which they persuade themselves that for Chinese Students whose country is adopting another widely different, but much more scientific, legal system, it would be futile and unproductive to penetrate into such heap of legal confusion. The advocates, on the other hand, arguing with a rather broad-minded attitude, maintain that notwithstanding that there are some apparent or trifling differences and seeming inconsistencies between Continental and English laws, a careful study will reveal the fact that the general and fundamental principles which find expressions in the various rules of English law and upon which the various provisions of Continental law are constructed, are at bottom substantially the same; and that the students should not be led astray by the patent divergence but should try to discern the latent convergence. This notion guides them to the conclusion that the study of English law is no less desirable than that of Continental law.

These two conflicting arguments of the legal observers have frequently been presented to me, giving me alternatively encouragement and discouragement. Most, if not all, of our fellow-students and indeed all the Chinese who study English law must feel the same, should these arguments be presented to them. It is therefore not presumptuous to say that every one of such law students is anxious to find out, with unbiased mind and reasoning, just what is the practical value or utility of our studying English law other than a mere academic interest. Before venturing to express my opinion concerning the solution of this problem, let us briefly remark and comment on the conflicting opinions mentioned above. The opinion of the advocates for the study of English law is, as I afterwards find, but a superficial guess-work; and the opponents' opinion is somewhat biased or the result of their hasty judgment. The former draw a correct conclusion but proceed from the fallacious premises while the latter proceed from the correct premises but draw a fallacious conclusion. Opposite as they are, they both tend to produce the same effect of concealing and obscuring the real value and position of English law in the course of legal study in a Chinese institution.

Although "law is a general rule of human actions", and so long as the tendencies of human actions do not deviate from the general course, the law of one particular community will bear resemblance to that of another; yet as civilization advances and human society becomes more complex, the habits and customs of a people, the prevailing idea and conceptions of certain influential classes in a community, and the social, economical, and political policies of a state, together with the natural environments of immense variety, tend to impart to each legal system certain characteristics peculiar to itself. And it is those characteristics and peculiarities that have brought the English and Continental legal systems into marked contrast with each other, and so lying between them there is a gulf which seems, metaphorically, wider than the Strait of Dover which separates the British Isles from the mainland of Europe. An attempt to bridge over this gulf would result in failure—I mean, it is scarcely possible to reconcile some of the fundamental conceptions of these two systems of law. Now, as our law will stand in a genealogical relation to the Continental system which we are prepared to adopt, the fashioners are disposed to disregard any law which belongs to a different family. But, just for the very reason that there is a difference, it is—I profess to assert—quite worth a while to study and find out where the difference lies and why the difference exists; for, in the acquisition of a true and profound knowledge in legal as well as in scientific and metaphysical studies, it is dissimilarity and not mere similarity that helps us to understand more thoroughly. How the study of English law has some not inconsiderable advantages will presently be represented.

Before proceeding to discuss the utility of studying English law, it seems necessary to emphasise the principal aim for the attainment of which our legal study is but a means. We should constantly bear in mind the fact that we do not as yet have any existing stable system of law, our work of codification being in its infancy. History and experience both testify, to the same effect, that a comparative legal study is of great importance particularly during the transitional period from legal chaos and imperfection to a complete system of codified laws. Considering the pressing need of legislation and codification, the organization of a law department in a Chinese university at present is not intended, I apprehend, solely or even mainly for the "manufacture of lawyers" to supply the bench and the bar. The law students of advanced courses educated at home or abroad are expected to subscribe such valuable and suggestive contributions as they can to the legislative and codifying works, and not merely to interpret and expound the fixed letters of the codes already existing or not yet coming into existence. What I mean, however, by no means implies any pedantic conceit which a scholar is apt to manifest nor in the least does it imply any depreciation of the personal merits of the foreign learned lawyers and jurists employed in the service of our codification committee. All what I want to bring out is simply this: as the policy of law must to a great extent be influenced by the customs and conceptions of the people in a particular community to which the law is to be applied, it would not generally be denied that it is a native, and not foreign, legal observer that has a more sympathetic perception and experience and is therefore more competent to determine what indigenous elements may scrupulously be preserved and what foreign elements may be wisely introduced, so as to satisfy the real need and meet the actual conditions of the community.

Here is a case in point. In 1880, Prof. Boissonade, an eminent French jurist, was asked to prepare a draft of a civil code for Japan. When his draft was prepared and submitted for deliberation, it became a topic of earnest discussion among all the educated classes. The majority of the law students of the Imperial University in Tokio demanded the postponement of the date for its operation. Finally, the "Postponement Party" came out victorious. Then, another draft was prepared by three Japanese jurist—namely, Hozumi, Tomii, and Umé; and this, having been approved, was promulgated in 1898 and is known as the new Japanese Civil Code, which has been much admired. According to the Japanese codifiers' report, it is the outcome of the comparative study of law, adopting such rules and principles from different foreign laws as they thought suitable to Japan, with due regard, at the same time, to the rules, precedents and customs of their own country. With full reference to Prof. Boissonade, I dare say that he was not so competent for this particular task as the native jurists, simply because he was a foreigner and naturally foreign in most respects to Japanese conditions. What was true with Japan in the past will most probably hold true with China, our situation today being remarkably similar to the Japanese situation thirty years ago. The question whether Japan can always continue to monopolize the reputation for independent success in the legal field of the Far East, will depend solely upon the ambition and efforts of Chinese law students of advanced courses who are charged with the duty of raising their country to an honorable position in the legal world. With a view to the attainment of this proper and exalted aim, a knowledge of foreign laws and a comparative study thereof are beyond all doubts indispensable. Among foreign laws, selection should judiciously be made in prescribing the course of legal study. Indeed the Continental system of law should be preferred, obviously because we expect to have codified laws of that sort, but there appears no evidence to support the proposition, if there is any such a proposition, that every article in Continental law will suit the Chinese conditions necessarily better in all cases than every corresponding rule in English law. Besides, there are many advantages derived from the study of English law which can not generally be obtained from the study of Continental law.

Our Educational Statute (No. 1, 2nd yr., C. R.) which prescribes English law, co-ordinately with German and French laws, as a necessary and major subject to be taken in the university course of legal study, clearly demonstrates the farsighted view of the legislators as to the value and importance of English law to Chinese law students. To that legislative view, here an attempt is made to add some explanation by practical considerations in the following paragraphs.

1. Process of legal evolution. —The process by which the Codes of France, Germany and Japan have come into existence is revolutionary, they being the result of direct legislation at one stroke. English law, on the other hand, has grown through a course of gradual development, the process being evolutionary. A careful study of English law will show us the preliminary, intermediate and final steps by which a rule of law has become what it is; and referring to English history we shall further find what was the dominant social force at a particular time which dictated the policy of law. We shall also see how the judges make new rules, under the disguise of so-called pre-existing customs, so as to adopt the law to the current idea of society, and alter, improve, or refine existing rules which are out of harmony with advancing civilization; how Equity courts remedy the rigidity and incompleteness

of the Common Law; and finally how the Statutes passed from time to time modify and supplement the Common Law and Equity. These keep us thoroughly informed of the legal evolution whereby we are enabled to avert the danger involved in a blind adoption of the foreign law. But in the study of Continental law, we are generally concerned with its present form only. Even though the detailed reports of the codification committees are sometimes accessible to us, they do not, as a general rule, give anything beyond immediate considerations as necessary for the explanation of the articles. Such a meagre source of information— by "meagre", I mean not sufficient for our special purpose— cannot effectively assist us in keeping ourselves from dangerous errors involved in copying or adopting the foreign laws without understanding the evolutionary causes for their existence. This, among other reasons, accounts for the great ardour with which English law has been studied in the Japanese Imperial University especially before and during the period of codification.

2. Vertical source of information. —The value of law lies in its adaptability. No rule of law taken by itself can unconditionally be said as good as bad. It may be good in one country and yet bad in another, or in the same country it may be good at one period and becomes bad later, and vice versa. Therefore, any provision of law, however excellent it may be as applied to the conditions of certain foreign countries, may wisely be rejected from our standpoint if we find it not adapted to us. On the other hand, no one has reason to believe that every law existing in France and Germany previously to

the promulgation of the Franch Civil Code in 1804 and the German Civil Code in 1898 respectively, is not suitable to the present Chinese conditions. But the pre-existing laws some of which might suit us even better than the corresponding provisions in the present French and German Codes, have long fallen into oblivion, being antiquated and of no use to the present bench and bar of those countries, and are therefore not readily obtainable for our reference, English law, on the other hand, being evolutionary and relatively conservative, present to us a vertical as well as horizontal view—in other words, a view of both the past and the present. If we find some early rules of law which might advantageously be applied to the present Chinese Conditions, they are still traceable in the early statutes, reports and treatises with plenty of contemporaneous notes, commentaries and arguments, supplying us ample materials for our reference and deliberation.

3. Development of independent legal reasoning capacity. —Since the time when Prof. Langdell first compiled the case-book on contracts in 1871, the case-book system of legal study has generally been followed in the law schools of the United States, and to some extend followed in England. This system is also adopted with a satisfactory result by the law department of our University. In reading a reported case, the students after having clearly comprehended the full particulars and the essential points of the facts or the evidence of facts stated, are advised first to form an independent judicial opinion of their own, then to proceed to examine the arguments of counsel pro and con, and see how they work out their case, according to some established

legal principles or by the weight of authority, on the ground of mere technicality or appealing to common sense, good reasoning and natural justice, or by the art of speech or by merely elucidating the real merits of the cane. Our opinion formed at the outset might give way before the able and learned arguments; then, we try, with our opinion reconstructed or improved, to pass our independent judgment upon the arguments, and then read the final decision per curiam together with the dissenting opinion, if any, of the minority of the court, and finally compare them with our own independent judgment. Thus, through the successive steps of forming independent opinion, examining the opinion of other, and making comparison, not only is our stock of legal knowledge enriched, but also our ability to discern the vital points of complicated facts improved, and our capacity of independent legal reasoning broadened. But in the Continental system of legal study, the usual work of students does not extend beyond the interpretation and illustration of the articles of law. They are fettered, so to speak, by the fixed letters of the codes; and any independent legal reasoning however well-grounded it may be, would be beyond the proper scope of their work. It seems, therefore, that under such a system the development of independent legal reasoning capacity is slow, limited or at any rate hampered. This probably explains why in 1904, the hundredth anniversary of the promulgation of the Code Naponeon, when many good lawyers who had hitherto confined their work to judicial interpretation were asked to take part in the revision of the Code Civil, they honestly find themselves incompetent to undertake the new task until they should have made researches by another method of legal study.

4. Inductive method of legal study. —Legal study is, like other scientific studies, conducted by two common methods—deduction and induction. By the deductive method, we apply a certain established general principle of law to the particular phenomena of legal relations. By the inductive method, we observe the various legal phenomena of a given class and draw or induce therefrom a general principle of law, which serves again as a basis of deductive reasoning. So far as my experience goes, it seems that in deductive legal study it is difficult to memorise numerous general principles unless by repeated application, whereas in inductive legal study, when we have carefully watched the process by which a general principle is induced from a group of legal phenomena, it is so deeply committed to our memory as if it originated from our own mind. In the study of continental law, only the deductive method can be applied, no room being left for the application of the other method, because of the same reason, as I have point out, that the work of students does not, as a general rule, extend beyond the interpretation and application of the fixed rules of law. But in the study of English law, in addition to the deductive method which is conservative, the inductive method which is progressive is also employed. The English judges in exercising the implied power of so called judicial legislation draw a general conclusion from a new set of facts brought about by the change of conditions and induce a general legal principle to govern them; and again, when some pre-

existing rules are no longer applicable to certain particular cases, they then make amendments by modifying or over-ruling previous decisions, after their careful observation and inductive legal reasoning. By exactly the same method, the chancellors and the statute-framers establish rules from time to time to remedy the Common Law so soon as it appears defective under the ever changing circumstances of modern life. In applying our mind to such a legal induction, we find an excellent opportunity to train our mental capacity for setting up a general principle to govern a given class of facts—which intrinsic qualification is essential especially to those law students whose country is in thirsty need for legislation and codification.

5. Ability to handle cases and apply principles. —intimately associated with the preceding topics of the inductive method of study and the development of legal reasoning capacity, is the ability to handle actual cases and apply principles to them. In the text-book system of legal study, students can not but follow the statements and opinions of writers, because they having no actual facts in view are not in a position to pass any independent judgment; and when asked to give illustrations of a certain principle they almost invariably recite those which are given in text-books or the lectures of their teachers, and different persons give the same illustrations without any discretionary variety, in spite of a great number of other similar cases that may be enumerated under the given principle. It is therefore no wonder that they find great difficulty in applying a legal principle to actual cases of a given class which may arise in varying forms, and

are easily deceived or misled by the apparent likeness or unlikeness of various cases, until they shall have trained themselves by long practice. We should inevitably follow the same fate but for the fact that in this university the casebook system is adopted in the study of Anglo-American law, side by side with the text-book system used in the study of Continental law. In stead of learning only general principles, we start with the reading of actual cases which involves of course in every case the application of general principles. While the conception of a general principle carries with it the contemplation of some actual cases only in a rather vague and theoretical way, the comprehension of an actual case requires the application of a certain principle in an accurate and practical manner. By reading cases, therefore, we clearly understand not only the reason or reasons why such and such a principle has come into existence but also the process by which such and such a principle is put into operation; in other words, while the study of Continental law presents the principles at rest, the study of Anglo-American law presents the principles both at rest and in motion. To an Anglo-American law student whose mind has been so constantly disciplined in handling actual cases of great variety, the presentation of a case for adjudication will almost instantaneously suggests the appropriate application of a certain principle to that case; and he encounters little difficulty, in illustrating, when asked to do so, certain principles by citing many cases, actual or hypothetical.

6. Our increasing intercourse with England and the United States. The subject or citizens of the great English speaking nations in China

are more numerous than the foreigners of any other nationality with the exception of the Japanese. The volume of intercourse, commercial or otherwise, between the Chinese people and British subjects or American citizens is increasing day by day; and therefore disputes arise between them very frequently. There are three points to be considered. Firstly, the existing treaties provide, in substance, that controversies arising between Chinese "subjects" and British subjects or American citizens, which cannot be amicably settled, are to be examined and decided by proper Chinese authorities acting jointly with the respective foreign consuls. Secondly, the foreign residents may sometimes voluntarily submit themselves to the jurisdiction of Chinese courts in cases in which they are suing Chinese citizens as defendants. And thirdly, it is not uncommon that certain cases of commercial transactions between Chinese citizens themselves must be interpreted incidentally in the light of the laws, customs and circumstances of the foreigners, with which the cases in question are, in one way or another, connected. These considerations, among others, make the study of Anglo-American law valuable not only to those Chinese local administrative officials who are to deal with the English-speaking foreigners, but also to Chinese judges and attorneys—especially those in the Treaty Ports. Furthermore, should the "Consular Jurisdiction" now withheld by the foreign Powers be relinquished by arrangements at some later time, the question of private international law would frequently call for the direct application of English law or American law by Chinese courts in cases concerning the rights and obligations of British subjects or American citizens. A want of preparation for that contigency would result in misunderstandings, giving rise to judicial, or possibly political, conflicts and difficulties. The study Anglo-American law at present for other purposes incidentally tends to hasten the promise to relinquish the "Consular Jurisdiction", — such a relinquishment is necessary to the realization of our idea of our sovereignty. Finally, great necessity of a knowledge of Anglo-American law to Chinese high public officials charged with the management of foreign affairs and particularly to Chinese diplomatic agents accredited to England or the United States, is too obvious to require any explanation.

7. Direct application of principles of English law in Chinese Courts. —Finally, we may find occasions for the direct application of English legal principles in Chinese courts in the immediate present. No civil Code has as yet been promulgated; the judges have to decide civil cases according to their conscience and legal reasoning during this transitional period. Dr. Feng, professor of law in this university, who once sat on the bench of the High Appellate Court for the province of Chihli, tells us that where no ready provision of law could be found in the draft Chinese Civil Codes or foreign codes used for private reference, to be applied to a certain case presented for adjudication, then he being a scholar or English law deduced from the Common Law principles a legal rule and stated it in such a way as to strictly govern that particular case, to the amazed admiration of his colleagues who were educated in some code country. How marvellously the study of

English law develops one's independent legal reasoning capacity! Nay, even after the promulgation of our Civil Code in the near future, occasions would still not be wanting for the close and direct application of principles of English law in Chinese courts. To prove the proposition, I will introduce the written testimony of Dr. Hozumi, who said, in his admirable lectures on the Japanese Civil Code, that in 1875 a provisional law was passed in Japan which provided, in Art. 3, that in absence of both and customary laws the judges were to decide cases according to the principles of reason and justice; and he said further that the judges freely consulted the occidental jurisprudence— English and American statutes and reports as well as Continental Codes, and the works of Blackstone, Kent, Pollock, Anson, and Langdell as well as those of Continental writers—in order to find out the principles of reason and justice. Now, our draft Civil Code contains exactly the same provision in Art. 1（民事本律所未规定者，依习惯法，无习惯法者，依条理）, and this provision which is copied from the old Japanese law and the new Swiss Civil Code, ought not to be omitted, being a temporary measure to supply the immediate wants of the changing society until a well-elaborated and stable code specially adapted to this country is finally attained. Thus, the Chinese judges are, and shall be for some length of time, placed in the same needy situation as the Japanese judges formerly were. But the fruitful sources of English law from which the Japanese judges once drew so many invaluable principles for the nourishment of their then defective legal system, would be inaccessible, or accessible only with great difficulty, to the Chinese judges, unless the study of English law is brought under patronage of the State. Furthermore, the same Japanese writer testified that in the codification of the new Japanese Civil Code the principles of English Common law were followed in some part. Hence, in out draft Civil Code which is more or less modeled on the Japanese Code, we occasionally find some distinct elements of English Common Law not found in the German or French Code. Then, the study of English law may also, in the most direct way, help us to understand the origin, evolution, and full explanations of certain of the provisions in our own code.

In coming to my conclusion, I want to emphasise that in the foregoing paragraphs which are mainly intended to explain the legislative view in favor of the study of English law, I am not saying anything against the merits of Continental law, being personally in concurrence with the prevailing opinion that we should adopt the continental, and not the Anglo-American, system of law. But in this transitional period, it is not only desirable but necessary for Chinese law students of advanced courses to study English law side by side with Continental law. Here is an analogy. Before I commenced my legal study, in cultivation of my English I was taught or advised to read the dramatical and poetical works of Shakspeare and Milton as well as the prose works of Bacon, Carlyde, Macanley, Addison, Lamb, and other writers. Now, just as, although I was not expected to write then or later in Shakspearian or Miltonic style, yet no intelligent scholar would not approve my study of peotry which tends to elevate and refine one's thought and imagination, thus helping him to improve his prose work; so, although we are not going to adopt the Anglo-American, but to imitate the Continental, legal system yet it would be folly to depreciate the study of English law, from which we may obtain essential assistance both for the codification and for the administration of our law upon the model of the Continental system.

录自《北洋大学校季刊》1915 年第 1 期，
第 1—13 页

附参考译文：中国学生研究英美法的现实意义

由于新中国的立法者和编纂者已经认识到，现代大陆法系（其中可能包括日本的法律）与中国国情之间的妥适性，因此在这个国家的法律研究和教学的过程中，便遵循着这样一个体系，即中国人通常在社会或政治等任何方面都会展示这种盛行的大陆法系的力量。因此，中国学生学习英国法律或英美法律的价值经常受到质疑，这种质疑有时是公正的，有时可能带有偏见。我在学习英国法的过程中，非常关心这个问题，并不厌其烦、兴致勃勃地打听支持和反对我们学习英国法的意见。

反对者似乎认为，不成文的英国法律体系，由法令和先例中产生，它以形式保守，反常性，技术性，即所谓的司法化立法，以及遵循先例为特征，这样的法律体系仍然处于一片混乱当中；此外，普通法与制定法和衡平法重要的历史区分（其他法律体系并不知晓），只会让该体系进一步复杂化。这些是他们自己说服中国学生的主要原因，他们的国家正在采用另一种截然不同的，但更科学的法律体系，如果钻到这样一堆混乱法律中，将是徒劳无益的。另一方面，倡导者则以相当开放的态度进行辩论，他们认为尽管在大陆法和英国法之间存在一些或明显或微不足道的不同，以及表面上的不一致，但是细心的研究将揭示这样一个事实，那就是英国法的各种规则所表达的一般和基本原则，和大陆法的各种规定所依据的原则本质上是相同的；学生不应该被显见的分歧误导，而应该尝试辨别潜在的共通之处。这个观念又引导他们得出这样的结论，即英国法律的研究价值并不亚于大陆法的研究。

法律观察家的这两个相互矛盾的论点，经常让我既受到鼓励又感到沮丧。如果不是全部，至少大部分学生，甚至所有研究英国法律的中国人，如果向他们提出这些论点，他们也应该有同样的感受。因此，说这些法学院的学生都渴望以无偏见的心态和推理找出我们学习英国法律的实际价值或效用，而不仅仅是学术上的兴趣，这并不唐突。在冒险去表达我对解决这个问题的看法之前，让我们简要地评论一下上述矛盾的观点。正如我后来发现的那样，倡导研究英国法律的人的意见，却是一种非常表面的猜测；而反对者的观点有些偏颇或者是他们判断稍显仓促。前者得出一个正确的结论，但却是从错误的前提出发，而后者则从正确的前提出发，但得出一个错误的结论。与他们的初衷相反，他们都易于在中国法学院的法学研究过程中，产生同样的隐瞒和模糊英国法律真实价值和地位的效果。

虽然"法律是人类行为的一般规则"，只要人类行为的倾向不偏离总体过程，一个特定社区的法律将与另一个社区的法律有相似性；然而随着文明的进步和人类社会变得更加复杂，一个民族的习惯和习俗，一个社区中某些有影响力的阶级的观念和概念，一个国家的社会、经济和政治政策，以及各种各样的自然环境，都倾向于赋予每个法律制度一定的独特气质。正是这些特点使英国和欧洲大陆的法律制度形成了鲜明的对比，它们之间存在的鸿沟似乎比将英伦三岛与欧洲大陆相隔开的多佛海峡（Strait of Dover）更宽。试图跨越这个鸿沟会导致失败——我的意思是，几乎不可能调和这两个法律体系的一些基本概念。现在，由于我们的法律与我们准备采用的大陆体系有着系统性的关系，所以革新家会忽视属于其他不同体系的任何法律。但是，正因为有这个差别，所以我敢断言，相当值得花一段时间来研究并找出差异在哪里以及差异存在的原因；因为在法律以及科学和形而上学研究中获得真正深刻的知识，恰恰是差异性，而不只是相似性，有助于我们更彻底地了解。英国法律的研究具有一些不可忽视的优势，不久将会体现出来。

在继续讨论学习英国法的效用之前，似乎有必要强调达到这一目标的主要目的，因为我们的法律研究只是一种手段而已。我们应该时刻牢记，我们还没有一个稳定的法律体系，我们的编纂工作还处于起步阶段。历史和经验同样都证明，比较法的研究非常重要，特别是在法律体系从混乱和不完善到完整的过渡时期。考虑到立法和法典编纂的迫切需要，我担心目前中国大学法律系，并非仅仅甚至主要是出于"培养律师"的目的而在产出司法人才。希望在国内外接受高级课程教育的法学学生将尽可能地参与到立法和编纂工作中，而不仅仅是解释和阐述已经存在或尚未进入准则的法条。然而，我绝不是在暗示学者所表现出任何迂腐的自负，也不意味着贬低为我们编纂委员会服务的外国律师和法学家的个人价值。

所有我想表达的就是这一点：因为法律政策在很大程度上必须受到适用法律的特定社区人民的习俗和观念的影响，通常会承认它是本地的，而不是外来的。法律观察家具有更加同情的看法和经验，因此更有能力确定可以谨慎地保留哪些本源要素，以及明智地引入哪些外来因素，以满足实际需要并符合社区的实际条件。

下面是一个例子。1880 年，法国著名的法学家布瓦索纳德（Boissonade）教授被要求为日本提供民法典草案。当他的初稿起草完成并提交审议时，成为所有受过教育的阶层之间热烈讨论的话题。大部分东京帝国大学法学院的学生要求推迟其生效日期。最终，主张延迟生效的这方取得了胜利。然后，另一份草案由三名日本法学家，即穗积陈重（Hozumi）、梅谦次郎（Tomii）和富井政章（Umé）提出，这个草案于 1898 年经批准颁布，被称为新的日本民法典，备受赞赏。根据日本法典编纂者的报告，这是法律比较研究的结果，采用他们认为适合日本的不同外国法律的规则和原则，同时适当考虑到他们自己国家的习俗。充分参考布瓦索纳德教授的经历，我敢说，他不像日本本土法学家那样有能力完成这项特殊任务，仅仅因为他是一个外国人，而且在很多方面都与日本人的情况有天壤之别。日本过去的情况最有可能适用于中国，因为我们今天的情况与三十年前的日本情况非常相似。日本能否继续在远东法律领域独享成功的声誉，将完全取决于中国法学院的学生的雄心和努力，这些学生负责提升他们的国家在法律世界的崇高地位。为了达到此目标，对外国法律知识的比较研究毫无疑问是不可或缺的。在外国法律环绕的情况下，选择何种法律应要慎重。事实上，大陆法系应该是首选，显然是因为我们期望编纂这样的法律，但似乎没有证据支持这一主张，如果有这样的提议，那么大陆法系中的每一条规则与英国法律中的每一条相对应的规则相比，将更符合中国国情。此外，还有许多英国法研究所带来的许多益处，通常不能从大陆法的研究中获得。

与德国法和法国法一样，我们的教育法规也将英国法律作为大学法学研究课程中必不可少的主要课题，这清楚地表明了立法者对英国法律之于中国法学院学生价值和重要性的远见。对于这种立法观点，这里试图在下面的段落中增加一些实际的解释。

1. 法律进化的进程。法国、德国和日本的法典制定的过程是革命性的，它们是一次性直接立法的结果。而英国的法律则经历了逐步发展演变的过程。仔细研究英国法律，我们将明了一个法律规则生成的初步、中间和最后等各个步骤；并且与英国的历史相对照，我们将进一步发现什么是在特定时间内支配法律政策的主导社会力量。我们还将看到，法官如何在所谓的先例的掩饰下制定新的规则，以便使法律应用与当前的社会观念相适应，并改变、改进或完善不和谐的现有规则，从而推进法律文明的发展；衡平法院如何弥补普通法的僵化和不完整性；最后，制定法如何修改和补充普通法和衡平法。这些让我们彻底了解法律的演变，从而使我们能够避免盲目采用外国法律所涉及的危险。但在对大陆法的研究中，我们通常只关心其目前的形式。尽管编纂委员会的详细报告有时可供我们查阅，但作为一般规则，它们不会提供任何超出文本解释之外所必需的即时考虑因素。这样一个微薄的信息来源——"微薄的"，我的意思是不足以满足我们的特殊目的——不能有效地帮助我们避免在不理解其存在的演化原因的情况下，而复制或采纳外国法律的危险错误。这也是日本帝国大学研究英国法律的巨大热情之所在，特别是在编纂法典之前和期间。

2. 历史纵向的信息来源。法律的价值在于其适应性。没有任何法治本身可以不分青红皂白地被说成是坏的。它可能在一个国家很好，但在另一个国家却不好，或者在同一个国家，它可能在一个时期好，晚些时候会变坏，反之亦然。因此，任何法律条款，如果非常适合于某些国家的情况，但却不适用于我们，可能最好还是明智拒绝为宜。另一方面，没有人有理由相信，法国和德国分别在1804年《法国民法典》和1898年《德国民法典》颁布之前存在的每一项法律都不符合现在的中国国情。其中一些甚至比现行的法国和德国法典中的相应条款更加适合我们，但是，长期以来一直被遗忘，因为它们已经过时并且对当前这些国家的法院的断案没有用处，因此不容易获得我们的关注。然而，英国的法律是逐渐进化的、相对保守的，呈现出历史纵向和横向的观点的面向——换句话说，既是过去也是现在。如果我们在英国法中发现一些早期的法律规则可以有利地适应于当前的中国条件，那么它们在早期的法规、报告和论文中仍然可以追溯到许多同时期的注释、评论和论据，为我们提供充足的材料供我们参考和思考。

3. 发展独立的法律推理能力。从朗德尔（Langdell）教授 1871 年首次编写的合同案例开始，判例法教学在美国的法学院得到了广泛的应用，并且在英格兰也得到了一定的效仿。这种教学方法也被我们大学法律系采用并取得了令人满意的结果。在阅读报道的案例中，学生在深刻理解了事实的全部细节、事实要点或事实证据后，首先要形成自己独立的司法见解，然后根据一些既定的法律原则或权威，以专门知识或常识，良好的推理和自然公正为基础开始审查，并通过语言的艺术表述出来。我们在一开始形成的意见可能会让步于有说服力的和有见地的论点；那么，我们试着在重建或改进我们的意见的基础上，通过我们对论据的独立判断，然后阅读法庭的最终决定以及法院少数人的不同意见（如果有的话），最后将它们与我们自己的独立判断相比较。因此，通过形成独立意见，审视他人意见，进行比较等连续步骤，我们不仅丰富了法律知识储备，而且我们辨别复杂事实要点的能力也得到提高，独立自主的法律推理能力得以提升。但在大陆法系学习体系中，学生的日常工作并不超出对法律条款的解释和说明范围。可以说，他们被法条所束缚，而任何独立的法律推理，无论是否有充分的能力基础，都将超出他们工作的适当范围。因此，似乎在这种制度下，无论如何，独立法律推理能力的发展都会显得缓慢、有限或受到阻碍。这也许可以解释为什么在 1904 年颁布《拿破仑法典》一百周年之际，当许多将其工作局限于司法解释的优秀律师，被要求参与修订民法典时，他们诚实地认为如果不具备一种研究法律的方法，自己将无力担负这个新的任务。

4. 法律研究的归纳法。与其他科学研究一样，法律研究采用了两种常用的方法——演绎和归纳。通过演绎的方法，我们将特定的一般法律原则应用于法律关系的特定现象。通过归纳法，我们观察了一个给定类型的各种法律现象，并从中得出或引出了一个普遍的法律原则，它又作为演绎推理的基础。就我的经验而言，似乎在用演绎法研究法律的过程中，除非通过反复应用，否则很难记住许多一般原则，而在归纳法研究中，当我们仔细观察了从一组法律现象引发一般原则的过程时，它就如此深深地刻印在了我们的记忆中，仿佛它源于我们自己的想法一样。在对大陆法的研究中，只有演绎法可以应用，而没有运用其他方法的余地，因为我有同样的理由指出，学生的工作并不像一般的规则，超出了对固定规则的解释和适用。但在英美法学研究中，除了保守的演绎方法之外，还采用了渐进式的归纳方法。英美法官在行使所谓司法立法的默示权力时，根据条件变化带来的一系列新事实得出了一般性结论，并引用一般法律原则来规制它们；再次，当某些既有规则不再适用于某些特定情况时，他们会在经过仔细观察和归纳推理后，通过修改或超越以前的决定来进行完善。按照完全相同的方法，大法官和立法者不时制定规则，以便在现代生活不断变化的情况下弥补普通法的缺陷。在将我们的思想运用于这种法律归纳中时，我们发现了一个很好的机会来训练我们的心智能力，以建立一种管理某类事实的一般原则——这种内在特质对于那些急需立法和法典编纂的国家的法学生来说尤其重要。

5. 处理案件并应用原则的能力。与归纳法研究和法律推理能力发展的前述主题密切相关的是处理实际案例和应用原则的能力。在法律教科书系统中，学生不得不遵循作者的陈述和意见，因为就作出任何独立的判断所需要的事实，学生并不具备；当被要求说明某一原则时，他们几乎总是背诵那些在课本或老师讲课中给出的东西，尽管根据给定的原则，可以列举出大量的其他类似案例，但不同的人往往给出千篇一律的解释。因此，难怪在他们通过长期的实践训练之前，他们在具体案例应用某一原则时会遇到很大的困难，因为法律原则与特定类型的实际案例可能以不同形式出现，并且他们很容易被各种案件的明显相似或不同所迷惑或误导。我们不可避免地要遵循同样的命运。但是在英美法系的法学院里，采用了判例法教学，并同时也会采用大陆法研究中所使用的教材。我们不是只单纯地学习一般原则，而是从阅读实际案例开始，从这些实际案例中学习一般原则的应用。虽然在一些实际案例中，一般原则的概念只是以一种相当模糊和理论的方式来呈现，但对一个实际案例的理解需要以准确和实际的方式应用某一原则。因此，通过阅读案例，我们不仅清楚了解这样一个原则何以存在的原因，而且可以探清这样一个原则投入运作的过程；换句话说，大陆法系对法学研究提出的原则是静止的，而英美法系法学研究之下所提出的原则是静止与动态并重的。对于一个英美法学院的学生，他在处理各种各样的实际案例方面受到严格的训练，因此在审判案件时，几乎可以瞬间明晰该案件适用哪种原则。而且即便在遇到困难的时候，他们也能通过引用许多实际或假设的案例，来说明某些原则，以符合要求。

6. 我们与英美日益增多的交流。除了日本以外，英语国家的公民在中国比其他任何国籍的外国人都多。中国人与英国人或美国公民之间在商业或其他方面的交易量日益增加；他们之间的纠纷也变得非常频繁。有三点需要考虑。首先，现行条约基本上规定，中国人与英国人或美国人之间产生的不能友好解决的争议，应由中国有关当局与各自的外国领事馆联合行事进行审查和决定。其次，外国居民在以中国公民作为被告起诉时，有时可能自愿接受中国法院的管辖。除此之外，这些考虑因素使得英美法律的研究不仅对那些与讲英语的外国人打交道的中国地方行政官员，而且对中国法官和律师（特别是那些在条约口岸的人员）都有价值。此外，如果外国现在所保留的领事裁判权在今后的某个时间被撤废，在涉及英国人或美国人的权利义务的国际私法问题上，经常会要求中国法院直接适用英国法或美国法律。对这种偶发事件的准备不足会导致误解，从而引发司法或政治方面可能的冲突和困难。英美法律目前由于其他目的而倾向于加快放弃领事裁判权的承诺——这种放弃对恢复我们主权的完整性是必要的。最后，对于负责管理外交事务的中国高级官员，特别是获得英国或美国认可的中国外交人员，了解英美法律的必要性太明显，不需要任何解释。

7. 在中国法院直接适用英美法原则。最后，我们可能有机会在中国法院直接适用英美法律原则。民法尚未颁布，法官在这个过渡时期，必须根据良知和法律推理来裁断民事案件。这所大学的法学教授冯博士，其曾是直隶省高等审判厅的法官，他告诉我们，如果在中国民法典草案或国外法规草案中找不到现成的法律规定来适用于某一案件从而作出裁决，那么他会从一个学者或从英美普通法原则推导出一个法律规则，来适用于那个特殊的案例，这引来了他那些在其他法典国家受过教育的同事的惊叹与钦佩。研究英美法律对于发展出独立的法律推理能力是有着多么奇妙的魔力！不过，即使中国的民法典要在不久的将来颁布，我仍然不希望在中国法院中直接适用英美法律原则。为了论证我的观点，我将引用穗积陈重博士的观点，他在其关于日本民法典的令人敬佩的演讲中指出，1875 年日本通过了一项临时法律，其中第三条规定，本律所未规定者，依习惯法，无习惯法者，依条理；他进一步表示，法官自由地查阅西方法理学，如英美法规和报告以及大陆法典，以及布莱克斯通（Blackstone）、肯特（Kent）、

波洛克（Pollock）、安森（Anson）和郎德尔（Langdell）以及大陆
法系作家的作品，以便找出理性和正义的原则。现在，我们的民法典
草案第一条中包含了完全相同的条款。（民事本律所未规定者，依习
惯法，无习惯法者，依条理。）这条从旧的日本法律和新的瑞士民法
典中抄袭的条款，它不应被忽略，因为这是一种临时措施，可以为变
革中的社会提供直接的需求，直到最终获得专门针对这个国家的精心
制作的稳定法规。因此，中国法官应该在一段时间内处于与日本法官
在以前同样面临过的困境。但是，曾给日本法官完善有缺陷的法律制
度提供了如此多的宝贵原则的英美法律，除非受到国家的赞助，否则
英美法律的研究对中国法官来说是难以接近的。此外，穗积陈重说，
在新日本民法典的编纂中，英美普通法的原则在某些部分被遵循。因
此，在或多或少是根据日本法典进行建模的民法典草案中，我们偶尔
会发现英美普通法而不是德国或法国法中的一些独特要素。那么，对
英美法律的研究也可能以最直接的方式帮助我们理解我们自己法典中
某些条款的起源、演变和完整解释。

　　在得出我的结论之前，我想强调的是，在前面几段主要旨在解释
有利于研究英美法律的立法观点的问题上，我并不是在反对大陆法的
优点，我认为大体上中国应该采用大陆法而不是英美法，但是在这
个过渡时期，中国法学高级课程的学生不仅值得，而且需要在学习
大陆法的同时也学习英美法。有一个类比。在开始我的法律学习之
前，为锻炼我的英语，我被教导或建议阅读莎士比亚（Shakspeare）
和弥尔顿（Milton）的戏剧和诗歌作品，以及培根（Bacon）、卡
莱尔（Carlyle）、麦考利（Macanley）、艾迪生（Addison）、兰姆
（Lamb）和其他作家的散文作品，现在，尽管我没有期望以莎士比亚
派或弥尔顿风格写作，但是没有一位聪明的学者不会不认可我对诗歌

的研究，这些诗歌往往会提升和改善一个人的思想和想象力，从而帮助他改善他的写作能力。因此，虽然我们不会采用英美法，而是会模仿大陆法系，但贬低英美法研究是愚蠢的，因为从英美法当中，我们可能获得按照大陆法系模型进行法典编纂和法律实施方面的必要帮助。

（姜增译）

A Critical Exposition of the
Essence of Chinese Family Law①

"The law of Family, " observes Dr. Hozumi② with great truth,
"depending, as it does, upon the national character, religion, history,
tradition, and customs, shows the least capacity for assimilation, " as
compared with the law of obligations, of real rights, and practically all
other divisions of law. It follows, as the fact stands, that the family law
of every country has, by its conservative and inflexible nature, retained

① Here the word "law" is not to be understood strictly in the Anglo-American sense. Anglo-
American lawyers used to define law as "a body of rules enforceable by the courts", while
some parts of Chinese family law come within the definition, other parts are simply a bundle
of classical principles and customary rules unwritten, but well-known. When disputes arise
and litigation goes on, the judge, or the magistrate acting as judge, would adjudicate the case
according to custom and classical principles, and disobedience to the judgment rendered is
generally followed with consequences having more or less the force of sanction. These rules
and principles, though somewhat disputable as to their extent and somewhat variable in their
interpretation, are at any rate a sort of customary law marking the transition from morality to
law proper.
② Dr. N. Hozumi is a Japanese jurist, who took a prominent part in the codification of the New
Japanese Civil Code.

to a large extent certain characteristics in peculiar to itself. And, by the way, this sufficiently explains why, in private international law, questions relating to family rights in rem or in personam are to be decided according to the lex legeantiae or lex domicilli, [①] and never according to the lex fori or tex loci actus. [②] Japan is universally reputed to be the most prompt imitator of Western civilization, and yet in the field of family law she prefers to avoid any great change: elements have been sparingly introduced, and indigenous elements scrupulously preserved, the law thus remaining essentially oriental. China, while formerly accused of unreasonable obstinacy in resisting any reform or innovation, has more recently changed her attitude by copying without careful discrimination things which are foreign and showing little hesitation in throwing overboard long-existing doctrines and institutions.

Such a susceptibility to change, whatever good effect it may produce in other fields, would, if actually followed in the codification of Chinese family law, bring about unfortunate consequences and threaten irreparable damage. Already, for example, we hear of instances in which some of our young people who have a smattering of modern foreign knowledge advocate free marriage without consulting parents, recklessly enter into matrimonial life, and soon get divorced, creating domestic misfortune tending toward social degeneration. For a similar reason, since the

---

① That is, the law of the country to which the person owes national allegiance or the law of the country in which he is domiciled.

② That is, the law of the country where the court sits or the law of the country where the act took place.

operation of the Provisional Criminal Code—the only new Code in force, our Judiciary has experienced, especially in questions connected with family relationship, considerable friction and inconvenience involving sometimes popular excitement. The amendments thereto as officially suggested[①] tend to restore the time-honored family law and customs. Now, as guided by the principle of juridical assimilation quoted above, warranted by Japan's cautious precedent against a radical change, warned also by the destructive social tendency threatening to discard the ancient virtues, and taught by the past experience of the Judiciary, the Codifiers for new China must first saturate their mind with prudent deliberation before they can be justified in introducing a single foreign element into Chinese family law. It may therefore be predicted with reasonable certainty that the future Chinese family law though it may be swelled with additional provisions of minor importance, will have no substantial difference from the one now tacitly remaining in force. In consequence, the latter is as much worth a lengthy discussion as any positive, living, settled law would deserve; even more so, because this branch of Chinese law has hitherto been unsystematically studied by Chinese themselves, and imperfectly understood or sometimes misconstrued by foreign observers.

To a student of occidental Jurisprudence, it may generally be known that China has a corpus juris which greatly surpasses, in point of antiquity, all other Codes in the world now in force; but it may

---

① 《修正刑法草案》。

not be generally known that the Chinese family law is older than any other branch of Chinese Law hitherto operative—being indeed the oldest existing law of mankind. It dates back from a time as early as the beginning of the Chow Dynasty—about three thousand years ago. It had existed for several centuries before the birth of the earliest Roman Law and has outlived for many centuries the latest Roman enactments. The family laws of Roman, Teutonic, Anglo-Saxon, and other European races have all undergone the almost inevitable process of juridical evolution and revolution; on the other hand, the Chinese Family Law has from its very inception been scrupulously observed dynasty after dynasty, practically without interruption and without material alteration.

Besides ruling over this vast country with several hundred millions of population, it was received in Japan in early times, and, when mingled with indigenous elements, it governed that country for no less than one thousand years; and some principles of this paternal law still underlie the present system of the Japanese Family Law. Hardly can we exaggerate the significance and influence of Chinese Family Law in the oriental World. Its antiquity, its stability, and above all, the profound reverence it commands, naturally lead one to believe that it must have certain underlying principles wellnigh immortal and deeply rooted in the popular mind. It is therefore no less interesting than important to inquire into its source, its fundamental conceptions, its peculiar features, and the social forces which brought it into existence and maintained it from decay.

Filial piety is the foundation of the entire structure of the Chinese

Family Law, and accounts for the origin of many peculiar features thereof. From filial piety springs the theory of ancestor-worship in honor and memory of the ancestors, and also the indirect effect of showing filial respect, gratitude and affection to the living ascendents; the system of mourning dress to express in a material form heart-felt sorrow for the deceased, especially one's superior kin; the old definition of marriage as a life-long union between man and woman of different surnames with the main object of rendering ancestor worship and perpetuating the family line[1]; the seven grounds for divorce with the three exceptions thereto, in which great emphasis is laid on the fulfillment of filial obligations toward parents and other ancestors; the objectionable practice of concubinage as the only possible means of securing a natural heir after the possibility of issue is extinct in the legitimate wife; and the artificial institution of adoption as a final resource to maintain the family worship. In short, almost every rule or precept in Chinese Family Law involves, more or less, the element of filial obligation as its underlying principle. All the practices and institutions mentioned above, preculiar as they would seem to Westerners are but incidental to and resulting from the most fundamental doctrine—filial piety.

As a rule, in the discussion of legal topics it would be unscientific and irrelevant to introduce the element of morality, but in this particular case, ethical philosophy and the Family Law are so inextricably

---

① 见《礼记》昏义。

interwoven that nothing but a comprehension of the former will be able to bring home to us a thorough understanding of the latter. The teachings of Confucius have exerted a predominant and everlasting influence in shaping the Chinese Family into what it is. All pre-existing rules and doctrines worthy of observance are supposed to be contained directly in his teachings or compilations, and all subsequent sages and scholars of indisputable reputation, to be merely his expounders or followers; for this reason, we are fortunate enough, in the course of our researches, to be furnished with materials of great consistency and uniformity. In the treatment of this subject, the classics and the treatises belonging to the Confucian school afford the standard authorities to be relied upon.

Christianity approaches nearest to Confucianism in the solemn command, "Honor thy father and thy mother." But, to attain the common goal of moral perfection they take different courses. Their mutual deviation commences at this critical point: the essence of Christianity seems to consist of belief in its strictest sense and love in its widest sense, reverence for parents being of secondary importance. Confucianism, on the other hand, regards filial piety as the most fundamental[①] and the highest possible virtue[②] of mankind. It is a law created not by custom nor by legislation but by Nature itself. It is "the virtue of all virtues and includes all the others." Most other virtues containing, as they do, some elements of artificiality, need continuous effort to keep them from

①《孝经》开宗明义章——夫孝德之本也。
②　圣治章——夫圣人主德又何以加于孝乎。

relaxation, but, as experience goes, failure is more often than success. To remedy this inherent defect in human nature, Confucius resorted to the natural doctrine of filial piety. It is not too much to say that love and reverence for the parents is an inborn disposition with every human being, which needs no training, no persuasion, no encouragement. It expresses a sense of profound gratitude—most sincere, innocent, spontaneous, permanent, and deeply implanted in the human mind from the very stage of infancy. The gist of Confucian moral philosophy lies in the utilisation of this natural virtue to promote welfare and happiness in every phase of human life, by developing its original capacity, defining its true meaning, enlarging the scope of its application, and prescribing the best forms in which it may express itself. Thus, "our body, " Says Tseng Tze, one of the four greatest of Confucius' disciples, "is virtually a detached part of our parents'. Great care must be taken in behaving ourselves. Whosoever is loose in the manner of daily life, disloyal to his sovereign, inattentive to his official work, unfaithful to his friends, or a coward in fighting for the state, grossly neglects his duty, for he would thereby bring trouble or disgrace to his parents." [1] This incidentally gives the reason why ancestor-worship has been seriously maintained, not at all on any superstitious or religious ground as a foreign observer might think, but solely as a continuation of reverence for the parents deceased, and to a less extent other ancestors.

For, filial duty exists as the Li Chi says, "not only throughout the

---

[1] 《礼记》祭义。

parents' life but throughout the son's own life"[1]; or else, he might break loose after his parents' death, which would partially annihilate the value of the doctrine. Confucius seems to have conceived love and respect to be the cardinal virtues and the most important factors of social peace and well-being. Maternal endearment inspires natural love; paternal sternness, natural respect. "Ancient sages had taught social love and respect to the people with great success and yet without much effort, simply because the teachings were based on the natural foundation of filial love and respect." [2] "In order to be filial," teaches the Master, "be not arrogant as a superior, nor disobedient as a subordinate, nor contentious before a multitude; for arrogance leads to downfall, disobedience, to punishment, and contention, to armed struggle. Non-conformity with any of these commands is an unfilial offence, despite that you have amply provided your parents with material comfort of most delicacy." [3] And he teaches further, "the performance of filial duty commences with keeping the body received of your parents absolutely free from the slightest corporeal injudy of whatever kind, [4] and attains its completion with living and acting righteously so as to leave your reputation to infinite posterity, thereby glorifying your father

---

[1] 《礼记》祭义，内则。

[2] 《孝经》圣治章。

[3] Ibid., 纪孝行章。

[4] Only such injuries, however, as resulting from corporeal punishment, battery, or other causes for which he is more or less responsible, but not those bodily injuries as required by honor and patriotism. Cf. Tsing Tze's statement: "whosoever is... a coward in fighting for the State." etc.

and mother." [1] And more than this, love and respect for one's own parents and elders tend to bring forth the sympathetic love and respect for the parents and elders of all fellow creatures, [2] which in turn gives much pleasure to those who see their parents sympathetically loved and respected, [3] with the effect of promoting universal mutual love and respect among the whole community. Filial piety thus interpreted in its highest and widest sense embraces in fact all other virtues, and finds application in every phase of society. It is this sublime doctrine that contributes to impart greatness and immortality to Confucianism. The Family Law, as it is, is for the most part designed to keep the fundamental idea of filial piety ever alive and intact. Most particularly in the domain of domestic relations, a quotation from Confucius, from the Classics edited or compiled by him, "has settled many a quarrel, arbitrated many a dispute."

When we have comprehended the intimate association of Chinese Family Law with Confucianism, it would not be difficult to understand why this branch of law, unlike similar law of modern western countries, deals far more with duties than with rights. "Right" and "duty" are, however, correlative terms, the mention of one suggesting the existence of the other as a counterpart. Wherever moral conception predominates, emphasis is always laid on duty rather than on right. For generally it is the failure to perform a duty, and not failure to exercise

---

① 《孝经》圣治章，开宗明义章。
② Ibid., 广要道章。
③ Ibid., 广主德章。

a right, that threatens to disturb the moral relations of human affairs. Confucius used to look upon Law from the negative point of view, that is, as what Prof. Holland calls "law as restraining." He teaches most what one is bound to, and seldom what one is entitled to. So, in the field of the Family Law as that of any other Chinese law, while the sense of "duty" has been fully developed, the legal notion of "right" was, until recently, [1] unknown except vaguely conceived in such an expression as 义所当取 (entitled to take as a right) in contrast to the expression 分所应为 (bound to do as a duty). Nevertheless, the lack of the conception and nomenclature of "right" in its modern sense does not seriously interfere with the study of the Family Law. "It is unimportant," says Holland, "whether a system of law starts with a consideration of rights or duties. It is important only that whichever point of view be adopted should be consistently adhered to." [2] In view of the negative character of the law we shall discuss the following topics mainly, though not exclusively, from the standpoint of duty.

The Sources of Chinese Family Law. —Family Law is, according to the accepted method of classification, a part of civil law. That the term "Civil Law," or its exact equivalent, was not known in China, makes the sources and scope of Chinese Family Law apparently obscure and disputable. The principal quarters from which we obtain our knowledge of

---

[1]　Dr. Tsuda, the first Japanese returned student from Europe, coined the word 'ken li' (权利), or power-interest, as the corresponding term of 'right' in Western Jurisprudence, which has been currently used in China.

[2]　*Holland's Jurisprudence*—9th ed., p. 82.

Chinese Family Law are the Ta Chin Lu Li and the Li Chi, one of the five Classics. The Ta Chin Lu Li, derived for the most part from the Code of the Tang Dynasty, contained many important provisions of family law, but the fact that almost all such provisions had attached to their violation a criminal punishment has led some people to think that they were rules of criminal, rather than civil, law.

But a law criminal or civil is to be determined not by its sanction but by its nature. A severe penalty attached to a provision which is essentially civil could not, any more than in the case of its attachment to a provision of administrative law, clothe it with criminal character. Again, the esteemed treatise Li Chi, which has been commonly but inaccurately translated as "Code of Ceremony or Rites", is in fact the Chief and Primary Source of Chinese Family Law; and yet some jurists give their dissenting opinion on the ground that Civil Law is something more than, if not different from, mere ceremony or rites. No doubt, the inaccurate translation is solely responsible for the excusable misunderstanding. The English word "ceremony" or "rite" means simply "outward form religions or otherwise." The Chinese character Li (礼), though sometimes it means "i" (仪), or ceremony, in the English sense, has here, as the title of the Classics, a quite different signification of far more importance. In this connection, Confucius himself positively denied to Li the meaning "ceremony." [①] The Chow Li (周礼) is, as we know, a book of the legal institutions and publie

---

① 礼云礼云，玉帛云乎哉。

law of the Chow Dynasty and yet designated as Li in the sense of law. And in the Li Chi itself, Li is defined as "the standard whereby to determine the degree of relationship, to clear up doubts and suspicions, to point out similarity and dissimilarity; and to discriminate right from wrong ... for educating the people, rectifying the custom, arbitrating disputes, and adjudicating litigations a study of Li is indispensible."[①]

Then, in short, Li is really what for want of a corresponding term in English, we may describe as a body of peremptory rules of human action though some are ethical, others are strictly legal. For instance, the injunction that persons bearing the same surname shall not intermarry,[②] is a provision of positive family law, not merely an ethical rule, much less ceremonial. And above all, a part of the Li Chi, relating to family relations, was virtually, though not physically, incorporated as part of the code of every subsequent dynasty. Then on the whole we are sufficiently warranted in drawing the conclusion that Li is, in its special sense, the nearest equivalent of an European juris civilis, and hence the most legitimate source of our family law.

The Family-Unit system. The natural tie that knits men together in communities is blood-relationship. In China, it has been and still is the family, and not the individual, that constitutes the unit and base of social life. A similar insititution existed in the Roman World, and also obtains in Japan. But from the comparative standpoint there are

---

① 曲礼——夫礼所以定亲疏决嫌疑别同异明是非也，教训正俗非礼不备分争辩讼非礼不决。

② 《礼记》坊记。

important points of dissimilarity which should not be lost sight of. It would not seem digressive from our subject, but rather conducive to clearness, to contrast them in some remarkable respects. The Roman family as a legal unit was founded on Patria Potestas, that is, held together by common obedience to the despotic authority of the highest living male ascendant. [①]

On the other hand, the Chinese family, or "house, " is founded now simply on affinity and convenience, though formerly also on the doctrine of mutual vicarious responsibility. The "house-head, " who is generally, but not necessarily, the living oldest ascendant takes charge of the management of the undivided house property and important domestic affairs including sacrifice at the family altar, for the interest of all concerned. The "house-head, " merely as such, has no parental power over the house-members, unless of course they are at the same time his children. The Japanese family law rests upon the double basis of house (家) and kindred (宗). Whosoever succeeds to the house succeeds also to the kindred, and the succession is always governed by the rule of primogeniture. [②] In China, house and kindred are kept separate. The successor to the house is not necessarily the successor to the kindred, and vice versa. Any son irrespective of seniority, may succeed to the house of his parents, but none save the eldest may

---

① This, and other references made to Roman Law is, unless otherwise specified, according to Hunter's Roman Law.
② This, and other references made to Japanese Law is, unless otherwise specified, according to Dr. Hozumi's *Lectures on the New Japanese Civil Code.*

succeed to the kindred. When the house-head, say the father, dies, unless his sons and other members elect, the eldest or the worthiest to take his position and govern the family as before, each of the sons will become independent and there may be formed as many new families as there are sons, as in the case of the dissolution of the Roman family; and the same thing may take place even during the parent's lifetime, if with his consent—this, however, could not take place under Roman Law except on rare occasions by means of general emancipation.

But, neither like the Chinese nor the Roman family, the Japanese family is, as a consequence of its double basis, never dissolved at the death or abdication of a "house-head," and is succeeded by only one person, all the other members remaining alien juris as before. Both in Japan and China, persons not related to the "house-head," such as, for instance, a relative of his daughter-in-law, may with his consent enter the family as a member, but while in China the new member still retains his original surname, in Japan he must bear the same family surname, whatever be his original one. of these three family-unit systems, the Roman system has long been obsolete, the Japanese system, though in the main conservative, has adopted some elements of the European individual institution, such as legal recognition of the ownership of separate property by a house-member and the registration of individual status. Problems have presented themselves as to the desirability and practicability of retaining, or reforming, the family-unit system in China.

The advocates for upsetting the old and replacing it with the individual-unit system contend that a patriarchal family tends in most cases to make its members economically dependent, thereby nursing idlers to the disadvantage of the community as a whole, and to this they would ascribe the poverty and weakness of China. This argument appears plausible but borders on a fallacy, for, the family law of European countries under the individual-unit system likewise prescribes legal obligations to support certain near relatives perhaps in a way less incompatible with the idea of strict self-reliance than our family law. The economical prosperity and independent spirit of the foreign peoples are due to the advance of education, development of commerce and industry, sanitary improvements, trade unions, saving banks, fraternal societies, life insurance companies, and the like. The difference of family system counts comparatively little. The retention of the family-unit system by Japan does not prevent her from becoming powerful; and some states in Central and South America adopt the individual-unit system and yet remain weak. It is therefore difficult to see, at least at present and in the near future, how it is advisable to cast away the time-honored system based upon history, custom, and popular temperament, and assume another one of totally alien origin in anticipation of success and prosperity which is highly doubtful. Reformation and uniformity are good things, but we must not, as our Chinese saying goes, "cut off the toes to fit the shoes". However, between the two extremities very often lies the truth. It would not seem objectionable to introduce such reforms as are necessary to adjust the law to advancing civilization without doing violence to its fundamental conceptions.

The Degree of Relationship. —For computing the degree of relationship we do not, as yet, have any special method of our own. Our system of mourning dress covering the nine generations in both lineal and collateral relationship, is not properly such a method, although some people are inclined to think the other way. That system divides mourning dress into five ranks as determined not only by the distance of blood-relationship but also by the superiority and inferiority of kindred. Thus while the son wears for the parent mourning dress of the first rank, the parent wears for the son that of the second rank, and while the wife wears for the husband's grand father mourning dress of the third rank, the husband's grandfather wears for the wife that of the fourth rank. But the degree of relationship is based upon the consideration of relationship alone. Thus, as between two relatives, say parent and child, each mutually stands to the other always in the same degree, irrespectively of the superiority or inferiority of kindred. We can then easily see that these two systems bear no resemblance to each other. It is rather of necessity for us to have a special method for computing the degree of relationship in order to facilitate the solution of many legal questions that may arise. There are two such methods—one in Roman Law the other in Canon Law, and they are not alike. Which, then, is better for China to model upon in codification of her family law? Since the question is purely one of social custom and ethics, it seems highly desirable to adopt only such a method as approaches nearest to the system of mourning dress which has been long established and universally practiced from time immemorial.

The Roman Law method agrees with the Canon Law method in reckoning the degree of lineal relationship; each generation counts one degree, and thus there is one degree from father to son and two degrees from grandfather to grandson and so forth. But they differ widely in the computation of collateral relationship. Collaterals are descendants of a common ancestor and the degree of propinquity between two collaterals is obtained, according to Roman Law, by adding the number of degrees between each and the common ancestor. Thus, brothers are, in second degree, each being one degree from the common parent, and first cousins are in the fourth degree, each being two degrees from the common grandfather. The Canon Law method is different and less simple: if two collaterals are equally distant in degree from the common (and nearest) ancestor, the degree between themselves is equal to the degree between that common ancestor and one of them; if unequally distant in degree, then equal to the more distant. To illustrate the rule, the brother stands in the first degree to the sister, because each is equally one degree from the parent, and the uncle stands in the second degree to the nephew, because the former is one degree and the latter is two degrees and more distant, from the common grandfather.

Now, to apply to modern legal phraseology to our Table of Nine Generations[①] (namely, four ascending generations, four descending generations, and the person himself as one generation) we have,

---

① This system dates back as early as the reign of Emperor Yao (2357 B. C.) 书经尧典以亲九族。

reckoning from the person himself either upwards or downwards, four degrees in lineal relationship; and it makes no difference whether we count after the method of Roman Law or that of Canon Law. As regards collateral relationship, however, the limit of four degrees would, according to the Roman Law method, exclude the second and third cousins and the first cousins' children[①] from the table of propinquity, which is contrary to our customs. But if we adopt the Canon Law method, they are all included within the fourth degree, which is strikingly agreeable with our system of Nine Generations, lineal and collateral. Accordingly, the second method was adopted without hesitation in the Chinese draft of the Civil code. Most European countries and to some extent Japan, have, however, followed the Roman method. It is also interesting to note, besides the point in issue, some other salient points of contrast between Roman Law and our law in this regard. Roman Law placed relatives on the paternal side and the similar ones on the maternal side on the same footing. Thus, our mother's brothers or sisters stood in the same degree to us as our father's brothers or sisters. But Chinese Law generally gives preference to those on the male side. Therefore, the relatives on the maternal side are more distant in degree from us than the corresponding relatives on the paternal side. The law prescribes four degrees of relationship on the father's side, three degrees on the mother's side, and two degrees on the wife's side, at least that is what

---

① 再从兄弟族兄弟从侄。

the draftsmen have deduced from the system of mourning dress.

The degree of relationship is of course indefinite, but law ought to prescribe its limits for all practical purposes. Roman Law provided six degrees for lineal relationship including the great-great-great-great-grandfathers who extremely seldom, if ever, lived at the same time with his great-great-great-great-grandson, and seven degrees for collateral relationship, excluding the third cousin from the table of propinquity, who though remote is in fact generally a contemporary relative. Whereas, the system of Nine Generations in Chinese law as based on general experience of mortality assigns only four degrees for lineal relationship leaving out ancestors beyond the great-great-grandfather and descendants beyond the great-great-grandson, and also four degrees for collateral relationship which include, following the Canon Law method of computation, the second and third cousins who are customarily regarded as relatives in this country. Thus, in this point, Chinese law, as compared with Roman Law, is clearly more reasonable and practical. There is no reason why it should not be preserved as a basic principle to be modified in details by the method of computation of Canon law only to such an extent as is necessary to facilitate the solution of modern legal problems in the sphere of domestic relations.

(To be continued.)

The Chinese Social and Political Science Review, 1916, vol. 1, pp. 21−36

附参考译文：中国亲属法要论 [①]

　　穗积陈重博士 [②] 确信相比于债法、物权法和其他部门法，"亲属法形成与发展都是建立在民族性格、宗教、历史、传统和习惯基础上的，并表现出最小的被同化的可能"。因此就事实而言，任何国家的亲属法都借助于这种保守僵化的性格，很大程度上保留了其本身特质。值得一提的是，这也足以解释为什么在国际私法中，决定物权或人格权关于家庭事务的面向时，采取的是"属人主义"或"住所地法" [③]，而非"法院地法"或"行为发生地法"。 [④] 日本被普遍认为是西方文明最迅速的模仿者，但是在亲属法方面它却倾向于避免任何重大变化：在西方元素有节制地被介绍进来的同时，本土元素依然被精心保存，因而该领域的法律基本上仍然是东方的。中国曾因在拒绝改革或创新时，表现出毫无理由的顽固，而常为人所指责。但最近中国已经改变了自己的态度，通过不加区分地照搬外国的东西，毫不犹豫地抛弃长期以来所固有的原则和制度。

　　无论这样的改变在其他领域会带来怎样的有利结果，如果中国家族法法典也遵循这种趋势，将带来不幸的后果并造成不可挽回的损失。事实上我们已经听到了一些例子，一些接受国外知识的年轻人所

---

① 在这里，"法律"一词不能被严格理解为英美法系意义上的"法律"。英美律师过去把法律定义为"由法院强制执行的一系列规则"，中国亲属法的某些部分属于这一定义，而其他部分则只是一堆经典原则和不成文但众所周知的惯例。当发生纠纷，法官或担任法官角色的裁判者将按照这些惯例和经典原则对案件作出裁决，而不服从裁决通常伴随着或多或少的制裁。这些规则和原则虽然在范围上有些争议，在解释上也有些不同，但无论如何都是一种标志着从道德向法律适当过渡的习惯法。
② 穗积陈重是一位日本法学家，他参与了日本新民法典的编纂工作。
③ 即该人国籍国法律或他居所地国家的法律。
④ 即法院所在地的法律或行为发生国的法律。

提倡的不征求父母意见的自由婚姻、闪婚和闪离，造成了家庭的不幸以及社会的退化。出于类似的原因，自从临时刑法实施至今，特别是在与家庭关系有关的问题上，我们的司法经历了相当多的冲突与不便，有时会激起公众反应。因而，作为官方意见的修正案①往往会提倡恢复历史悠久的传统亲属法。如今，在上文所引述的法律文化原则指导下，根据日本反对激进变革的谨慎前例，也受到抛弃传统美德具有社会破坏性趋势的警告，结合司法机关过去的经验，新中国的立法者在将单一的外国因素合理地注入中国亲属法之前，必须深思熟虑。可以预见到的是，未来的中国亲属法可能会增加一些次要的条款，但与现行默认有效的并无实质差别。因此，后者与其他积极、鲜活的法律一样值得关注与讨论，甚至更需着墨，因为迄今为止就是中国人自己都没有系统地研究过，而且不为外国研究者所完全理解或者有时甚至被他们所误解。

　　一个西方法理学的研究者，通常可能会知道中国古代的法律体系大大超过了世界上的其他现行法典；但通常可能并不知道，中国的亲属法比迄今为止的中国任何其他法律部门都早——实际上是现存的最古老的人类法律。它的起源可以追溯至三千年前的周朝，在最早的罗马法诞生之前它便已经存在了好几个世纪，并且它的存续远超最新的罗马法令。而且罗马日耳曼人、盎格鲁-撒克逊人和其他欧洲民族的亲属法都几乎不可避免地经历了司法演进和革命的过程，而中国亲属法从一开始就谨遵前朝惯例，代代相传，没有发生中断也没有实质上的改变。

　　除了用来统治这个拥有数亿人口的庞大国家，它还被早期的日本

---

① 《修正刑法草案》。

所效仿，并与日本本土元素相结合，统治该国达千年之久。而这部父权法的一些原则迄今仍然是日本亲属法现行制度的基础。我们绝对不能忽视中国家庭法对东方世界的意义和影响。它的古老和稳定，更重要的是它所包含的深刻崇敬，自然而然地使人相信它必有某种永恒不变和深入人心的基本原则。因此，探究其来源、基本概念、独有特征以及使之存在并使之不受腐蚀的社会力量等问题，兼具重要性与趣味性。

孝道是中国亲属法整体结构的基础，解释了它许多特征的起源。孝道产生于对祖先的记忆和祖先崇拜理论，同时也产生了对在世长辈的孝敬、感恩和亲情的间接效应。我们可以看到，丧服制度是对亲者离世的悲痛的物化，特别是尊亲属；婚姻的传统定义是异姓男女之间的终身联合，主要目标是祭奠祖先并延续香火①；"七出"与"三不去"，非常重视履行对父母和其他祖先的孝道义务；当妻子已无可能怀有子嗣时，令今人反感的纳妾做法便作为获得自然继承人的惟一可能手段；而收养制度则是延续宗祧的最后方式。简而言之，几乎中国亲属法中的每一条规则都或多或少地涉及以孝道要素作为其基本原则。上面提到的对西方人来说似乎是偶然的习俗和制度，都源自最基本的教义——孝道。

一般来说，在法律议题的讨论中引入道德因素是不科学也是不相干的，但在这种情况下，伦理哲学和亲属法却是如此不可分割地交织在一起的，只有理解了前者才能够让我们彻底理解后者。孔子的教义在塑造中国家庭的过程中发挥了主导和永恒的影响。所有业已存在、值得遵守的规则和学说，都应直接载于他的教诲或汇编中，其后所公

---

① 见《礼记》昏义。

认的圣人和大家，仅仅是其阐释者或追随者；出于这样的原因，我们有幸能够在研究的过程中获得具有连续性和统一性的材料。在我们问题的处理上，儒家的经典和论著提供了标准的权威依据。

基督教在庄严训诫中所声称的"尊敬你的父母"与儒家思想十分接近，但为了达到道德完美的共同目标，他们采取了不同的做法。他们的不同始于这个关键点：基督教的本质似乎由最严格的意义上的信仰和最广泛的爱构成，敬重父母则是次要的，而儒家则视孝道为人类最根本[①]和最高尚的美德[②]。这非由习俗或者立法所产生的法律，而是天性使然。它是"所有美德的美德，包括所有其他美德"。大多数其他美德都包含一些人为因素，需要通过不断的努力来防止他们松懈，但从经验可知，失败多于成功。而为了弥补人性的这一内在缺陷，孔子选择诉诸自然孝道。无需多言，对父母的爱和尊敬是每个人与生俱来的性格，不需要训练、说服或鼓励。它表达了一种深深的感激之情——最真诚、最天真、最自然也最永久，从婴儿期开始就深深地植入了人类的心灵。儒家道德哲学的精髓在于利用这一自然美德，通过发展其原有能力、界定其真正含义、扩大其适用范围并规定其表达的最佳形式，在人类生活的各个阶段促进福利和幸福。于是，作为孔子四大弟子之一的曾子曾说："身也者，父母之遗体也。行父母之遗体，敢不敬乎？居处不庄，非孝也；事君不忠，非孝也；莅官不敬，非孝也；朋友不信，非孝也；战陈无勇，非孝也；五者不遂，灾及于亲，敢不敬乎。"[③]这附带说明了祖先崇拜得到严格维护，并非存在外国研究者可能认为的迷信或宗教理由，而仅仅是出于对已故父母长久的敬

---

① 《孝经》开宗明义章——夫孝德之本也。
② 圣治章——夫圣人主德又何以加于孝乎。
③ 《礼记》祭义。

重并延伸到了其他祖先。

对于孝，《礼记》认为，"孝子之身终，终身也者，非终父母之身，终其身也"[1]，孝的责任贯穿一生；否则，他可能会在父母去世后脱身，而这将会削弱儒家教义的价值。孔子似乎把爱和尊重看作是社会和平幸福的基本美德和最重要的因素。母爱激发自然的相爱，父亲的严厉则带来自然的尊重。"故亲生之膝下，以养父母日严。圣人因严以教敬，因亲以教爱。圣人之教不肃而成，其政不严而治，其所因者本也。"[2] 圣人教导到："事亲者，居上不骄，为下不乱，在丑不争，居上而骄，则亡。为下而乱，则刑。在丑而争，则兵。三者不除，虽日用三牲之养，犹为不孝也。"[3] 并进一步表明："身体发肤，受之父母，不敢毁伤[4]，孝之始也。立身行道，扬名于后世，以显父母，孝之终也。"[5] 更重要的是，敬爱自己的父母和长辈往往会带来对其他所有人父母和长辈相似的敬重[6]，这反过来又给那些看到父母被敬爱的人带来了极大的快乐[7]，具有促进全社会普遍相亲相爱的作用。孝道因此在最高和最广泛意义上包含了其他所有美德的标准，在社会的各个阶段都得到应用，也正是这种崇高的教条促成了儒学的伟大和不朽。亲属法在很大程度上是为了保持孝道这一基本观念的生命力和意图，尤其是在家庭关系领域，通过援用孔子的思想主张，"解决了许多争吵，仲裁了许多纠纷"。

---

① 《礼记》祭义，内则。
② 《孝经》圣治章。
③ 同上，纪孝行章。
④ 然而，这种伤害只指由肉刑、争斗或其他个人自身的原因造成的，而不是那些因荣誉和爱国所要求承受的身体伤害，如曾子所说"战陈无勇"等等。
⑤ 《孝经》圣治章，开宗明义章。
⑥ 同上，广要道章。
⑦ 同上，广主德章。

当我们理解了中国亲属法与儒家的亲密关系之后，那么将不难理解，与现代西方国家类似的法律不同，这部法律为什么更多处理的是义务而不是权利。虽然，"权利"和"义务"作为关联术语，提到一个则暗示另一个对应物的存在，但当道德观念占主导时，重点总是放在责任而不是放在权利方面。而且一般来说，是没有履行义务而不是没有行使权利，会扰乱人类的道德关系。孔子过去常常从消极的角度看待法律，就如霍兰德教授所说的："法律就是约束。"他告诉大多数人必须去遵守什么，而很少谈及有权获得什么。因此，亲属法与其他中国古代法律一样，"责任"的概念已经很成熟，但直到最近"权利"[①]的法律概念仍相对陌生，含混不清地蕴含在不同于"分所应为"的"义所当取"中。尽管如此，现代意义上的"权利"概念和名称的缺失并不严重影响亲属法的研究，霍兰德教授同样也表示："法律体系的逻辑起点在于权利还是义务这不重要，关键在于是否一以贯之。"[②]鉴于中国亲属法的消极性质，我们将从义务的角度主要讨论以下几个问题，当然同时也兼顾一些其他方面。

中国亲属法的渊源。根据公认的分类方法，亲属法是民法的一部分。但"民法"一词在中国尚不为人所知，这使得中国"亲属法"的来源和范围模糊不清、存在争议，而我们研究中国亲属法主要来源是《大清律例》和五经中的《礼记》。大部分条文可以追溯到唐律的《大清律例》，载有许多亲属法的重要规定，但是几乎所有这些规定都与刑罚相关联，导致一些人认为这是一部刑事法律而不是民事法律。

---

① 第一位从欧洲回国的日本留学生津田真道博士发明了"权利"（ken li）或是"权力和利益"这个词，作为对应西方方法理学中"right"的术语在中国使用。
② 《荷兰法理学》第 9 编，第 82 页。

　　但法律是刑事抑或是民事，不是由其制裁方式而是由其性质决定的。对一项本质上属于民事性质的规定所附加的严厉处罚，在其更多依靠行政法的情况下，不能使其具有刑事性质。同样，《礼记》被普遍但不准确地翻译为"礼仪典式"，它实际上是中国亲属法的主要来源；而一些法学家则以就算不考虑实质上的不同，民法也不仅仅是礼仪或仪式为由提出异议。毫无疑问，不准确的翻译应对引起的误解全权负责。英文单词"礼仪"或"仪式"仅仅意味着"宗教或其他活动的外在形式"。汉字"礼"虽然有时指"仪"或英语意义上的仪式（ceremony），但在这里作为经典名称，显然具有更为重要的意义。在这方面，孔子本人积极否定礼仅有"仪式"之意①。正如我们所知，《周礼》是一本关于周朝法律制度和公法的典籍，但却用"礼"来作为总称，在《礼记》中"礼"被认为"是用来确定亲疏，判断嫌疑，分别同异，辨明是非的……教育训导，端正民俗，没有礼就不能完备；分辩争讼，没有礼就不能决定是非。"②

　　简而言之，如果真的要用某个英文术语来翻译"礼"，我们可以将其描述为人类行为的强制性规范，尽管其中有一些是道德，而另一些则是严格意义上的法律。例如，同姓不婚③被作为亲属法中的禁令，而不仅仅是一种道德规则，更何况是礼节。更为重要的是，《礼记》中与家庭关系有关的部分，确确实实变成了后来每一代王朝法典的一部分。那么总的来说，我们有足够的理由可以得出这样的结论：从其特殊意义上说，礼是与欧洲民事法律最接近的同义词，因此是我

---

① 礼云礼云，玉帛云乎哉。
② 曲礼——夫礼所以定亲疏决嫌疑别同异明是非也，教训正俗非礼不备分争辩讼非礼不决。
③ 《礼记》坊记。

们亲属法最合法的渊源。

家庭单位制。血缘关系是将社区中男性团结在一起的天然纽带。在中国，长久以来构成社会生活的基础单位是家庭而不是个人，类似的机制也存在于罗马世界与日本。但是从比较的角度来看，其中存在着值得注意的重要不同之处。厘清其中的差异，不仅不会偏离我们的主题，反而将使我们的主题更加明晰。罗马的家庭作为一个法律意义上的单位是建立在家父权基础上的，即家庭成员共同服从现存最高男性统治者的专制权威。①

而中国家庭或"家族成员"现在仅是建立在姻亲和便利考虑之上，尽管以前也是基于相互替代责任的原则而聚集在一起。出于各方面利益的考虑，通常但不一定是最年长的人来担任"家长"，负责管理未分割的房产和包括祭祀祖先在内的重要家庭事务，但这种"家长"对家庭成员没有家长权力，除非是他的子女。日本的亲属法则是建立在"家"和"宗"的双重基础之上，"家"与"宗"两者的继承是合一的，受到长子继承制的支配。② 在中国，家庭和宗族是分开的，家产的继承人不一定是宗祧的继承人，反之亦然。任何一个儿子，不分资历，都可以继承他父母的家产，但只有长子能继承宗祧。当作为家长的父亲死后，除非他的儿子和其他成员有所选择，否则长子或声望最高者将接替他像以前一样管理家族，而各子都将独立并且可能会形成许多新家庭，就如罗马家庭解散的情况那样。甚至在父母有生之年如果得到其同意，也可能发生同样的事情，而这在罗马法中是不可能发生的，除非是很少情况下通过全面自立的方式发生。

---

① 根据 Hunter's Roman Law，除非另有法律规定。
② 根据穗积陈重博士关于日本新民法典的讲座，除非另有法律规定。

与中国和罗马不同，作为双重基础产物的日本家庭，当"家长"去世或退位，他们的家庭将不会解散，将会有一人来进行继承，其他所有人则像以前一样保持从属。在日本和中国，与"家长"无直接亲属关系的人，例如儿媳的亲属，可以在家长同意的情况下作为成员加入家庭。不同的是，在中国，新成员仍保留其原姓，而在日本，不管他原姓是什么，他必须改为其所加入家族的姓氏。纵观三种家庭制度，罗马体系早已过时，日本的这一制度尽管偏保守主义，却也采用了欧洲个别制度的一些要素，例如承认家庭成员对独立财产的法定所有权和个人身份的登记，但中国家庭单位制在保留或是改革的可取性和可行性方面仍存在争议。

主张推翻旧的家庭制度并代之以个人制度者认为，通常情况下父权制家庭倾向使其成员在经济上具有依赖性，从而滋生了一批游手好闲者，对整个社会产生了不利影响，他们进而把中国的贫穷和软弱归咎于此。这个论点看似合理，但却有其谬误所在，因为在个人单位制度下的一些欧洲国家的亲属法同样规定了支持某些近亲的法律义务，这在某种程度上比中国的亲属法更不符合严格自力更生的理念。外国人民的经济繁荣和独立自主精神是教育的进步，工商业的发展，卫生条件的改善，工会、储蓄银行、互助会和人寿保险公司等共同作用的结果，家庭制度上差异的影响相对较小。日本保留家庭单位制并不妨碍她变得强大，中美洲和南美洲的一些州虽采用个人单位制，但仍然贫弱。因此，至少在现在和不久的将来，很难看到抛弃以历史、习俗以及民众性格为基础的传统制度，而假设另一个完全陌生的、源于国外的制度将会带来成功和繁荣。改革和统一是好事，但正如我们中国俗语说的那样，我们绝不能"削足适履"。在保留和改革两个极端之间往往存在着平衡点，即进行必要的改革使法律适应文明进步的同时，而不对传统的观念打破砸烂，似乎更为可取。

亲等问题。对于衡量亲属之间的亲疏（远近）程度，我们目前还没有任何专门的方法，虽然我国的五服制度涵盖了九代人间的直系和旁系亲属，但这种方法并不适合，尽管有些人倾向于以另一种方式去思考。五服制度将丧服分成五个等级，不仅由血缘的远近决定，而且涉及亲属的尊卑。因而，儿子为父母穿着"斩衰"丧服，而父母则为儿子穿着"齐衰"丧服；妻子为丈夫的祖父穿着"大功"丧服，相对的，丈夫的祖父则为其穿着"小功"丧服。但是，衡量亲等只应当基于血缘关系的远近考虑。因而，父母和孩子彼此之间的亲等总是一样的，而无论尊卑高低。我们可以很容易地看到这两种方法彼此没有相似性，为了促进许多可能出现的法律问题的解决，确有必要有一种专门的方法来计算亲属关系。眼下有两种不同的模式，一种是罗马法采用的，另一种则是教会法采用的。那么对中国来说，在对其亲属法进行编纂时采用哪种模式更好呢？由于这纯粹是社会风俗和道德问题，采用与早已建立并普遍实践的五服制度最为接近的方式应该是非常可取的。

罗马法与教会法在计算直系亲属亲等时是一致的，每一代间为一等，因此父子间为一亲等，从祖父到孙子间则是二亲等，但它们在计算旁系亲属关系方面有很大的不同。在罗马法中，旁系血亲作为共同祖先的后代，其间的亲等关系是通过把双方距共同的直系血亲之间的亲等相加而得到的。因此，作为二亲等的同胞兄弟，他们与父母间都为一亲等，而堂兄弟姐妹之间为四亲等则是因为他们与同一个祖父间都是二亲等。教会法的计算方法则不同，也复杂得多，如果两旁系亲属与共同（最近的）祖先的亲等距离相同，它们之间的亲等等于该共同祖先与其中之一的亲等，如果距离不相等，则等于较远者。例如，哥哥与姐姐间为一亲等，因为都与父母相距一个亲等；叔叔与侄子间为二亲等，因为就祖父来说，前者相差一个亲等，后者相差两个亲等，就远者。

现在，当我们按照现代法律的说法应用到我们"九族"①（四辈尊亲属、四代卑亲属以及自身这一代）中推算直系亲属时，依照罗马法或教会法的方法并没有区别。但对于旁系亲属，依据罗马法的计算方法，我们有限的四等亲等会将再从兄弟、族兄弟和从侄②排除在外，这与我们的习俗不符。但如果我们采用教会法方法，他们都将包含在第四亲等之内，这在直系和旁系亲属方面都与我们的"九族"非常契合、令人满意。因此，中国的民法典草案毫不犹豫地采用了第二种方法。然而，除了大多数欧洲国家遵循罗马法方法外，日本在某种程度上也吸纳了罗马法的方法。另外，除了这一问题外，值得注意的是罗马法与我国法律还存在着一些明显的不同。罗马法在母系一方面设立了类似父系一方的亲属系统，因此，父母双方各自亲属与我们之间的亲等是一样的。但中国传统法律通常优先考虑男性，因此，母系的亲属与我们之间的亲等比父系的对应亲属更疏远，法律规定父亲一方有四等亲属，母亲一方有三等亲属，妻子一方则有两等亲属，起码法案草拟者是这样从丧服制度中推断出来的。

实际的亲等当然可以是无限的，但法律出于实用的目的应设定其限度。罗马法为直系亲属设计了六级亲等，其中包括如果有也极少与我们同时在世的列祖；而为旁系亲属设计了七级亲等，但这排除了看似疏远实为同辈的族兄弟。基于对寿命的日常经验，中国传统法律中

---

① 这一制度早在尧帝统治时期（公元前 2357 年）就有了，书经尧典以亲九族。
② 再从兄弟族兄弟从侄。

的"九族"体系对直系和旁系亲属都分配了四级亲等,其中直系亲属限于高祖和玄孙;旁系亲属按照教会法的计算方法,正好囊括了一贯被视为亲戚的再从兄弟和族兄弟。因此,在这一点上,中国传统法律与罗马法相比显然更加合理和实用,我们没有理由不把它作为一个基本原则予以保留,只有在为促进解决家庭关系领域中的现代法律问题所必需的程度上,才依据教会法的计算方法进行细节性的修改。

(余洋译)

The Legitimate Bounds of Most-Favored-Nation Treatment in China

The most effective and permanent instrumentality through which the rights of foreign nations and their subjects against China and her obligations towards them have been created, extended and multiplied, is the most-favored-nation treatment stipulated in her treaties. It brings about special consequences, or rather gives effect to special purposes, which are quite remarkable. It sustains the artificial balance of power; it maintains an equal opportunity for the development of commercial and economical interests; it simplifies tariffs, facilitates trade, grants consular jurisdiction and secures religious freedom and many other privileges and immunities in favor of foreign nations or their subjects. The nations which have existing treaties with China are twenty in number, when certain privileges are conferred upon any one of them, they, by the strength of the most-favored-nation stipulations, inure likewise to the benefit of all and each of the other nineteen nations almost without exception. As what is advantageous to foreign nations is as a general rule disadvantageous to China, the awful process of the multiplication of favors has already imposed, and is indeed continuing to impose, an unbearable burden upon China. It hampers her political activities, restricts her economical development, encroaches upon her right of territorial sovereignty, and endangers her integrity and independence. These circumstances would amply justify every act of self-preservation; but China, though laboring under the intolerable circumstances, has hitherto always been, so far as possible, pacific in her attitude towards foreign nations, and has acted her best in conformity with the letter and spirit of the treaties—indeed worthy of being regarded as a peace-loving and law-respecting nation. Yet, some ambitious and aggressive countries taking advantage of China's pacific disposition have on several occasions made irrational demands upon her by way of an unwarranted extension of treaty rights.

We are fully aware of the unfortunate position that it is too late and indeed in vain for China to dispute on matters anterior to the acquisition of treaty rights for a treaty, having once taken effect, is law itself, and law as such must be obeyed, however inequitable and oppressive it may be; and we also realise the difficulty for a weak state to make a successful appeal to Humanity. This being the case, we consequently content ourselves to be not concerned with the revision, but with the interpretation, of the existing treaties, that is to say, not with political but only with legal questions. We make no appeal to mercy but to justice. In justice, and in justice only, we endeavor to seek a partial relief out of a desire perfectly legal and equitable; and a partial relief is to be sought in the reasonable construction, limitation and application of the most-favored-nation clauses, more than any other stipulation, in the treaties.

Before proceeding to discuss the problems in question, it seems better first to throw some light upon their solution by briefly referring to some principles respecting the application of a most-favored-nation clause, as incorporated in international law or usages and hitherto understood among civilized nations. As a general rule, the most-favored-nation clause applies only where: 1. the concession made by one contracting power to a third party is of such a nature as also necessary or incidental to the enjoyment of the privileges previously conferred upon the other contracting power; 2. the party claiming under the most-favored-nation clause is willing and ready to accept the concession as accompanied by all the terms and conditions on which it has been granted to another nation; 3. the concession relates to commerce or navigation and not to political matters; 4. the State claiming has declared its intention to claim a similar concession, and this, even though the clause itself stipulates that a similar concession should automatically inure likewise to her benefit, because, it is not uncommon that what is to one nation an advantage might be regarded as indifferent or possibly disadvantageous to another owing to divergency in political policy, commercial interests, geographical situation and other circumstances, and therefore it is only after a declaration to claim it as an advantage has been made that the claimant's intention can be known; and 5. something is given in consideration of, and as an equivalent for, the privilege claimed, unless the intention of the parties is clearly proved to the contrary.

It is from the last mentioned principle that embarrassing questions of great importance have presented themselves, which deserve a lengthy and elaborated discussion. No controversy could possibly arise where a most-favored-nation clause is accompanied by such a phrase as "in return for an equivalent compensation," or "as a free gift without consideration," or "gratuitously, if the concession is gratuitous, or for an equivalent if conditional." But there is scarcely any treaty entered into by China with a foreign nation in which the most-favored-nation clause is qualified as gratuitous in express terms. Of the treaties which contain a most-favored-nation clause, those which expressly stipulate for a consideration in that clause are not many, and they are: the Treaty of Washington with Mexico in 1899 (Art. 6), the Commercial Treaty with Great Britain in 1902 (Art. 8, Sec. 14 and 15), the Treaty of Peking with Portugal in 1887 (Art. 10), the Commercial Treaty with Sweden in 1908 (Art. 3), and the Treaty of Tientsin with Brazil in 1881 (Art. 5); the rest and majority of such treaties are entirely silent as to equivalent compensation. Some treaty powers of superior strength seem to be anxious to take advantage of this seeming ambiguity. It may be easily seen how a fair and unbiased solution of this problem is to China a matter of grave importance. In absence of treaty provisions or in case of their incompleteness and ambiguity, the principles of international law should govern. As regards the interpretation of a bare most-favored-nation clause, the governments of different nations as well as writers on international law are divided in their opinions. England, followed by France and probably by Germany too, has hitherto advocated for the 'gratuity theory,' maintaining, in substance and effect, that when one of the contracting parties confers a favor upon a third nation even for an equivalent, the like favor must be granted to the other contracting party without equivalent. There can be little doubt that their opinion is to some extent influenced by their position of being generally creditor nations. The ground for their opinion is threefold, as alleged and adhered to by writers of the said three nationalities who are perhaps a little too patriotic in this regard: First, that a stipulation without a condition must be taken as unconditional, and that it would be arbitrary and presumptuous to engraft a condition or to annex a consideration to the stipulation where nothing of that sort appears in the text. But the usage that nowadays a most-favored-nation clause intended to be gratuitous is qualified as such with appropriate words in express terms, clearly demonstrates that when it is not so qualified, it is to be understood as conditional. We must remember that treaties are to confer rights not previously possessed rather than limit rights already existing. Consequently, it follows that whatever is not expressly conferred is withheld and the interpretation of an ambiguous term must be prima facie in favor of the grantor, and the burden of proof to the contrary always rests with the grantee—this is a unirersal rule of legal interpretation. The second alleged ground is that since a most-favored-nation clause aims at stipulating for advantages and not for disadvantages a demand for equivalent compensation being a detriment to the claimant would run counter to the original intention of the contracting parties. This contention amounts to be a mere argumentative subterfuge. The transaction is to be taken as an entity, and the advantage thereof and the compensation therefor are inseparably bound in one bundle. The right to receive advantage of great value by paying compensation of less value constitutes by itself an advantage—neither more or less than that received by the most-favored-nation. The third alleged ground is that the granting state having deliberately made the treaty with full knowledge of its consequences does not merit any further compensation under the clause in question. But no reasonable man would not shrink from assuming that the negotiator on behalf of the granting state did in fact contemplate a gratuitous concession at the time of stipulating the clause. It would be a startling novelty to assert that a nation by such a general clause means to relinquish all her just claims to equivalent compensation at any time and under any circumstance. Obviously, all these alleged grounds are totally untenable and destitute of a solid foundation.

On the other hand, the "consideration theory" is based on a sound principle of practical justice, being that "if a favor for a specific consideration be stipulated with any one nation, no other may enjoy the favor except upon identical or equivalent conditions." This has hitherto been seriously and continually maintained by the United States, Japan, Spain and some other powers. The reasons assigned therefor are logical and equitable, and correspond better with the spirit of the stipulation under consideration. Every intelligent man must recognize that in every juristic transaction there must be a justa causa, or, as commonly known in English Law, a consideration material or sentimental. Except in the case of a free gift, to take without consideration is an unlawful conversion or worse. This fundamental rule of law underlies the existence and security of mankind, and necessarily holds good as between nation and nation which are but composed of men. As a matter of common sense, it would be entirely unusual to make a free gift of whatever the donor might hereafter give to another; he perhaps never knows of what gift to be given in future, if ever given, still less of its quality, quantity or extent. Now, in case of ambiguity, the stipulation must, according to an established rule of legal interpretation, be understood to mean things of usual rather than of unusual occurence, namely, to be applied here, to mean with and not without equivalent compensation for concessions claimed. Undoubtedly, a most-favored-nation clause stipulates for nothing more or less than the right to be treated on the same footing as the most-favored-nation. The object sought is equality of international treatment. But if a nation claiming under the clause is entitled without compensation to what has been conceded to another nation for a compensation, she would be placed not only on the footing of the most-favored-nation, but on a footing held by no other nation, that is to say, she would obtain even more than the most-favored-nation. It would destroy instead of maintaining the equality of privileges, and be in manifest violation of the spirit of the stipulation. So also observes

"The Spectator" (21st August, 1880) in which it was said: "Clearly we ought not to be obliged, by granting a most-favored-nation clause, to treat nations alike under unlike circumstances, for that really means treating not equally but unequally." In short, the "gratuity theory" is a theory of inconsistency and selfcontradiction. We are therefore obliged to draw the conclusion that a bare most-favored-nation clause without qualification must, by strong implication, be understood to mean "freely, if freely given, or for an equivalent if conditional." These amplifying words, if they occur as sometimes they do, are merely explanatory and inserted out of abundant caution. Their presence or absence does not, in the contemplation of law, alter the legal effect of the stipulation.

Next, let us turn our attention to some legitimate and reasonable limitations upon the operation of the most-favored-nation clause, which are of considerable significance. We shall confine our field of discussion to the treaties between China and the foreign powers.

I. That the operation of the most-favored-nation clause is limited to the treaty powers is so evident and universally understood that it needs no discussion or elucidation in order to avoid misunderstandings.

II. Where the concession claimed involves a disparagement of China's sovereignty or political rights, the most-favored-nation clause ceases to operate. In the eighth of the Additional Articles to the Treaty with the United States, the Government of the United States disclaims, in a most positive way, "any intention or right to intervene in the domestic administration of China; " and Article I of the same document declares: "It is further agreed that if any right or interest in any tract of land in China has been or shall hereafter be granted by the Government of China to the United States or their citizens for purpose of trade or commerce, that grant shall in no event be construed to divest the Chinese authorities of their right of jurisdiction over persons and property within said tract of land, except so far as the right may have been expressly relinquished by Treaty." The General Provisions made with Russia in 1909 concerning the establishment of the Council for Manchurian Railways recognise in Art. I, in emphatic terms, Chinese sovereignty over the whole area of the Railways, and declare in Art. IV that matters involving the sovereignty and politics of China shall be left to the management of Chinese authorities. All these provisions referred to amount, legally speaking, to be a mere reiteration or unnecessary affirmation of the most fundamental principles of international law. They are ipso jure incorporated into every treaty except a treaty of union, annexation, cession, or protectorate. When expressed in letters, they are but legal surplusage. Their absence would leave China in no worse position. All the Treaty Powers owe to China, just as much as she owes to them, an absolute duty to refrain from setting up, under a most-favored-nation clause or any other stipulation, such claims as are incompatible with her rights of sovereignty.

III. The most-favored-nation clause is applicable only to concessions of the same nature and description, that is to say, a most-favored-nation clause contained in a commercial treaty with one nation cannot be applied to a concession granted under a non-commercial treaty concluded with another. For instance, Art. VIII of the Supplementary Treaty with Great Britain in 1843, Art. II of the Treaty with the United States in 1844, and Art. VI of the Treaty with France in 1844 each contained a most favored-nation clause relating to tariff, a matter of purely commercial nature. These clauses were by reason and authority absolutely inapplicable to the grant of consular jurisdiction, lease of territories, and other concessions of political nature.

IV. Some stipulations in treaties are purely geographical in their operation, and hence a most-favored-nation clause finds no application therein. The following provision affords a remarkable example. The article XVIII of the Convention of 1894 relating to Burma and Tibet reads: "It is agreed that the commercial stipulations contained in the present Convention being of a special nature and the result of mutual concessions, consented to with a view to adopting them to local conditions and the peculiar necessities of the Burma-China overland trade, the advantages accruing from them shall not be invoked by the subjects of either Power residing at other places where the two Empires are conterminous, excepting where the same conditions prevail, and then only in return for similar concessions, " the words "The same conditions" being not adequately described must be interpreted and ascertained in the light of the surrounding circumstances. By referring to the article III of the Convention of 1886 relating to Burmah and Tibet, to which the Convention of 1894 is to give effect, we may see that the object sought was to protect and encourage trade between China and Burmah. Then, the words "the same conditions" must mean the peculiar conditions of trade, overland and unfrequented frontier. If any of the three requisites is wanting, the advantages can not be invoked even by the subjects of the Contracting Powers, not to say those of other nations. The words "conterminous" means having a common boundary. Canton and Hong Kong being separated by a strait cannot be said to be conterminous. Kowloon and Wei-hai-wei though conterminous with Chinese territories are not British possessions but leased ports. These places therefore do not come within the meaning of the provision. It is true that Tibet is conterminous with India and Sikkim, but the stipulation will not still be applied unless in return for similar concessions.

V. The operation of a most-favored-nation clause is limited to certain persons :

(a) Undoubtedly, limited to persons whose country has concluded a treaty with China containing such a clause.

(b) Limited to persons who are the subject of rights and duties in commercial law where the clause relates to commerce only. Consuls shall not be at the same time such a person as provided in Art. IX of the Treaty of Peking with Portugal, nor the suite of a foreign minister as provided in Art. V of Wang-hea Treaty with the United States, nor shall those merchants concerned in smuggling retain their original rights of trading as provided in Art. XLVIII of the Treaty of Tientsin with Great Britain.

(c) Sometimes limited to the employment of Chinese nationals. The Regulations concerning Inland Waters Navigation made with Great Britain, followed by similar regulations made with Japan, provided, in Art. III: "British merchants may only employ Chinese agents and staff to reside in warehouses so leased at places touched at by steamers engaged in inland traffic to carry on their business, ... The existing rights of Chinese jurisdiction over Chinese subjects shall not by reason of this clause be diminished or interfered with in any way." The Regulations owe their importance to the fact that it virtually leads to the opening of inland ports to the trade of all other Treaty Powers by the operation of the most-favored-nation clause. Still, they are subject to important restrictions. In addition to the restriction just mentioned that resident employees for said purpose must be of Chinese nationality and under Chinese jurisdiction, the rivers and localities permissible to said navigation and trade must be such as petitioned for according to Arts. VII and VIII of the said Regulations and in fact consented to by the local authorities and the Government. Without such a permission, a certificate issued by the customs inspector is not available as license. And further, a British merchant may not avail himself of the permission procured from the Chinese government by another merchant of the same nationality, because the permission by the letter of the provisions is special, and not general in its nature, to be given under particular circumstances of each case. This applies, of course, with much stronger force, when similar advantages are invoked by subjects of a third nation under the most-favored-nation clause.

They have again to fulfil all formalities requisite for the procurement of a permission which depends entirely upon the discretion of the Chinese government.

VI. Limited to certain classes of acts which are lawful and in conformity with the treaties.

(a) Acts in contravention to treaties withdraw themselves from the sphere of the most-favored-nation treatment. Acts forbidden expressly or impliedly by treaty are said to be contrary to it. For example, the Treaty of Tientsin with Brazil which prohibits the importation of opium from Brazil into China disentitles Brazilian subjects from claiming, under the most-favored-nation clause, the same right of importation as granted to British and Portuguese subjects, the claim being incompatible with the Treaty.

(b) Nor shall acts done in violation of law be brought within the operation of a most-favored-nation clause; for, otherwise, there would be a wilful repetition of legal wrong which could never be tolerated by civilization. Here the word "law" is understood to mean the municipal law of China where illegal acts are committed. Indeed, as sometimes contended, a foreign resident entitled to the privilege of extraterritoriality can not be said, when acting contrary to Chinese law, to have violated it; but when unauthorized or illegal acts are committed by a foreigner in the interior beyond the sphere of extraterritoriality, then, the local authorities may, as sanctioned by Art. IX of the Treaty of Tientsin with Great Britain, apprehend the offender and "hand him over to the nearest Consul for punishment." The words "for punishment" mean the execution of a judgment previously rendered, and while standing alone presuppose that the power of judicial trial and decision which precede punishment belongs to the local authorities, who would adjudicate the prisoner to be guilty or innocent necessarily according to Chinese law. Then, is it not possible that a foreigner may violate, in the full sense of the word, Chinese law, and be adjudicated according to it?

VII. Limited to special regulations being assented to. Take for example, the Supplementary Convention of 1880 made with Germany which provides, in Art. I: "Should German subjects on the strength of this article claim privileges, immunities, or advantages which the Chinese Government may further concede to another power, or the subjects of such power, they will equally submit to the regulations which have been agreed upon in connexion with such concession." From the provision itself follow, by indubitable implication, some important legal consequences:1. A declaration of intention to claim such concessions can not be dispensed with; in other words, concessions to another power do not ipso facto operate as an offer of similar concessions to Germany. 2. Germany has no right to be consulted with in regard to the scope or alteration of the regulations. 3. Since Germany, by her own words, "will equally submit to the regulations, " she must take over all the obligations as well as the rights; no choice being left to her.

Having enumerated the legitimate limitations upon the operation of the most-favored-nation clauses, we now come to consider in what cases the right of applying such a clause is to be exercised by the Chinese Government, that is, under what circumstances the Chinese Government may act at her own discretion with an unfettered hand in giving or withholding consent or determining its extent when the application of the most-favored-nation clause is actually invoked by the Treaty Powers. Here stands a general rule that if a most-favored-nation stipulation is reciprocal in its character, the right of application belongs to both parties, if unilateral, the right rests with the grantee state rather than the grantor state. But in the case of China, though she is in most cases burdened with unilateral obligations, a different rule ought to obtain; for the competition for various interests among foreign powers and the international policy of maintaining Equal opportunity require, for all practical reasons, that China, and not a grantee state, ought, excepting an express stipulation to the contrary, be given the right of application of the most-favored-nation clause, lest the concession to one power should come into conflict with her engagements to other powers, resulting in a confusion and creating hostile feelings.

Cases in which China is entitled to the right of application are as follows:

I. Where the concession of privileges depends upon the free discretion and consent of the Chinese Government, as, for instance, it was stipulated in Art. V of the Commercial Treaty with Great Britain that "It should be considered by the latter (i. e. China) in a friendly spirit." The word "friendly" simply means "not biased or hostile" and does not imply any obligation to consent. China may very well reject claims which appear to her as unreasonable or causing inconvenience. Again, the Regulations concerning Inland Waters Steam Navigation made with Japan provided, in Art. VIII, that Japanese steamers shall not ply between non-open-ports, except with the permission of the Chinese Government. The giving or withholding of permission rests entirely with the discretionary power of the Chinese Government, and permission given in one case can not be made available for another case, as we have already observed.

II. Where the Chinese Government may, at any time on a reasonable ground, put an end to the enjoyment of privileges, as, to prohibit the use of some particular shallow waterway by Japanese launches (see Art. IV of the Additional Rules respecting Inland Waters Steam Navigation made with Japan), or where the Chinese Government may limit, by imposing conditions, the enjoyment of privileges, as provided in Art. V of the Tariff Convention annexed to the Treaty with Germany: "Infraction of conditions as above set forth, under which trade in opium, cash, grain, saltpetre, brimstone, sulphur and spelter may be carried on, will be punishable by confiscation of all the goods concerned."

III. Where the most-favored-nation clause is silent or vague as to the extent of participation in the enjoyment of privileges, as, for example, Art. IV of the Treaty of Commerce with Japan provides: "They (the Japanese) are allowed to rent or purchase houses, to rent or purchase land, and to build churches, cemeteries and hospitals, enjoying in all respects the same privileges and immunities as are now or may hereafter be granted to the subjects or citizens of the most-favored-nation." While privileges, being positive rights, can be readily ascertained by referring to the terms of most-favored-nation treatment, immunities being rights of negative character are rather vague in their scope and description, and not clearly prescribed in any treaty especially with regard to residence.

IV. Where the other contracting Power has not specially stipulated for the right of election in applying the most-favored-nation clause. Such provisions as Art. XL VII of the Treaty of Commerce with Japan which expressly gives the right of election to both parties, or as Art. XL of the Treaty with France which expressly accords the right of election to France alone, being excepted, in all the other treaties without such a provision China ought to have the right of election in order to avoid conflict and rivalry among the Treaty Powers.

V. Where the order of the application has not been fixed. Art. XIX of the Treaty of overland Trade with Russia provides: "Foreign or Chinese merchandise of any description not enumerated in the general foreign tariff, shall be dealt with in accordance with the Russian Supplementary Rules agreed upon at Tientsin. Goods unenumerated in both the Supplementary Rules and the general tariff shall pay duty at 5 per cent, ad valorem, in conformity with the rules applicable to other nationalities." Here the order of application is first to apply the general foreign tariff; 2nd, the Russian Supplementary Rules, and 3rd, the duty of 5 per cent. In absence of such a provision, China as a grantor state would be entitled to the right of marshalling.

VI. Where one most-favored-nation clause is conflicting with or divergent from another. In such a case, as between China and the other Contracting Power, both are concurrently entitled to the right of application; as between China and a third power, the former alone is entitled to the right to the exclusion of the latter. An example for conflict of interests is found in the importation of opium which is forbidden to the United States and Brazil, but permitted to Great Britain and Portugal. For divergency of privileges an example is afforded by the payment of tonnage dues, which falls due at every time of her arrival in the case of a Spanish ship, but only once for every four months in the case of ships of other nationalities.

In the foregoing paragraphs we have entered into a general discussion concerning the interpretations, limitations and application of the most-favored-nation clause. No attempt is made to work out the problems by referring to mere abstract moral principles which have long been superseded by treaties and by so-called international law. Every example given comes from the treaties themselves; every principle relied upon is founded on practical reason and justice as acceptable by international law. It may occur that practice by Treaty Powers is at variance with or in contravention to treaty provisions and legal principles, but the treaties as written law, and international law as authoritative interpreter of the treaties, remain unaffected and remain as ever the controlling test. China's reluctant, involuntary and unprecedented submission in the past does not stop her from vindicating her inherent right of refusing irrational claims in future. Inability to resist unjustifiable encroachments constitutes no legal lashes or acquiescence on the part of China. No infraction or infringement by foreign Powers could by itself establish a legal precedent. No practice which is unauthorized can crystallise into a legal custom, where the law is written and the treaties are written law. Nothing short of a strict observance of the treaties in the letter and the spirit as required by honor and justice, will be able to bring about permanent peace and prosperity to all concerned.

The Chinese Social and Political Science Review, 1916, vol. 1, pp. 40-55

附参考译文：中国国际条约上利益均沾之范围

对于外国列强及其子民而言，想要保持对中国的特有权利以及维持中国对自身的特有义务，最行之有效的永久性手段即是最惠国待遇原则（most-favored-nation treatment），该原则已被广泛适用。它会带来特殊的后果，或者更确切地说是对特定目的产生显著的影响。它维持了人为的力量平衡；它为商业和经济利益的发展提供了平等的机会；它简化关税，促进贸易，授予领事管辖权（consular jurisdiction），保护宗教自由，赋予外国公民许多有利的特权和豁免。与中国签署相关条约的国家有二十个，当某些特权被授予其中任何一个时，基于最惠国原则，其他十九国亦可几乎无条件地自动享有相关的利益。这一对外国有利的普遍原则对中国而言却是祸害无穷，最惠国原则在这一糟糕的过程中被不断地强加给中国，对中国来说是无法承受的负担。它阻碍了她的政治活动，限制了她的生态经济发展，侵犯了她的领土主权，危及她的正直和独立。这些情况足以证明中国每一项自我保护行为的正当性；尽管中国糟糕的处境令人难以容忍，但迄今为止一直尽可能地保持对外国的和平态度，并且尽力按照条约的文字和精神行事，确实值得视为一个爱好和平、尊重法律的国家。然而，一些充满野心和侵略性的国家利用中国的和平主义倾向，在某些场合下，通过对条约权利的无理延伸，对她提出各种不合理的要求。

我们充分意识到这样一个令人遗憾的事实：中国就各列强获得条约权利之前的事项提出争议为时已晚，而且实际上也只是徒劳。条约一旦生效，就成为法律，而法律必须被遵守。但它可能是不公平的，对中国而言更是压迫性的；我们也意识到弱国的呼吁很难在国际社会引起人们的同情心。因此，我们在这种情况下并不关心条约修订的问题，而专注于对条约的解释；换句话说，我们并不关注政治问题，而只涉及法律问题。我们并不乞求怜悯，我们只诉诸正义。我们怀有美好的愿望，希望可以通过努力来寻求一种完全合法且公平的救济方法；而最惠国条款的合理构建、限制及适用，比其他任何条款都显得更为重要。

在继续讨论相关问题之前，最好先通过简要地提及一些关于适用最惠国条款的原则来解释它们的解决方案，这些原则已被纳入国际法或国际惯例，时至今日，早已被文明国家之间所理解认可。作为一般规则，最惠国条款仅适用于以下情况：1. 一个缔约国向第三方所作的让步，对于享有先前赋予另一缔约国的特权来说，也是必要的或附带的；2. 根据最惠国条款提出诉求的一方愿意接受特许权，同时附带给予另一国家的所有条款和条件；3. 特许权涉及商业或航海，而不涉及政治问题；4. 一国声称已经宣布有意要求类似的让步，即使该条款本身规定类似的让步也应该自动为她的利益服务，因为在国际社会上，一个国家原本的优势，往往由于政治政策、商业利益、地理位置和其他情况的分歧，在另一国家看来是无关紧要的甚至是不利的，所以只有在一国对该情况予以明确声明后，才能知道提出诉求一方的意图；5. 除非缔约各国的意图被明确证明是相反的，否则这些特权就被认为相当于已经被声明过了。

从最后提到的原则来看，这些令人困惑的问题已经呈现出来，值得我们进行漫长而详尽的讨论。如果一个最惠国条款伴随着"作为一种等价补偿""作为一种不加考虑的无偿赠与""如果让步是无偿的（或者在一定条件下等同于无偿的）"等短语，那么就不会有任何争议。但是，在中国与其他国签订的条约中，最惠国待遇条款几乎都是以明示的方式被限定为无偿的。在所有这些条约中，明确规定了最

惠国条款的并不多，它们是：1899 年与墨西哥达成的华盛顿条约（第
6 条），1902 年与英国达成的商业条约（第 8 条第 14 款和第 15 款），
1887 年与葡萄牙签订的北京条约（第 10 条），1908 年与瑞典签订的
商业条约（第 3 条），1881 年与巴西签订的天津条约（第 5 条）；其
余此类条约大多在等量补偿这一问题上几乎只字未提。一些拥有更强
实力的条约国似乎急于利用这种看似模糊不清的优势。显然，如何公
平、公正地解决这一问题对中国而言是至关重要的。在没有条约规定
或条约规定不完整、不明确的情况下，应以国际法原则为准。至于对
"最惠国条款"的解释，不同国家的政府以及国际法学者们在各自的
观点上存在分歧。英国、法国以及德国，迄今为止一直主张采用"约
因理论"（consideration theory），即从实质上和效果上说，即使缔约
方中的一方有条件地给予第三国优惠，该优惠也必须无偿授予另一缔
约方。毫无疑问，他们的观点在一定程度上受到了他们作为债权国的
地位的影响。他们的意见是基于三重考虑的，正如这三个国家的学者
所声称和坚持的那样，他们在这方面可能有点太"爱国"了。首先，
没有规定条件的情况必须被视为无条件限制规定，并且在案文中没有
任何相关内容的情况下，擅自嫁接条件或移植附加条款，那将是武断
和专横的。但是，最惠国条款的使用在当下却是无理由的，以适当明
确的措辞清楚地表明，当它表达不完整或不明确时，它就被理解为有
条件的。我们必须记住，条约赋予以前不具备的权利，而不是限制已
经存在的权利。因此，我们可以认为，任何未明确授予的内容都是不
被保留的，对一个模棱两可的术语的解释必须是对授予者有利的，而
相反的举证责任总是由受让人承担——这是一个普遍的法律解释规
则。第二个指控的理由是，由于最惠国条款旨在规定优惠而非坏处，
因此对等量补偿的要求损害受惠方的利益，这与缔约各方的初衷背道

而驰。这种争论不过是一种诡计。该交易将被视为一个整体，其优势和补偿被不可分割地捆绑在一起。通过支付低价的补偿来获得价值巨大的权利本身就是一种优势——这一优势与最惠国所获得的好处基本持平。第三个被指控的理由是，施惠国故意在完全了解其后果的情况下制定条约，不应根据该条款进行任何进一步赔偿。但是，任何一个理性的人都不会退缩，因为他们认为，代表施惠国的谈判代表实际上在制定条款时考虑了一个毫无意义的让步。如果一个国家通过这样一个笼统的条款，就得在任何时间和任何情况下放弃她所有的正当补偿，那将是一个令人吃惊的大新闻了。显然，所有这些被指控的理由都是完全站不住脚的，缺乏坚实的基础。

　　另一方面，"约因理论"是建立在健全的实践正义原则之上的，即"如果与任何一个国家约定了特定的对价，除在相同或同等条件外，其他国家不得享有对价。"迄今为止，美国、日本、西班牙和其他一些列强一直是这一理论的忠实拥趸。它们所给出的理由是合乎逻辑和公平的，并且更符合对价的规定的精神。每一个明智的人都必须认识到，在每一种法律事务中，都必然存在着一种"公正"，或者，正如英国法律中人们所熟知的那样，是一种基于物质或情感上的考虑。除非是无偿赠与，否则在没有采用对价的情况下，一切物权或债权的转移都是非法的。这一基本的法治原则是人类生存和安全的基础，而国家是由个人组成的，是故在国家和国家之间亦应当坚持这一原则。根据常识，捐赠者将已经捐出的赠品随后又捐赠给其他人的做法完全是不合常理的；他可能永远不会知道未来会给予什么礼物，如果有的话，其质量、数量或程度上又会存在短缺。现在，在出现含糊不清的情况下，根据一项既定的法律解释规则，这项规定必须被理解为是指通常的事情而非不寻常的事情，也就是说，在这里适用时，意味着并非没有等量补偿在此处被声明。毫无疑问，最惠国条款主要就是规定了与最惠国待遇同等的权利。其目的在于寻求国际待遇的平等。但是，若一个国家根据该条款将无偿享有另一个国家的补偿，那么她获得的不仅仅是最惠国地位，而是超越其他国家的地位，也就是说，她会得到比最惠国待遇更多的利益。它会破坏而不是维持特权的平等，并且明显违反相关规定的精神。《旁观者》(*The Spectator*) 在 1880 年 8 月 21 日就撰文指出："很明显，我们不应该通过给予最惠国条款来强迫各国在不同的情况下一视同仁，因为这实际上意味着不平等对待，而非平等对待。"总之，"约定理论"是一种自相矛盾的理论。因此，我们不得不得出这样的结论，即无条件的最惠国条款，其含义只能被理解为"在一定条件下，自由给予是等价的"。这些夸张的词语，如果它们有时也会出现的话，那只是解释性的，并且是在充分谨慎的情况下插入的。从法律的角度来看，它们存在与否并不影响规定本身的法律效力。

接下来，让我们关注一些对最惠国条款的运行具有重要意义的合法、合理的限制。我们将把讨论的范围局限于中国和外国之间的条约。

I. 最惠国条款仅适用于各条约国，这一点是显而易见的，也得到了普遍的理解和认同，为了避免误解，在此不作过多的讨论或解释。

II. 对涉及损害中国主权和政治权利的让步，最惠国条款不再适用。在《中美天津续增条约》第 8 条中，美国政府以最积极的方式否认对"中国之内治"有"干预之权及催问之意"；该条约的第 1 条也声称："再凡中国已经指准美国官民居住贸易之地及续有指准之地，或别国人民在此地内有居住贸易等事，除有约各国款内指明归某国官管辖外，皆仍归中国地方官管辖。"在 1909 年与俄罗斯签订的《东省铁路公议会大纲》中，第 1 条就明确承认中国对整个铁路地区的主权，并在第 4 条中声明涉及中国的主权和政治的事项应由中国当局管理。然而从法律上讲，所有这些规定都是对国际法最基本原则的重申或不必要的确认。除了同盟、兼并、割让或保护国条约外，它们在法律上被纳入每项条约。从文字表达上讲，它们总是合法的。它们的缺失将使中国陷入更糟糕的境地。所有条约国家都对中国负有不可推卸的责任，就像中国对它们所负的条约义务一样。根据最惠国条款或任何其他规定，中国绝对不允许提出与其主权权利相抵触的主张。

III. 最惠国条款只适用于性质相同的让步，也就是说同一国缔结的商业条约所载的最惠国条款不能适用于同另一国缔结的非商业性条约所给予的让步。例如，1843 年与英国的《五口通商附粘善后条款》第 8 条、1844 年与美国的《望厦条约》第 2 条和 1844 年与法国的《黄埔条约》第 6 条都载有关于关税的最惠国条款，这是一个纯商业性质的问题。这些条款的理由和权限绝对不适用于领事管辖权、领土租借和其他政治性让步。

IV. 条约中的某些规定纯粹是在特定地域范围内才有效的，因此最惠国条款在此时并不能适用。以下条款提供了一个典型的例子。1894 年中英《续议滇缅界商务条款》第 18 条规定："约内所开通商各节，俱非寻常款例，此由两国察看地方情形及中、缅陆路通商应办之事，互相允让而立，所有互给权利，两国之民除有同样情形外，不得在别处接壤之地照样索问，即使有同样情形，亦必须有同样之允让方可。"这里双方对"同样情形"一词并未作详细描述，需要结合周围的具体环境予以解释和确定。通过回顾 1886 中英《缅甸条款》第 3 条我们可以看到，于 1894 年生效的中英《续议滇缅界商务条款》，其目的在于保护和鼓励中缅之间的贸易。那么，"同样情形"一词一定是指特殊的贸易条件、陆路条件和人迹罕至的边界条件。只要这三项要求中有任何一项是不够的，那么即使是缔约国本身也不能援引这些优势，更遑论其他国家了。"接壤"一词意味着两国有共同的边界。被海峡隔开的广州和香港不能说是"接壤"的。九龙和威海卫虽然与中国领土"接壤"，但不是英国的属地，而是租借的港口。因此，这些地方不属于该条约中特定的范围。的确，西藏与印度、锡金接壤，但除非得到类似的让步，否则该条约亦不得适用。

V. 最惠国条款的适用限于下列人员：

(a) 毫无疑问，这仅限于和中国缔结了含有此类条款之条约的国家。

(b) 该条款仅涉及商业，仅限在商法中的权利和义务主体。根据《中葡北京条约》第9条，"不得派商人作领事官，一面又兼贸易"；《中美望厦条约》第5条也对外交官随员提出了相应的禁止；《中英天津条约》第48条则明言对于涉嫌走私的商人，其原本的贸易权利不予以保护。

(c) 有时仅限于对中国公民的雇佣。中英《续议内港行输修改章程》第3条规定："英国商人只能用中国代理人及办事等人，在该内河行输处所租栈房内居住、贸易……不得因此于中国向来管辖华民之权稍有减损，或有所妨害。"中日之间亦有类似的条约。这些条款的重要性在于它实际上导致了最惠国条款的实施，使得内陆港口向所有其他条约国的贸易开放。不过，它们仍受到重要的限制。除了上述限制之外，为此雇佣的雇员必须具有中国国籍并且在中国的管辖范围内，而允许进行航行和贸易的河流和地区必须按照上述条约第7和8条的要求进行申请，事实上这最后是需要经过地方当局政府同意的。没有这种许可，海关检查员签发的证书不能作为许可证提供。此外，英国商人不得利用本国另一商人从中国政府获得的许可，因为条款的许可是特殊许可而非一般许可，仅供专款专用。当然，当第三国的主体根据最惠国条款援引类似的优势时，其影响要大得多。如果他再次申请，是否获得许可完全取决于中国政府的自由裁量。

VI. 仅限于某些合法且符合条约的行为。

(a) 违反条约的行为将使自己退出最惠国待遇的范围。违背条约明示禁止或默示禁止的行为，都称为违反条约。例如，《中巴天津条约》禁止从巴西进口鸦片到中国，这就使巴西公民无权根据最惠国条款要求与英国和葡萄牙公民享有同样的进口权利，这一要求与《条约》不符。

(b) 最惠国条款不适用违反法律的行为；否则，就会出现法律错误的蓄意重复，文明社会永远不会容忍这种错误。在这里，"法律"一词应理解为中国的国内法，尽管中国境内每天都有非法行当在发生。的确，正如有时所争论的那样，一个享有治外法权特权的外国居民在违反中国法律时，不能说他真的违法了；但是，如果外国人在境外从事未经授权或非法的行为，那么，根据中英《天津条约》第9条的规定，地方当局可以逮捕罪犯并"就近交领事官惩办"。"惩办"一词意味着对已生效判决的执行，在独立审判时，假定审判和判决的权力属于地方当局，那么根据中国法律，地方当局最终必然会判定犯人有罪或无辜。那么，难道一个外国人不可能完全违反中国的法律，并按照中国的法律进行审判吗？

VII. 仅限于特殊规定。例如，在1880年与德国签订的《续修条约》第1条规定："德国允，中国如有与他国之益，彼此立有如何施行专章，德国既欲援引他国之益，使其人民同沾，亦允于所议专章一体遵守。"从这一规定本身出发，其含义自不容置疑，还引出了一些重要的法律后果：1. 要求作出这种让步意向的声明是不能直接生效的；换句话说，对另一个大国的让步并不意味着实际上是向德国作出相同的让步。2. 德国关于条例的范围或变更没有权利征求意见。3. 由于德国自己承诺将"一体遵守"，所以她必须承担所有的义务和权利，别无选择。

在枚举合法限制最惠国条款的操作后，我们现在来考虑在什么条件下中国政府可以行使这一条款的权利，即当缔约国实际援引最惠国条款时，中国政府在什么情况下，可以不受约束地自行决定是否给予以及给予什么程度、范围的最惠国待遇。这里有一条一般规则，如果最惠国规定在性质上是互惠的，那么申请权属于双方；如果是单方面的，那么申请权属于受惠国，而非施惠国。但是，就中国而言，虽然在多数情况下承担着单方面的义务，但出于各种实际原因，为了维持外国势力之间各种利益的竞争和保持机会均等的国际政策，中国应该施行不同的规则。除相反的明文规定外，受惠国不应该享有适用最惠国条款的权利，以免一国的让步与其他国家的让步发生冲突，造成混乱并产生敌意。

中国享有申请权的情况如下：

I. 特权的让步取决于中国政府的自由裁量和同意，例如，中英《续议通商行船条约》第 5 条规定，"中国应和平酌核"。这里的"和平"一词仅仅意味着"没有偏见或敌意"，并不意味着同意的义务。[①]中国很可能拒绝那些看起来不合理或难以执行的索赔。此外，中日《续议内港行轮修补章程》第 8 条规定，"非奉中国政府允准"，日

---

① 此处英国官方文本使用的是"friendly"一词，但其时清政府官方文本对应采用了"和平"一词。——译者注。

本轮船"不得由此不通商口岸之内地至彼不通商口岸之内地专行往来"。许可的准予或拒绝完全取决于中国政府的自由裁量，正如我们所看到的那样，在一种情况下给予的许可不能用于另一情况。

II. 中国政府可以在任何时候，在合理的基础上，终止受惠国所享有的特权，比如禁止日本船只使用某些特定的浅水航道（见中日《续议内港行轮修补章程》第 4 条）。或者，中国政府可以追加条件限制享受原本规定的特权，中德《通商章程善后条约：海关税则》第 5 条规定："以上洋药①、铜钱、米谷、豆石、豆饼、硝磺、白铅等项，止准昭新章买卖。敢违此例，所运货物全罚入官。"

III. 在特权实际运行的过程当中，受惠国能享受到何种程度的特权，最惠国条款在这个问题上往往保持沉默而且含糊不清。例如，中日《通商行船条约》第 4 条规定："（日本人）均准赁买房屋，租地起造礼拜堂、医院、坟茔，其一切优例、豁除利益，均照现在及将来给予最优待之国臣民，一律无疑。"虽然通过最惠国条款可以很容易地确定作为积极权利的特权之范围，但作为消极权利的豁免权在其范围和描述上相当模糊，并且在任何条约中都没有明确规定，特别是关于居住权的问题。

IV. 其他缔约国在适用最惠国条款时没有特别规定选择的权利。如明文赋予双方选择权的中日《通商行船条约》第 47 条②，以及明文赋予法国单独选择权的中法《天津条约》第 40 条等规定。除外，其他所有条约均无此规定。中国应该有选择的权利，以避免各缔约国列强之间的冲突和争夺。

---

① 即鸦片。——译者注
② 中日《通商行船条约》并无第 47 条，疑为 27 条之误。——译者注

V. 申请的顺序尚未确定。中俄《陆路通商章程》第 19 条[①] 规定："俄商贩运洋货、土货出入中国，应照各国税则及同治元年议定俄国续则纳税。如各国税则及续则均未备载，应照各国值百抽五总例纳税。"这里申请的顺序是首先适用一般外国关税，其次是中俄《北京续增条约》的规则，最后是 5% 的关税义务。在没有这样一项规定的情况下，中国作为施惠国有权重新拟定顺序。

VI. 一个最惠国条款与另一个条款相冲突或分歧。在这种情况下，中国与其他缔约方同时享有申请权，而中国与第三方仅前者享有排除后者的权利。利益冲突的一个例子就是禁止向美国和巴西进口鸦片，但允许向大不列颠和葡萄牙进口。对于特权的分歧，一个例子是支付吨位费，对于一艘西班牙船只来说，每到一次就要支付吨位费，但对于其他国籍的船只而言，每四个月只支付一次。

在前面的段落中，我们就最惠国条款的解释、限制和适用问题进行了一般性讨论。没有人试图通过仅仅是抽象的道德原则来解决问题，这些道德原则早已被条约和所谓的国际法所取代。本文给出的每个例子都来自条约本身；所依据的每一项原则都建立在国际法可以接受的实践理性和正义之上。缔约国的做法可能与条约的规定和法律原则相抵触或违背，但作为成文法的条约和作为条约权威解释者的国际法不受此影响，并一如既往地经受住了可控范围内的考验。中国过去不情愿、非自愿、史无前例的屈服，并没有阻止她捍卫自己在未来拒绝不合理要求的固有权利。无力抗拒不正当的侵犯所带来的被迫的承诺，并不会成为中国法律的一部分。外国势力的任何违法行为或侵权行为本身都不能建立法律先例。任何未经批准的做法都不能成为一种

---

① 《陆路通商章程》无第 19 条，疑为 13 条之误。——译者注

法律上的惯例，因为法律是白纸黑字有据可循的，而条约则是印在纸上的法律。只有严格遵守条约的文字和精神，方能达成荣誉和正义的要求，从而给有关各方带来永久的和平与繁荣。

（陈一译）

As Will Throw Light upon the Questions of Law Reform and Abolition of Extraterritoriality in China

An attentive and impartial observer can hardly fail to notice the fact that during recent years China has introduced many important reforms and made very considerable progress especially in the administration of justice. But as it took Japan almost thirty years (1870-1899) to complete her judicial reforms, some may be disposed to wonder how China with her vast territory, large population and time-honoured civilization, can, within a comparatively short period of time, achieve so many judicial reforms and assimilate modern western ideas so readily. The explanation is found in the fact that the fundamental principles prevailing in these matters in the East and in the West are not so far apart as generally supposed. Of this, abundant evidence can be adduced from the most reliable sources.

In the first place, the theory of judicial independence, the key-stone of the legal system in occidental jurisprudence, though comparatively modern in origin, was not unknown to Chinese jurists and publicists in ancient times. Take a classical illustration. Emperor Shun was famous for his filial piety, and Koau-Yiao for his impartiality as a judge. Mencius (372−289 B. C.), the most illustrious expounder of Confucianism, when asked what would have been done if a case had been brought before the impartial judge wherein the father of the celebrated emperor had committed a murder, replied "Why, he would simply be arrested for trial" ; and he further asserted that the emperor could not interfere with the function of the judge whose mission was sacred and whose authority was derived from the supreme source. [①] This is of course a hypothetical case intended to illustrate a principle. There are cases wherein this principle was actually applied. For instance, Emperor Wen (179−155 B. C.) of the Han Dynasty (汉文帝), when his horse was frightened by the sudden appearance of a man from under a bridge, ordered the man to be arrested and severely punished. But the Chief Justice Chang Shi-Tze (张释之) decided that the offender could only be subjected to a fine, and persistently refused to obey the imperial order, holding that the law had obligatory force upon all persons—the emperor, as the people, and that no one, not even the emperor could capriciously alter the law. The Emperor finally yielded to the decision of the court. [②]

---

① 《孟子》——桃应问曰，舜为天子，皋陶为士，瞽瞍杀人，则如之何？孟子对曰，执之而已矣。然则舜不禁欤？曰，舜恶得而禁之，夫有所受之也。
② 见《史记·张释之冯唐列传》。

The principle of judicial independence as thus enunciated by the great philosopher and exemplified by the eminent judge had already been established by the voluntary and express delegation of judicial power to judges by the sovereign himself. Thus, Chin (1045−1006 B. C.) of the Chu Dynasty positively declared to one of his ministers : "When any of the people of Yin is amenable to the law, if I say 'Punish', you shall not for that reason punish, nor, if I say 'Release', shall you for that reason release. Always seek the right course". [1]This delegation of absolute judicial power was not only express, but was evidently meant to be irrevocable. [2]

While these cases to which others might be added do not prove that our judges in olden times always enjoyed immunity from interference, they do bear witness to the fact that the theory and practice of judicial independence existed in China as early as the early part of the Chu Dynasty (1040 B. C.). And it is this indigenous theory of judicial independence which has been familiar to Chinese scholars and jurists, coupled with the traditional peace-loving and law-abiding disposition of the people as a whole and with many well-known and often-quoted legal principles based on equity and justice, that makes it possible for the new principles of western jurisprudence to meet with a prompt and cordial reception in this great and ancient oriental nation.

The foundation of the Chinese legal system was laid long before

---

① 《尚书》——殷民在辟，子曰辟，汝惟勿辟，予曰宥，汝惟勿宥，惟厥中。
② 同上。

the date of the Twelve Tables of early Roman Law. Without unduly entering into details it will suffice to mention some of the fundamental principles illustrative of early Chinese penal theory, which have exerted a profound influence on the Chinese law for forty centuries. For instance, we find in the Classics of Historical Documents such legal maxims as that the real purpose of penal law is to supplement education; that punishment aims at rendering punishment unnecessary in future; that the end of punishment is to make an end of punishing, or in other words, that punishment is justifiable only when it has a preventive value; and the maxim of criminal justice which many supposed to be peculiar to its administration in Anglo-Saxon countries: that, "in case of doubt, the prisoner is always entitled to consideration... Rather than put an innocent person to death, you will run a risk of irregularity and error, for the loss, if any, will be sufficiently compensated by the percolation of humane spirit through the social strata resulting in voluntary forbearance on the part of the people from further contravention of the law."[①] Such inchoated legal theories, besides enjoining the observance of the principles of justice and equity, have, as we have seen, also emphasised the elements of education, prevention and humanity. Yet some foreigners have described Chinese criminal law as "cruel, revengeful and barbarous". This misconception may be due both to superficial observation

---

① 皆见《尚书·大禹谟》——明刑弼教；刑期于无刑；辟以止辟，乃辟；罪疑惟轻……与其杀不辜，宁失不经，好生之德，洽于民心，兹用不犯于有司。

and to the difficulties of the Chinese language which often causes misinterpreation on the part of foreigners.

In former times, there was no sharp distinction between law and morality, and the ethical-legal maxims and principles found in the venerated classics constituted, and have continued to constitute, the foundation of the Chinese legal system. The ethical postulates on which jurisprudence rests are in the main common to the East and the West. Referring to an authority on this point, James Lorimer, the most eminent Scottish jurist and publicist, said: "As regards the ancient creed of China, my learned colleague Professor Flint has said: There is probably not a single moral precept in the Christian Scripture which is not substantially also in the Chinese Classics. There is certainly not an important principle in Bishop Butler's ethical teachings which had not been explicitly set forth by Mencius in the fourth century B. C. The Chinese thinker of that date had anticipated the entire moral theory of man's constitution expounded so long afterwards by the most famous of English moral philosophers". [①]

The maxims and principles found in the Classics have the special significance of being the great source of rules and laws for the regulation of Chinese social life. In this regard, they resemble the rules of the English Common Law, not having been reduced to the form of statutes, but nevertheless well-known and, as a general rule, scrupulously observed. On this foundation were built the codes of all

① James Lorimer—*Institutes of the Law of Nations*, vol. 1, p. 116.

the successive dynasties as superstructures varying, as they must, from period to period according to the social economic, and political conditions of the time. There is a Chinese saying that the law, or rather the superstructural statutes, especially as expressed in the penal codes, were lenient in times of general decline. This saying necessarily contains an element of truth, since in all countries abnormal conditions do give rise to abnormal remedial measures. Nevertheless, no matter whatever changes may have taken place in the superstructures, the foundation of the legal system always remains intact and proves to be practically indestructible. That this indestructible foundation served as an effective support to maintain social and juristic relations among the people and furnished a basis for the restoration of order after political disturbances, is abundantly proved by historical testimonies. When a new superstructure was built these imperishable fundamentals were found to be, as ever, the great source of supply of rules for the guidance and control of human actions. It is no exaggeration to say that they furnish the controlling test in the settlement of many controversies over questions of law, as it has been truly remarked by Judge Lobingier that a quotation from the Confucian classics "has settled many a quarrel, arbitrated many a dispute". [1] It is therefore obvious that the classical legal principles are not dead letters, but are living commandments, existing not only in theory, but also in practice, and when applied, as they often are, to actual cases, they carry with

---

① 中国素有引经断律之例。

them not only a moral, but a legal force.

It is therefore not strange that the unfavorable opinion of some foreign writers unduly influenced by abnormal conditions found under a particular dynasty could not be fully appreciated by Chinese scholars and jurists who naturally understood better and attached more importance to the durable foundation than to the transient superstructure. Indeed, the possession of the imperishable fundamentals has enabled the Chinese people to get along well for forty centuries, and has, until recently, led them to believe that they could continue to get along well without modifying their legal system according to external influences. But with the growth of relations with the outside world which afford opportunity for comparison and adaptation, they have awakened both individually and collectively to national and international consciousness, and have made a determined effort to build up a legal system thoroughly efficient in all its parts. This task, as experience has so far shown, has not been so difficult as some apprehended. For, when stripped of the superstructures imposed by the dynasties which have passed away, the foundation at once stands revealed and affords a ready and sound basis for the work of reconstruction. It is for this reason that the law reform in China so far undertaken has been accomplished in so much less time than would otherwise have been required. And this will undoubtedly hold true in the further steps taken for the completion of the reform.

Next, we will examine the judicial reforms which have been accomplished or which have been undertaken especially since the inauguration of the Republic in 1912. Without endeavoring to give an historical account of the movement for law reform which began as early as 1904, we will confine ourselves to a discussion of existing law and projects of law which have reached an advanced stage.

To begin with, the principle of judicial independence now rests not, as was formerly the case, merely on the unwritten constitution, but upon the express guarantees of the Provisional Constitution. This Constitution provides, in Art. 51. "Judges shall be independent and shall not be subject to the influence of high officials", and in Art. 52, "Judges during their continuance in office shall not have their emolument decreased and shall not be transferred to other office, nor shall they be removed from office except when they are convicted of crimes or of offences punishable according to law by removal from office. Regulation for the punishment of judges shall be determined by law."

The provisional Constitution was promulgated on March 11, 1912, and after a temporary suspension by the so-called Amended Provisional Constitution of 1914, was revived upon the death of President Yuan Shi-kai on June 6, 1916. The so-called Amended Provisional Constitution, however, while it lasted, made practically no change in the guarantee of judicial independence. It means that the guarantee stood firm and undisturbed in spite of certain radical changes in the Constitution in other respects. This shows clearly that this fundamental principle is accepted and supported without question by all the political parties be they progressive or conservative.

Again, in the draft of a permanent Constitution which has been under deliberation and is expected to be promulgated before long, we find the explicit provision: "Judicial officials shall be independent in conducting trials, and no one whatsoever shall be allowed to interfere." This provision is no less expressive than the corresponding clause in the existing Provisional Constitution, but it is even more emphatic. In the light of history, therefore, it is difficult to see how one can escape the conclusion that, no matter what change may take place in the Constitution, the principle of independence will remain as immutable as ever.

Having thus shown the firm establishment of this important principle as the foundation of the administration of justice, we now proceed to examine the reforms in the different branches of law. Preferably, we shall begin with the criminal law and its procedure— a branch, of Chinese law often criticized but much misunderstood by foreigners because of the lack of correct information. In estimating the value of what has been written on China by foreign critics, we must take into account not only the difficulties of the Chinese language and other things, but also certain fragilities of human nature on the part of these critics.

In the first place, we must remember that early foreign writers on Chinese law were conspicuous among those who persistently sought exemption from the Chinese jurisdiction, and were therefore likely to describe the Chinese legal system in such a way as would strongly support and justify their claim to such exemption. Nor could the later foreign writers who have enjoyed, and who desired to enjoy, extraterritorial privileges, be expected to assume a different attitude.

In the second place, without intending in any way to minimize the meritorious work of foreign missionaries in China, there can be no doubt that zeal for one's faith has sometimes led them, consciously or unconsciously, to speak of Confucianism as if it were antagonistic to Christian principles and practice. To mention one of numerous instances, a missionary or, at any rate, an ardent Christian, writing as lately as 1915, spoke of a cruel Chinese judge as a "literati judge", evidently meaning that his cruel propensity was due to a study of Confucian classics. Indeed, he even went so far as to declare that "if Confucianism remains the leading religion decapitation will be continued." To those who are acquainted with the humane doctrine of Confucius, comment upon such assertion may be unnecessary, but no matter whether the error is due to an unwholesome attitude of mind or to a regrettable lack of knowledge, it is beyond any attempt of justification.

In the third place, it must not be overlooked that foreigners in China, being exempted from the territorial jurisdiction, have had little occasion to get interested in the progressive reforms of the Chinese judicial system. This, if it has not given rise to actual misconception, has at any rate produced an indifference which is exemplified in the fact that there is, so far as we are aware, no systematic treatise in a foreign language on recent developments of Chinese law especially since the advent of the Republic. To say nothing of old works by foreign writers on Chinese law which have become obsolete and grossly misleading, it suffices to mention as an instance, that even the China Year Book which is supposed to supply the latest information, has in fact reprinted its chapter on Public Justice every year from 1912 to 1919 without the slightest alteration whatsoever, although in the meanwhile many important reforms have been introduced.

Returning to the subject of criminal law and procedure, we are now concerned not only with the question whether China has good laws, but also with the question whether these laws will prove permanent and productive of satisfactory results. Answers to these questions are to be sought in a study of the history of Chinese law and its present conditions.

The Provisional Criminal Code promulgated in 1912, and the Code of Criminal Procedure which, though not yet promulgated, has generally been followed in practice by the Courts, are modeled on the best modern codes of other countries. It was apprehended by some that the change might prove to be too abrupt, but it has, on the contrary, proved to be very satisfactory—so satisfactory that there is not the slightest sign of indigestion. As testimony of this, we may quote the following frank and weighty statement in the Statesman's Year Book for 1917, on page 768: "The new regime has introduced changes in the judicial system, and there has been considerable improvement in the administration of justice. The Provisional Criminal Code has been increasingly enforced since 1912 with satisfactory results."

This remarkable success is, however, not accidental. Law,

according to Savigny and other great masters, must have its roots in the past, it is a historical product, it is evolutionary and not revolutionary in nature. The workability and stability of the new Chinese laws is in no slight measure attributable to their being in harmony with the indigenous classical principles which are in turn in harmony with those of western legal systems. This fact is so indispensable to a clear understanding of the subject, that it justifies a more or less circumstantial demonstration.

Take for example, Art. 10 of the Provisional Criminal Code which provides: "No act shall be an offence unless expressly made punishable by law." This important provision which is intended to prohibit interpretation by analogy as was sometimes practised by judges under the late Manchu regime, is also found in foreign criminal codes, but it was anticipated by the Confucian' teaching that "to condemn a person to death without previous instruction or notification of what he shall not do, is an act of gross cruelty."[①] This classical principle also interdicts the retroactive operation of criminal law, which is expressly prohibited by Art. I of the Provisional Criminal Code. Moreover, it inculcates that the publication of a law as a means of instructing or notifying the public of its contents is essential to its binding force. Formerly in Japan, law was kept secret for the guidance of officials and never published for the information of the people. In 1870, however, "the new Imperial Government", said Dr. Hozumi, an

① 不教而杀虐也。

eminent Japanese codifier, "took the wise Chinese maxim (the teaching of Confucius mentioned above) and caused the new Code to be printed and published."[1] During recent years, the Chinese government has published all new laws, statutes, mandates, ordinances, and certain other documents in the daily Government Gazette for public information.

Art. 13 of the same Code provides: "No act is an offence if done unintentionally, except where negligence is specifically made punishable." This provision simply confirms the classical principle which recognizes that intent is essential to criminality, and which is variously expressed: thus, in one passage, "You pardon inadvertent faults, however great; and punish purposed crimes, however small; "[2] in another passage, "offences without intention and offences by mishap are to be pardoned, but those who offend presumptuously and repeatedly are to be punished." [3] Here "pardon" does not necessarily mean an absolute release, but simply means, as we shall see later, that a particular punishment which would otherwise be inflicted is for that reason forborne, but may be followed by the substitution of a fine or by dismissal, as the case may be. The reservation is paraphrased in the present provision by excepting cases where negligence is specifically made punishable.

Arts. 11 and 12 which make tender age and insanity grounds for

---

① Dr. Huzumi—*Lectures on the New Japanese Civil Code.*
② 《尚书》——宥过无大刑故无小。
③ 《尚书》——眚灾肆赦，怙终贼刑。

mitigation of punishment or exemption from criminal liability are clearly based on the well-known rule of "Three Excuses and Three Pardons" in the classics of Chou Li. [1] Art. 57 which prescribes the main five punishments as lenient as those prescribed by any other foreign codes, is again but an embodiment of the classical maxim "Always let compassion rule in punishments". Chinese legal history is indeed abundant with legal literature on humanity and moderation in punishments. While in olden times punishments were often attended with some harsh features such as are found in other countries during the medieval times, there was even a time when punishments merely by wearing apparel with certain figures thereon were sufficient to act as a deterrent[2] —the nearest approach to a state of well-nigh ideal peace which mankind has ever attained.

These few illustrations give us a typical view of the historical basis of most of the important provisions in the Provisional Criminal Code; and we shall find still many other valuable rules when we come to study the particulars in the classics.

Thus, referring to the Book on Punishment in the Classics of History, Dr. James Legge, the learned English translator of the Confucian Classics, observes that "there are many good advices concerning the care and the methods with which justice should be

---

① 《周礼》——司救掌三宥三赦之法……壹宥曰不识，再宥曰过失，三宥曰遗亡。壹赦曰幼弱，再赦曰老耄，三赦曰蠢愚。
② 《荀子》——昔尧舜象刑以治而民不犯。

administered". Parenthetically it may be remarked that owing to the difficulty of the Chinese classical language, a text of 950 B. C., if rendered word by word, would hardly be intelligible. Instead of following the precise verbal order, we shall therefore endeavor to convey the real sense, and shall, if necessary, add a few explanatory word from great authorities, but in all cases, we shall closely follow Dr. Legge's version.

Regarding the method of proceeding and adjudicating in grave cases, the text says: "When the two parties concerned have both appeared, let all the judges hear in common the five pleadings." That is, the statements with evidence on both sides. "When the statements have been searched out to the very truth of them with no room for doubt, let the judges adjust the case to one of the five penalties with which the particular crime should be visited." And, "if, " as explained by a great expounder, "the crime was not intended, that is, there was the criminal act, but not the evil intention, then let them adjust it to one of the five fines—the five redeemable cases. And if, again, such a sentence in the form of a fine will not be acquiesced in as just, let them reckon it as among the five cases of errors, that is, the various cases of inadvertence," the result of which, according to another great expounder, would be pardon and dismissal. But, "in settling the five cases of errors, there are evils to be guarded against, in other words, caution should be taken by judges against being warped in their decision: 1. by the influence of power, 2. by private grudge, 3. by female solicitation, 4. by bribes, and 5. by undue request for favor.

Any offence of this kind on the part of the judges is to be classed with that of the criminal in connection with whom it is shown. The judges shall act so carefully, so that the judgment shall be correct, superior to all difficulties and temptations."①

On the law of redemption of punishments, the text says: "In case of doubt, the implication of any of the five punishments shall be forborne, and a fine is to be laid instead, varying according to the kind of punishment forborne". "Still", continues the text, "you must first satisfy yourself as to the crime specified in the statutes. Special care should be exercised in coming to conclusion in doubtful cases. The points on which certainty has been attained by investigation may be many, " but the king would have the judges "carefully study the countenance and demeanor of the accused, for those may convey an impression which will outweigh contrary presumptions. If there be no more result from the preliminary examination, there should be no more hearing."② On general principles affecting the determination of crimes and the adjudication of punishments due to them, the text says: "In case of other offences which do not come exactly under any statutory definitions, you must class them with the next higher or next lower offences. But in such cases special caution is necessary. Do not admit

---

① 《尚书·吕刑》——两造具备，师听五辞。五辞简孚，正于五刑。五刑不简，正于五罚。五罚不服，正于五过。五过之疵，惟官，惟反，惟内，惟货，惟来。其罪惟均，其审克之。
② 《尚书·吕刑》——五刑之疑有赦……其审克之，简孚有众，惟貌有稽。无简不听，具严天威。

assumptions and disorderly pleadings, nor use obsolete laws. Examine judiciously, act lawfully, and judge carefully, proving yourselves equal to every difficulty." "Where the crime", continues the text, "should incur one of the lower punishments, but there are mitigating circumstances, apply it to the next lower; where it should incur one of the lower punishments, but there are aggravating circumstances, apply it to the next higher. The light and heavy fines are to be apportioned in the same way by the balance of circumstances. Punishment should be light in one age and heavy in another. To secure uniformity in this seeming irregularity, there are certain relations of things to be considered and certain essential principles to be observed." [1]

Making general observations on the character of the men who should act as judges and on the points to which they should direct their special attention, the text says: "The chastisement of fines is short of death, yet, it may produce extreme distress. It is not the persons with crafty tongue who should try lawsuits but persons who are really good and honest, whose judgment will exemplify the right mean. Watch carefully discrepancies in statements (that is, as Dr. Legge correctly explains, where a person or a witness is making false statements, he will probably not be long or perfectly consistent with himself. Let the judge mark any discrepancy and follow from it his quest of the truth.) The view you intended not to adopt, you may find reason to adopt.

---

① 《尚书·吕刑》——上下比罪，无僭乱辞，勿用不行，惟察惟法，其审克之。上刑适轻下服，下刑适重上服。轻重诸罚有权。刑罚世轻世重，惟齐非齐，有伦有要。

With compassion and reverence determine the issue, painstakingly consult the penal code, give ear to all respecting the matter—to the end that your decision may be likely to hit the proper mean and be correct. Whether it be the infliction of a punishment or a fine, examine carefully and master every difficulty. When the case is thus concluded, all the parties will acknowledge the justice of the sentence, and when it is reported the sovereign will have confidence in it. In sending up reports of cases, they must be full and complete. "[1] In conclusion, we may quote this passage in the same chapter: "The minister of justice regulated the people in the midst of punishments, " this has been done, however, not with the design of punishing them but to teach them to reverence virtue... and help them to observe the regular duties of life", so that punishments may not be necessary, or "that punishment may never be but a blessing to the empire."[2] In short, virtue and exact-adaptation are the key-notes which will carry the weight of the meaning throughout the Book. Virtue must underlie the use of punishments, and exact-adaptation is the manifestation of it.

From the classical text quoted above we have derived many principles which now underlie the laws of the Republic. These principles are: 1. Evidence to be obtained not by exacting confessions, but by way of documents and witnesses; 2. Proceedings of preliminary

---

① 《尚书·吕刑》——罚惩非死人，极于病，非佞折狱，惟良折狱，罔非在中，察辞于差，非从惟从，哀敬折狱，明启刑书胥占，咸庶中正，其刑其罚，其审克之，狱成而孚，输而孚，其刑上备，有并两刑。

② 《尚书·吕刑》——士制百姓于刑之中，以教祗德，……率乂于民棐彝。

aperyatedictratory

investigation to be had in criminal cases; 3. Proof in criminal cases to be established beyond all reasonable doubt; 4. In certain cases fines may be substituted for corporal punishments; 5. Judges to be given discretionary power to pass sentence according to circumstances; 6. Important warnings to judges, and sanctions against violations of judicial duty; 7. Judges to sit in collegium, the reason being that, as expounded by a great authority, "if only one judge listened to the case, his inteligence might be unequal to it, and his deliberation might be inadequate, and therefore the rule was made that all the judges should hear the case in common." The principle is closely followed in the present Law of Judicial Organization (Arts. 5, 6, 7). As to the advices regarding care, precaution, compassion and reverence with which the trial should be conducted and the sentence passed, the teachings highly deserve a place in the venerated classics.

Enough has been said of the evolution of the Chinese criminal law and its procedure. It remains to throw some light upon the field of Chinese civil law—especially those parts of Chinese civil law which have caught the special attention of foreign critics.

John Westlake, one of the leading international jurists in Great Britain, attempted to justify the system of consular jurisdiction in China on the ground that the civilization of China "differs from that of the Christian world in such important particulars, especially in the family relations and in the criminal law and its administration, that it is deemed necessary for Europeans and Americans among them to be protected by the enjoyment of a more or less separate system of law under their consuls." [①] He thus particularly emphasised the difference in the family relations and the criminal law and its administration as a definite ground for the claim of consular jurisdiction. As to the Chinese criminal law and its procedure, whatever might be said of the past, the alleged justification is now certainly not maintainable. We have already seen how the new Chinese criminal law and its procedure have been build upon the basis of the classical principles which are so harmonious with the modern western ideas, that one could hardly point out any substantial difference between these laws and those of western nations. As regards the part of civil law which relates to family relations, there is indeed a fundamental difference between the oriental and some western countries. In great Britain, the United States and some other countries, the unit of society is the individual, but with China it has been and still is the family that constitutes the unit and base of social life. It would be presumptuous to say just which system or theory is better than another, because the family law of each country by reason of its nature must have certain good characteristics of its own. Dr. H. W. Mabie, American international exchange professor, has well said: "No one can understand a foreign people, until he studies them in the light of their own ideas. France is a closed book to the Englishman or an American who does not recognize at the start that in that country the social unit is the family while among the English speaking people the social unit is the individual. The French and the

---

① John Westlake—*International Law*, 2nd edition, vol. 1, 1910, p. 40.

English peoples misunderstood each other for centuries, because they held stubbornly to certain preconceptions instead of approaching each other with open minds; and only lately, disregarding old-time popular prejudgment, have they begun to recognize the great qualities which other peoples have seen in both nations."[1]

Divergent as the French and English theories are from each other, and long existing as the misunderstandings arising therefrom, it has never been claimed that Englishmen in France should be exempted from the local jurisdiction, or vice versa. If it should be argued that such a claim is to be made only upon non-Christian states, what, then, could one say in the case of Japan, a non-Christian state, whose family law has remained essentially oriental after the abolition of extraterritoriality? And "Japanese law", says Dr. Huzumi, "has belonged to the family of Chinese law for more than one thousand and six hundred years, and notwithstanding many great changes in the laws and institutions of the country which have taken place, the basis of Japanese laws and institutions has always been Chinese moral philosophy". [2] Although in other respects Japanese law has passed from the family of Chinese law to the family of European law, "the laws relating to succession and family", as the Japanese jurist remarks, "depending, as they do, upon the national character, religion, history, traditions and customs, show the least capacity for assimilation". [3] It

---

[1] H. W. Mabie—*American Ideas*, p. 5.
[2] Dr. Huzumi—*Lectures on the New Japanese Civil Code*, p. 36.
[3] Ibid., p. 156.

is this part of Japanese law in which the indigenous element is usually most persistent. Therefore, the family law of Japan and that of China are now still essentially the same. While consular jurisdictions in Japan were entirely abolished in 1899, the English professor writing as late as 1910 still alleged the oriental features of family law as an important ground for justifying the system of consular jurisdiction in China. We really fail to see any logical basis for the discrimination.

Nor indeed is the Chinese family law ultra-conservative. Some elements of the western individualistic system of family law has been introduced into China, of course, with caution. Formerly, for instance, the consent of the parents was always required for the marriage of their children, and they generally chose a wife or a husband for their child. But nowadays a marriage is not infrequently contracted by the free choice and consent of the parties, subject to the ratification of their parents as a matter of form, who in fact always give their approval except when the young couple rush for a marriage which will likely result in misery and unhappiness. Again, the ownership of separate property by married women is recognized in the Draft Civil Code and has been affirmed by the decisions of the Supreme Court in Peking. Again, concerning the validity of marriage and grounds for divorce, western theories have been introduced here and there. After all, however, the family law of a nation does not affect the interests of foreign residents... at least not so materially as other branches of law. For in private international law, questions relating to family rights in rern or in personam are to be decided according to the law of the country to which the person owes national allegiance (lex legeantiae) or the law of the country in which he is domiciled (lex domicilii), and not according to the law of the country where the court sits (lex fori) nor the law of the country where the act took place (lex loci actus). It is evidently for that reason that Japan promises to relinquish her consular jurisdiction in Siam when all the laws in Siam shall have come into force "with the exception of the laws of marriage and succession".

Either, therefore, from the point of view of theory or from the point of view of practice, we see no good reason why the foreign critic should speak so particularly of the law of family relations in connection with the question of consular jurisdiction.

The new Chinese Civil Law is divided into five parts according to the Pandekten System. The parts relating to Family and Succession are, as we have briefly discussed above, more or less conservative in their nature and have retained certain characteristics peculiar to themselves. The other parts are General Provisions, Rights in rern and Rights in Personam or Law of obligations, and they may be said to be in a sense cosmopolitan, for they exhibit a relatively small amount of variation in different countries, in other words, they have a great capacity for assimilation or reception in foreign countries, commensurate with the rapid growth of international relations. Hence such parts in Chinese Civil Law are mostly derived from the occidental jurisprudence. It would, therefore, be superfluous to enter upon a detailed discussion on them for the obvious reason that it would present little that is novel to the western mind.

The process of prompt assimilation in the codification of the Civil Law is not a mere matter of show, but is actually followed by enthusiastic reforms in the practical working; and the abundance of indigenous classical principles in the Criminal Law and in its Procedure does not mean self-sufficiency on the part of China, but means that the time required for making further improvements is greatly economized. There remarks also apply to reforms in other branches of Chinese law.

The Chinese Social and Political Science
Review, 1920, vol. 5, pp. 255-274

附参考译文：对中国法律改革和废除治外法权问题的研究

一个细心公正的观察家很难会不注意到，近年来中国进行了许多重大改革，尤其在司法方面取得了很大的进展。然而日本却用了近三十年时间（1870—1899年）完成她的司法改革，有些人可能会质疑幅员辽阔、人口众多、历史悠久的中国文明，如何能够在相对较短的时间内如此轻易地吸收现代西方思想，从而实现司法变革。有解释认为，东西方在这些问题上普遍存在的基本原则并没有人们普遍认为的那么判若鸿沟。这可以从最可靠的来源中得出大量证据。

首先，作为西方法理学中法律制度的核心基石的司法独立理论，虽然具有现代性，但古代中国法学家和公务人员并非无人知晓。举一个经典的例子。舜帝以其孝顺而闻名，皋陶作为法官以其公正性为人称道。孟子（公元前372—前289年），儒学最杰出的讲道者，当被问到如果一个案件被提交给这位著名的法官，案情是这位皇帝的父亲犯下谋杀罪，那么这位公正的法官会怎么做，他回答道："抓起来就是了。"并且他进一步断言皇帝不能干涉法官的职能，他们的使命是神圣的，权威具有最高的来源。① 这当然是一个旨在说明原则的假想案例，但有些情况下这个原则得到了实际应用。汉文帝在位期间（公元前179—前155年），当他的马因桥下一名男子的突然出现而受到惊吓时，汉文帝下令将他逮捕并予以严惩。但廷尉张释之认定罪犯只能处以罚款，并坚持拒绝服从皇帝的命令，因为他认为法律的强制性适用于所有人，也包括皇帝在内。没有人能够任性地改变法律，即使

---

① 《孟子》——桃应问曰，舜为天子，皋陶为士，瞽瞍杀人，则如之何？孟子对曰，执之而已矣。然则舜不禁欤？曰，舜恶得而禁之，夫有所受之也。

是皇帝也不例外。皇帝最终屈服于法院的决定。[①]

被伟大哲学家所阐明，并由知名法官践行的司法独立原则，通过主权者本人自愿和明确地将司法权授予法官而建立起来。因此，周成王（公元前 1045—前 1006 年）积极向他的一位大臣宣布："当任何殷人都服从法律时，如果我说'惩罚'，你不应该惩罚，而且如果我说'赦免'，你也不要赦免。要考虑刑法的适中。"[②] 这种绝对司法权力的授予不仅是明确的，而且显然意味着是不可撤销的。[③]

虽然这些案件并不能证明古代的法官享有免于干涉的权利，但他们确实见证了这样一个事实，即司法独立的理论和实践早在周朝（公元前 1040 年）就已存在。正是这种为中国学者和法学家所熟悉的本土司法独立理论，加上人民爱好和平和守法的整体素质，以及在公平和正义方面存在着众多众所周知和常被引用的法律原则，使得西方法理学的新原理能够在这个伟大而古老的东方国家得到迅速和亲切的接待。

中国法律体系的基础早在罗马《十二铜表法》形成之前就已经奠定了。不用过分地考察细节，只要提及一些早期中国刑罚理论的基本原则就足够了，这些理论对中国的法律产生了长达四十个世纪的影响。例如，我们在历史文献经典著作中发现了法律准则，即刑法的真正目的是补充教育；惩罚的目的是在将来不再需要惩罚；以刑去刑，换句话说，惩罚只有在具有预防价值时才是合理的；许多人认为盎格鲁-撒克逊国家统治之下的刑事司法准则是特别的："罪可疑时从轻……与其杀掉无辜的人，宁肯自己限于不常的罪。帝爱生命的美

---

① 见《史记·张释之冯唐列传》。
②《尚书》——殷民在辟，予曰辟，汝惟勿辟，予曰宥，汝惟勿宥，惟厥中。
③ 同上。

意，合于民心，因此人民就不冒犯官吏。"① 正如我们所看到的，这种早期的法律理论除了要求遵守正义和公平的原则外，还强调了教育、预防和人性的要素。然而一些外国人把中国的刑法形容为"残忍，报复性和野蛮"，这种误解可能是由于肤浅的观察和汉语的困难，这种困难往往会导致外国人的误解。

在过去，法律与道德之间没有明显的区别，经典著作中的伦理—法律准则和原则，即使到现在，仍然是构成中国法律制度的基础。法理学所依据的道德规范，是东方和西方的主要共同点。在谈到这方面的权威时，苏格兰最著名法学家詹姆斯·洛里默（James Lorimer）说："关于中国的古老信条，我博学的同事弗林特（Flint）教授曾经说过：基督教经文中可能没有单一的道德箴言，在中国古典文献中找不到与之对应之物。巴特勒主教（Bishop Butler）的道德教义没有一个重要的原则，不在公元前四世纪时被孟子所明确提出过。当时的中国思想家已经预见了很久以后由最著名的英国道德哲学家所阐述的整个人类宪法的道德理论。"②

经典中的格言和原则，具有作为调节中国社会生活的规则和法律的重要来源的特殊意义。在这方面，它们类似于英格兰普通法的规定，没有被归纳为法规的形式，尽管如此，它们却是众所周知的，并作为一般规则而被严格遵守。在这个基础上建立的所有历代的法典，作为上层建筑，它们必须随着社会经济和时代的政治条件的变化而变化。中国有一句谚语说法律，或者更确切地说是上层建筑法规，特别是在刑事法典中的法条，在国家普遍衰落的时期是宽松的。这句话必

---

① 皆见《尚书·大禹谟》——罪疑惟轻……与其杀不辜，宁失不经，好生之德，洽于民心，兹用不犯于有司。

② James Lorimer—*Institutes of the Law of Nations*, vol. 1, p. 116.

然包含一定的真相，因为在所有国家，异常情境之下的确会产生不正常的补救措施。尽管如此，无论上层建筑发生了什么样的变化，法律体系的基础始终保持完好，并被证明实际上是坚不可摧的。这一坚不可摧的基础为维护人民间的社会关系和法律关系提供了有效的支持，并为政治动荡后恢复秩序奠定了基础，这一点已经得到历史的充分证明。当建造一个新的上层建筑时，这些不朽的基础被认为是提供指导和控制人类活动和规则的重要来源。说它们在解决关于法律的许多争议问题时，提供控制体系并非夸大之词，正如罗炳吉（Lobingier）法官准确评论的那样，儒家经典引文"解决了许多争端，仲裁了许多争议"①。因此，显而易见的是，古典的法律原则并不是僵死的文字，而是活的诫命，不仅存在于理论中，而且运用于实践。并且当它们经常应用于实际案例时，它们不仅仅具有道德的力量，更具有法律的力量。

因此，一些受到某个朝代的异常情况的不利影响的外国作家，他们的观点无法完全受到中国学者和法学家的认可，这便也不显得奇怪了。因为中国的学者和法学家的理解更加精准，他们更重视持久的基础而不是短暂的上层建筑。事实上，拥有不朽的基本原则使中国人民在四十个世纪的时间里相处融洽，并且直到最近他们还相信，如果不是外部因素的影响，他们可以继续相处融洽而不需要修改原来的法律制度。但是与外部世界关系的发展，为比较和改善本国法律制度提供了机会，他们已经唤醒了个人和集体的国家和国际的意识，并且促动国人下定决心建立一个在各方面都充分有效的法律体系。正如经验所表明的那样，这项任务并不像一些人所理解的那么困难。因为，当去

---

① 中国素有引经断律之例。

除由已逝的朝代强加的上层建筑时，重建工作所需要的现成的和可靠的基础便立即展现出来。因此，迄今为止，在中国进行的法律改革的完成时间要比原来要求的时间少得多。毫无疑问，在完成改革所采取的进一步措施中也将会是同样的情况。

接下来，我们将研究自 1912 年共和国成立以来已经完成或者正在进行的司法改革。我们不打算对 1904 年就开始的法律改革运动进行历史性的叙述，而只局限于已经步入高级阶段的现有法律和法律工程。

首先，现在的司法独立原则并不像过去那样仅仅依赖于不成文的宪法，而是依靠《中华民国临时约法》的明确保证。该宪法第 51 条规定："法官独立审判不受上级官厅之干涉。"第 52 条规定："法官在任中不得减俸或转职。非依法律受刑罚宣告或应免职之惩戒处分，不得解职。惩戒条规以法律定之。"

1912 年 3 月 11 日颁布了《中华民国临时约法》，该法在 1914 年因所谓《中华民国约法》的公布而被暂时搁置，直到 1916 年 6 月 6 日袁世凯总统去世后，才被恢复。然而，所谓的修正后的临时宪法存续期间，也几乎没有改变保障司法独立的规定。这意味着尽管宪法在其他方面发生了一些根本性的变化，但司法独立仍然保证坚定而不受干扰。这清楚地表明，这一基本原则是毫无疑问地被所有政党接受和支持的，不管它们是进步的还是保守的。再次，在正在审议并预计不久将颁布的永久性宪法草案中，我们发现有明确规定："司法人员在进行审判时应独立，任何人不得干涉。"这一规定不逊色于现行临时宪法中的相应条款，且它的规定更加显著。因此，从历史的角度，很难看出人们可以摆脱这样一个结论，即无论宪法会发生什么样的变化，司法独立的原则都将一如既往地保持不变。

我们已经展示这一重要原则作为司法基础的坚定立场，现在开始着手研究不同法律部门的改革。我们最好从刑法和刑事程序入手——经常遭到批评的中国法律部门，但由于缺乏正确的信息而被外国人误解。在评估外国评论家对中国法律的价值评断时，我们不仅要考虑到中国语言和其他方面给他们造成的困难，还要考虑到这些批评者自身也有某些人性的脆弱面。

首先，我们必须记住，在坚持要求在中国享受司法管辖豁免权的外国人当中，那些早期描写中国法律的外国作家是特别突出的一群，因此他们可能会以强烈支持和证明他们主张的方式描述中国法律制度，以达到这样的豁免。后来外国作家也喜欢并希望继续享有这种特权，因此不能期望他们采取不同的态度来描摹中国法律。

其次，这其中外国传教士的功绩也不可忽视，毫无疑问，对信仰的热忱有时会使他们自觉或不自觉地将儒教说成是与基督教的原则和实践相对立的。在众多事例中提一件，一位传教士，或者至少是一位热心的基督徒，在1915年的文章中将中国一个残酷的法官称为"文人法官"，这显然意味着他认为中国法官的残酷性，是由于研究儒家经典而得。的确，他甚至竟然宣称"如果儒家思想仍然是领导的宗教，那么斩首将继续下去"。对于那些熟悉孔子人道主义学说的人来说，对这种断言的评论可能是不必要的，但无论这种错误是由于心态不正常还是由于缺乏知识而引起的，它都超出了任何理性的尝试。

第三，不容忽视的是，在中国的外国人被免于领土管辖，几乎没有对中国司法体系的渐进式改革产生兴趣的机会。这一点如果没有引起实际的误解，至少会产生一种漠不关心的态度——下面这一事实可以表明，即就我们所知，尤其是自共和国问世以来，就中国法律最近的发展而言，没有外文论著作过系统的论述。毫无疑问，外国作家对中国法律的陈旧作品已经过时而且有严重的误导，可以举一个例子，即使是应该提供最新信息的《中国年鉴》，实际上也已经重印了其"公共司法"章节，从 1912 年到 1919 年都没有丝毫改变，尽管同时新近许多重要的改革已经被添加进去了。

　　回到刑法和刑事程序的主题，我们现在不仅关注中国是否拥有良好法律的问题，而且关注这些法律是否持久并能取得令人满意的结果。要研究中国法律的历史和现状，才能寻求到这些问题的答案。

　　1912 年制定的《暂行新刑律》和《刑事诉讼条例》，虽然尚未颁布，但法院在实践中普遍遵循，是学习其他国家的最佳现代法典。一些人担忧这种变化可能过于突然，但事实证明这种变化非常令人满意——令人满意到没有任何消化不良的迹象。作为这方面的证据，我们可以引用 1917 年的《政治家年鉴》第 768 页坦率和重要的陈述："新政权在司法制度方面进行了变革，司法行政有了很大的改善。自 1912 年以来，《暂行新刑律》得到越来越多的执行，取得了令人满意的结果。"

　　然而，这一显著的成功并非偶然。根据萨维尼和其他大师的观点，法律必须扎根于过去，它是一种历史产物，法律本质上是进化而来的，而不是革命可得的。新中国法律的可操作性和稳定性在很大程度上归功于它们与本土古典原则的和谐一致，这些古典原则又与西方法律体系相一致。这个事实对于清楚了解这个问题是必不可少的，它或多或少具有一点间接证明力。

　　举例来说，《暂行新刑律》第 10 条规定："法律无正条者，不论何种行为，不为罪。"这个旨在禁止类比解释的重要条款，在满洲政权后期，法官有时还会使用，这一规定在外国刑法中也有所体现，但儒家的教导早就表明"平常不去教化人来预防犯罪，等到真正出事情时就马上给予处罚或刑罚，这是一种残忍之行为"①。这一古典原则也禁止了刑法的追溯性操作，这也是为《暂行刑法典》第 1 条所明确禁止的。此外，它鼓吹作为指导或通知公众内容的法律发布行为，对于法律本身产生约束力的重要性。以前在日本，法律对于官员的指导是保密的，也从未向人民进行公布。然而，1870 年，日本著名法典编纂者穗积陈重博士说："新帝国政府借鉴了明智的中国格言（上文提到的孔子的教导），将新的法典进行印刷和出版。"② 近年来，中国政府在日常政府公报上公布了所有新的法律、法规，明令、条例和其他文件，以供公众参考。

该部法典第 13 条规定："非故意之行为不为罪，但应论以过失者，不在此限。"这一规定只是简单地证实了一个经典原则，即承认意图对犯罪至关重要，且这一原则有不同的表述：因此，在一篇文章中，"对于过失犯，不论案情多么重大，都要从宽处理；对于故意犯，不论案情多么轻微，也应从严论处"③；在另一篇文章中，"凡属于过失犯罪，可以赦免，故意犯罪，且怙恶不悛，则必加刑法"④。这里的"赦免"并不一定意味着绝对的免责，而仅仅意味着，正如我们后面将会看到的那样，其他特定惩罚的产生正是出于这个原因，这个惩罚是被替换成罚金或开除处分，则视情况而定。现行条款对过失应特别施加处罚的情形予以保留。

第 11 条和第 12 条所规定的基于未成年和精神问题而减轻或免除刑事责任，是依据《周礼》经典中著名的"三宥三赦"规则。⑤ 第 57

---

① 不教而杀虐也。
② Dr. Huzumi—*Lectures on the New Japanese Civil Code.*
③ 《尚书》——宥过无大刑故无小。
④ 《尚书》——眚灾肆赦，怙终贼刑。
⑤ 《周礼》——司救掌三宥三赦之法……壹宥曰不识，再宥曰过失，三宥曰遗亡。壹赦曰幼弱，再赦曰老耄，三赦曰蠢愚。

条规定主要的五项惩罚与任何其他外国法典所规定的宽大处罚一样，这只不过是古典格言"总是在惩罚中体现同情"的体现。中国法律史上关于惩罚要充满人性和节制的法律文献的确很丰富。在古代，惩罚往往伴随着在中世纪时期一些国家所发现的严酷特征，甚至有时候仅仅通过穿着带有某些特征的服装来惩罚就足以起到威慑作用①——一种最接近于人类迄今所能达到的理想和平状态的方法。

这几个例证让我们对《暂行新刑律》中大多数重要条款的历史依据有了可靠的看法；当我们研究经典中的细节时，我们还会发现许多其他有价值的规则。

因此，参考《历史经典中的惩罚》一书，博学的儒家经典英译者理雅格（James Legge）博士指出，"（儒家经典）关于关怀和实施正义的方法有很多好的建议"。还有一点可以说，由于中国古典语言的困难，如果逐字逐句地提出，公元前950年的一段文字就难以理解了。因此，我们不应该遵循精确的口头顺序，而应努力传达真正的意义，并在必要时增加一些来自重要权威的解释性词语，但在任何情况下，我们都应密切关注理雅格博士的版本。

关于严重案件的诉讼和裁决方法，文中说："诉讼双方都到场了，法官们共同听取狱讼中的相关口供；经过考察核实，就按五刑法定罪。如果囚犯经过复审，与所察结果不合，属于情状不定，不再处以五刑，而应定从五罚，让罪犯出罚金赎罪。如果定了五罚而罪犯依然不服，要再加审核，如发现处罚与过失不相应，就改为按照五种过失处理，可赦免他的罪。在审理中，常常会产生五种不当行为，一是高官利用权势，不公正审判；二是不顾案情，随意破坏审判；三是内亲

———————

① 《荀子》——昔尧舜象刑以治而民不犯。

妻室说情改变审判；四是行贿受贿，贪赃枉法，混乱审判；五是私情请托，干扰审判。是为五过。法官有上述行为，其罪与犯法者等同，要详加审核。"①

　　关于惩罚的救赎法则，文中说道："如果发现所判五刑情有可疑，可以直接赦免；同样，发现所定五罚情有可疑，可以赦免。这都必须详加审核。罪状经审核，有多人证实，还要对细微之处详加稽查，此时可判定刑罚。如果案情无从核实，则不必受理。刑狱之事要审慎，乃是由于天威可畏，必须谨慎尊敬。"② 关于影响确定罪行的一般原则和对其作出的惩罚判决，文章写道："刑律条款上没有的罪，可上比重罪，下比轻罪，加以确定，但不得出现差错，不要用不当行之理而成狱，只当察其情状而遵用刑法，且要详加审核。如果犯了重刑，宜于从轻发落的，用轻刑处罚，犯的轻罪，但情节恶劣宜从重发落的，用重刑处罚。量刑行罚，可以灵活掌握。刑罚也要因时制宜。或轻或重，根据实际情况作出调整，自会有道理，有纲要。"③

　　对担任法官的人应有的特质，以及他们对哪些要点应特别注意，文章有如下的见解："实行罚金赎罪，虽然可以使犯者免死，但其被罚后所受痛苦也非常大。断狱不要凭巧言善辩，而要靠善良公正，才能合于中道，准确无误。供辞常有矛盾之处，要善于从中察其虚实，才能获得案情的真实情况。要怀着哀怜之心来主持刑狱，当场打开刑

---

① 《尚书·吕刑》——两造具备，师听五辞。五辞简孚，正于五刑。五刑不简，正于五罚。五罚不服，正于五过。五过之疵，惟官，惟反，惟内，惟货，惟来。其罪惟均，其审克之。
② 《尚书·吕刑》——五刑之疑有赦……其审克之，简孚有众，惟貌有稽，无简不听，具严天威。
③ 《尚书·吕刑》——上下比罪，无僭乱辞，勿用不行，惟察惟法，其审克之。上刑适轻下服，下刑适重上服。轻重诸罚有权。刑罚世轻世重，惟齐非齐，有伦有要。

书，与众人一起斟酌，取得狱官们的一致见解，这样才可能获得准确的判决。所判五刑、五罚，都必须详解审核再加定夺，判足狱讼才能使人信。如果有人轻罪、重罪并罚，则并轻罪入重罪，按重罪惩罚；如果犯有两种同样轻重的罪，只按其中一种惩处。"[①] 总之，我们可以在同一章找到另一类似的段落："以后治理百姓只用适中的刑罚，来教育百姓敬行德教。那个时候，君主秉持着美好的品德在上，群臣努力明察、建立事功在下，政治清明，光辉普照四方，没有人不勤于德行了。所以用刑适中，为的是引导治理百姓远离非法活动。"[②] 简而言之，精确运用美德是贯穿整本书中的关键意义。美德必须成为惩罚的基础，精确运用是其表现形式。

从上面引用的经典文本中，我们得出了许多现在成为共和国法律基础的原则。这些原则是：1. 证据不是通过供述，而是通过文件和证人的方式获得的；2. 刑事案件的初步调查程序；3. 刑事案件的证明标准应是排除合理怀疑；4. 在某些情况下，罚款可能会取代身体刑；5. 根据情况给予法官自由裁量权；6. 对法官发出重要警告，并对违反司法职责的行为进行制裁；7. 法官们应共同列席审理，理由是，正如一位伟大的权威所阐明的那样，"如果只有一名法官听取了这个案件的意见，他的智力可能无法胜任，他的审议可能不够充分，因此规定所有法官都应该听取案件的意见。"现行的法院组织法严格遵循这一原则（第5、6、7条）。对于审判和判决应仔细，谨慎，同情和充满敬畏的建议，这些教义在受尊敬的经典中应该占有一席之地。

---

① 《尚书·吕刑》——罚惩非死人，极于病，非佞折狱，惟良折狱，罔非在中，察辞于差，非从惟从，哀敬折狱，明启刑书胥占，咸庶中正，其刑其罚，其审克之，狱成而孚，输而孚，其刑上备，有并两刑。

② 《尚书·吕刑》——士制百姓于刑之中，以教祗德，……率乂于民棐彝。

　　关于中国刑法及其程序的演变已经有了足够的说明。这些对于中国的民法领域，尤其是那些引起外国评论家特别关注的中国民法领域，是一个启示。

　　英国重要的国际法学家之一韦斯特莱克（John Westlake）试图证明在中国实施的领事管辖制度是正确的，理由是中国的文明与基督教世界的文明在一些重要的细节上有所不同，特别是在家庭关系和刑法及其实施方面，因此他认为其中的欧洲人和美国人有必要在他们的领事下享有或多或少独立的法律制度。① 因此，他特别强调了家庭关系、刑法及其实施方面的差异，作为申领领事裁判权的明确依据。至于中国的刑法及其程序，无论过去是如何情况，就现在而言，把过去的情况作为理由，肯定是不可持续的。我们已经看到中国新刑法及其程序是如何建立在与近代西方思想如此和谐的经典原则的基础之上，所以很难指出中国的法律与西方国家的法律之间有任何实质性区别。至于涉及家庭关系的民事法部分，东方国家与西方一些国家确实存在根本差异。在英国、美国和其他一些国家，社会单位是个人，但构成中国社会生活的单位和基础一直是并且仍然是家庭。如果说哪个制度或理论比另一个制度或理论好，这将是冒昧的，因为每个国家由于其性质不同，家庭法必定具有与其国家性质相适应而生的某些良好特性。美国国际交流教授梅比（H. W. Mabie）博士说得很好："除非他根据外国人自己的想法研究他们，否则没人能理解外国人。法国对英国人来说是一本封闭的书，或者在讲英语的世界当中，社会单位是个人，而对社会的单位是家庭的国家，美国人一开始便不能有所认识。而几个世纪以来，法国人和英国人相互误解，因为他们固执地坚持某

---

① John Westlake—*International Law*, 2nd edition, vol. 1, 1910, p. 40.

些先入为主的观念，而不是以开放的态度接近对方；只是最近，无视旧时流行的预先判断，他们才开始承认其他民族在这两个国家看到的伟大品质。"①

由于法国和英国的理论是相互分离的，并且由此产生了长期存在的误解，所以从来没有人声称在法国的英国人应该从当地管辖区域中被豁免，反之亦然。如果有人认为只有非基督教国家才提出这样的主张，那么，日本这个非基督教国家，在废除治外法权之后，其家庭法基本上仍然是东方国家属性。对此人们可以说什么呢？穗积陈重（Huzumi）博士说："日本法属于中华法系的一员，已经有一千六百多年，尽管国家的法律和制度发生了很大的变化，但日本的法律和制度一直是以中国人的道德哲学为基础。"②虽然在其他方面日本的法律已经从中华法系转移到欧陆法系，但正如日本法学家评论的那样："这些取决于国家性质、宗教信仰、历史传统和习俗的与继承和家庭有关的法律，很难被同化。"③日本法律的这一部分中，本土因素通常是最持久的。因此，日本和中国的家庭法现在仍然基本相同。虽然日本的领事裁判权在1899年完全废除，但直到1910年，英国教授仍然将家庭法的东方特征当作为中国领事裁判权辩护的重要依据。我们确实没有看到歧视的任何合理依据。

中国的家庭法也不是太保守。当然，经过慎重的筛选，西方个人主义的家庭法系统的一些要素已经引入中国。例如，以前，子女结婚总是需要得到父母的同意，父母通常为他们的孩子选择妻子或丈

---

① H. W. Mabie—*American Ideas*, p. 5.
② Dr. Huzumi—*Lectures on the New Japanese Civil Code*, p. 36.
③ Ibid., p. 156.

夫。但是现在婚姻不会因为双方的自由选择和同意而受到不合理的约束，只要他们的父母在形式上批准他们，实际上，除了年轻夫妇急于结婚，将会导致痛苦和不快乐，父母总是会表示同意。再次，已婚妇女对独立财产的所有权在民法典草案中得到了承认，并得到了北京大理院裁决的确认。复次，关于婚姻的有效性和离婚的理由，西方理论已经在各处被引入。但是，毕竟一个国家的家庭法并不影响外国居民的利益……至少不像其他法律部门那么重要。因为在国际私法中，有关租金或人身家庭权利的问题应根据公民所属国家的法律（lex legeantiae）或其所在国家的法律来决定（lex domicilii），而不是根据法院所在国的法律（lex fori）或行为发生国家的法律（lex loci actus）。显然，出于这个原因，当暹罗所有的法律生效时，日本承诺放弃它在暹罗的领事裁判权，"婚姻和继承的法律除外"。

因此，无论从理论角度还是从实践的角度来看，我们都没有看到外国评论家特别将家庭关系法与领事裁判权问题相勾连的合理性所在。

根据潘德克顿（Pandekten）体系，新中国民法分为五个部分。正如我们在上面所简要讨论的那样，与家庭和继承有关的部分在本质上或多或少是保守的，并且保留了他们自己特有的某些特征。其他部分是"总则""物权""人身权"或"债权"，可以说它们在某种意义上是世界性的，因为它们在不同国家表现出的变化相对较小，换句话说，与国际关系的迅速发展相适应，在其他国家中具有很强的趋同性或接受能力。因此，中国民法中的这些部分大多来源于西方的法理学。因此，对它们进行详细的讨论会是多余的，因为它显然不会给西方人带来新颖的东西。

民法典编纂中学习吸收西方学理的过程并不仅仅是肤浅的作秀，实际上伴随着一系列真切的变革；而刑法及其程序中本土古典原则的丰富，并不意味着中国方面的自给自足，而是意味着极大节省了进一步改进中国法律所需的时间。这些评论也适用于中国其他法律部门的改革。

（姜增译）

中华政治学会序言

芮恩施（美国驻华公使）

凡百成务，群力是资。阐扬学术，讵能独外？观于欧美可知也。考其国学之荦荦大者，如英之皇家学会，法之艺文分科学社，以及他邦首善之国学，其初多由少数之文人技士，相与聚会讨论，为之权舆。厥后，会员限额殊严，而审择惟谨，规模灿然称备。遂骎骎焉擢于国立之林。逮十九世纪，学弥博而多要，理分研而益精。学会所在多有，非惟文艺一端。举凡社会科学，自然科学，靡不分道扬镳，益诣精邃。其在美国，属于社会科学者，如历史、理财、政事、群生、统计、国际公法、护佣之律，莫不有学。即某不有曾，其集焉而讲论也。会员之盛，恒达数千。专门学家无论已，即普通同志之士，亦皆与会。故美国政治学会，匪独政治专家、政治讲师，而律师、官吏、议员、教员、治国闻者，与所研虽非政治而涉及政治者，亦列席焉。彼专家者，故钩深索隐钻仰独勤，然而事资众擎，谋实佥同，他山之助，庸可没耶？自学会创立，而后敬业乐群之志彰；物我沟通，而后集思广益之效著。语大，则膺寰球学界之一席；语小，则准世界眼光，以觇一国之典章文物，于以观摩相益，同臻于上理，而咸憬然于学之兴衰，人各有责焉。

今夫中华政治学会所欲商榷阐研者，赅言之，社会科学而已。析言之，则国际公法、国内公法、立法、行政、经济、群学、政治哲理，与夫历代政治经济制度之沿革，皆是也。窃谓斯会之成立，其所以扶翼旧邦于文明昌运者，途术有二。华夏旧猷，欧美新学，合炉而冶，取精用宏，一也；今昔国是民情，绝域殊俗之人，容或见闻未审，识时之俊，借兹剀切摅陈，疏通情蕴，以喻天下，益笃邦交，二也。继自今，斯邦人士之谈国计民生，欲其观察纪述剖论之能严密精确而求有可为之圭臬者，舍斯会其谁属哉？且萃通儒硕彦，使之征举宗邦文献，其所论次，必斐然可观。宁特寰球学界，将饫受其赐，以获稔东方文物之盛。而邦人君子，观风论世，述绩扬徽，知之深而辨之审。国粹之演进，实利赖焉。是故欲聚研学术，砥磨相长，评骘惟允者，不可不组织如是之学会。会集之际，凡思考所得者，皆可陈闻。而特种会员之聚集，其所讨论，较详而专。一人稽考所获者，其俦侣皆得纵论肆评，以澈蕴奥。准是以谭，则本学会之季刊，其于宗邦群治，必将旁稽精椠，铨衡而著，深诣以建言。岂止挹注菁英，启迪中土，将使普天下之艺人技士著述之家，欲稽中华文献之蜕嬗，而究其得失者，咸得览观焉。斯会之程功，自其所取材者而观之，他日所就，正未可限量。举数千载来经史百氏之书，精微淹博；二十余省之现行政俗，异致殊观。尽人事之繁变，诚能于此殚勤稽求，然后进而窥世界之广，察万象之赜，其功可倍也。

中土之谈治理者，世不乏贤。政权国统，论辩殊严，汉族之心理，固可借见一斑。而泰西鸿哲，自柏烈图下逮弥鲁贝森之伦，所孳孳质辩者。古今东西，相提互证，其理弥昭矣。且何谓国权，何谓民意，何谓法律之义务，政统之性质，华儒别诠，自具旨趣。欧美政治学虽云尽美，不参华说，未足语于尽善也。匪惟政治为然也，法学亦何莫不然。学者诚能举中华习惯法之行于世者，与罗马法英国法参较互征，厥利至溥。而欲援欧西法理，以绳中华法律道义之学说事实，非资比较，其道末由。今后中国而甘自沦于旧典半忘，新学半解，支离棼纠，莫可爬梳之危境也。则已，如其不尔，则理习旧律，分类而研，实为当务之急。今举国惟新是从，皆企望宪法之制定，以期官吏优尽厥职，齐民参预政权，是矣。然历代京畿省县政治机关之组织及规程，实国性所基，制宪者未可一概恝置之也。国际公法，尤足注重。本会特加研究，职是之由。自领事裁判权起，中国遂处于特殊之境，而种种问题以生。准以法理，大有研究之价值。宁独条约上之特例，即国际上之通例，中国前事，亦有足师者。每遇国际解纷，事境空前，新例斯创。即如癸丑政变，外人索赔，卒援引国际法理，以资处断。其案迅结而允核，至今奉为先例。他如关于公民资格，国籍条例，条约解释，外交职务，罪犯移交之类，通海以来，中国往事足资考镜者，正复不鲜。有不惮玩索之劳者，所获必丰。

复次，行政之组织及其方法，攸关綮要，亦学者所当致意者。语其范围，则下自村镇委吏之职务，县宰之庶政，以至道尹省长之职司。复等而上之，中央各部之组织，与夫财政警务，军备文职，藩属事宜，银行营业，货币制度，审检官厅之整理规画，胥属焉。而就审计会计行政监督诸端，研究其施行方法，尤为切实之要务。中国经济，其旧时之状况，与新旧代谢中之制度，详加考察，意味最饶。在昔组合，信用所属，重于任人，而轻于任物。凡诸行事，皆基于在组个人一身之关系，有类今之合伙。故组员之境遇声价与其信义，实为一组之柱础，而其受束于组章也綦严。生殖之功，课以定准。雇佣购货之缔约，无得少逾恒规。匪惟组合为然也，存贷汇兑之业，亦专恃豪商硕贾一身之信用，以为维系。其资产不能离身而独任债权之担保，并无所谓公司也，惟有数人合伙，互担责务而已。凡事赖众擎者，计辄出此，有欲共图一事，事就即散者，有欲协同营业，意在持久者。

今者中国经济制度，由组合而进于团体。法人之观念，遂胚胎以生。法人者何？乃禀有人格，而为财产上权利义务之主体。其信用所系，不于团员，而于团员所提出之实体资产。此种制度，华人未之前闻。今新陈递嬗，蜕化而发扬。征诸经济史，实不多觏，然而民德替矣。旧时交易，接人以诚以信，使能移旧日之诚信，以行今日信用任物之制度。国之兴也，庶几有日。顾默察民情，其待法人，常弗若待个人之诚笃。世固有与个人交易，履信不爽。而视法人资产，一若无主之物者，恣意侵蠹，不自谓其背法恣义也。今经济制度，固已幡然舍旧而图新，然而民德之醇，远不逮昔。默挽颓澜，讵容缓哉。其余之关于经济学者，属农，则有生产供给分配，而粮食输出政策之问题，亦隶焉。属于交通，则自旧时之道路川渠，以至今日之铁路，他若公私银行业之组织，资金与工佣有何关系，以及政府对于经济事业之补助及干涉，凡诸问题，亦谈经济学者所当有事焉。

中国社会制度之研究，亦属重要。而关于亲族之律例惯习，与家庭之组织，因时而异，随地以殊，尤为群学根本之所系。然人生群处，匪独家庭，其由他道而群焉以生者，其足资吾侪研究，殆远胜于吾适所叙述者。夫文章神会，道通今古，戏剧艺术，攸关咸要。秘密结社，各达厥的。新闻报章，与时俱进。凡足以表征华人合群之资能者，皆有研究之价值，初不必局于某事也。兹所举者，虽偶襮一斑，然欲窥群学之奥突，通类聚之原，而穷死生之变者，于焉征材，以之考镜既往，盱衡方来，其丰瞻而饶趣，殆莫之与伦也。

斯会肇创，厥旨闳远。萃今昔典章文物之丰，而潜研精蕴，以著悠久凝实之绩于寰球科学之林。其征于文献也，始则精蕖而缕析，评察维严，事必稽实。继乃本乎演化之新理，镕裁櫽栝，举而纳诸范畴之中。夫衡焉若是其精也，察焉若是其澈也。温故而知新，芟芜而存瑜，固足以范举国之心思，而归诸正矣。更持此衡察前昔之准，以律夫今日之庶政群伦，则遁情者鲜矣。然斯会所志者，非欲举当世政事而骘论之也。惟就立法行政经济诸大端之设施改良，而辑一精核珍丽之实录而已。若夫主持政见，臧否人物，则政党政社存，非斯会之职也。是所录者，向学者获广见益闻之资，从政者受匡翼提撕之益。只此一端，斯会之不可阙，已灼然无疑矣。斯会复应兼司评议之职，树一精审烛察之大准，以拣选旧材，鉴别新著，庶使载籍虽博，而撷青掇华不无裨于今学。而关于国计民生之时事纪实，亦将为中国人所共珍焉。

中国之参加于科学之协相研究，斯会其明征也。中国之勉献其学术经验，以公诸世界，斯会其嚆矢也。于邦之外，普天下将得而聆中国之言论，衡其经验，稔其典章制度，而欣然登中国于万邦科学会议之席。于邦之内，斯会所祈向者，诚克底于成功，则国性国运之观念，庶几较明。凡诸政事建设改良，必有大资助于兹者。而使国家自觉之心，弥深以固，厥绩尤伟。综言之，居研学之中坚，召同人以襄举，品评学术，精严不苟，如斯会者，其于启沦斯邦智灵，为助多多矣。

（郭云观译）

录自《政治学报年刊》1916 年第 1 期，第 1—9 页

制宪平观

韦罗贝（美国约翰霍布经大学教员，
中国政府宪法顾问）

著者请弁一言。余属此稿，非欲劝说中国踵效某种政体也，不过
胪陈管见所及，以与宪法起草者一商榷焉尔。

法治 夫书定政体之种别品性，固成文宪法之开宗明义也。进
焉，则以类分配事权于各机关，而严立之限，冈使侵越。或明禁焉，
或默喻焉，务期官无滥擅之弊，而民咸得免夫苛政，以保厥生命自由
安居乐业诸根本民权也。凡诸根本权利，往往明载于宪法之中，严禁
行政官吏擅权侵蔑，即寻常立法机关，时亦不得恣意干涉。要之，寻
常立法机关能否干涉人民之根本权利，姑不具论，凡宪法所赋畀者，
非依据法律，无得横加束缚，则可断言也。繇是以谈，宪法而不隆私
权之保障，不杜官吏之擅专，将失其所以为宪法者矣。

法治之国，凡百政权，皆根于法律。官吏非依据法律，则无权，
固也。然非故为束缚，使之拘经泥常，绝无裁量之余地之谓，不过权
各有界，法所厘定，无得少越焉尔。斯义也，于赋税之入，国帑之

出，尤当服膺勿失。故美之宪法，其文曰，非依预算成案，不得取给于国库，公款之出纳，应按期汇造清册，随时公示于众云云。中华宪法，亦应有如是之规定，兹事之关于责任内阁之维持，尤属重要，说俟后详。

司法独立　宪法即举群政大纲而纳诸法轨矣，犹不足，则复鼎立机关，区配职权，使之相翼而实相制。庶统治大权，不致为一二人所收集，而置宪章于不顾。顾制之之道将奚由哉？求诸先进诸国，不乏典型，盖多赖司法之独立不倚，法官之鲠直而无所畏。其所以然者，盖其职有恒守，而其俸不得擅减也。虽然，苟人民无敬法之恒心，有司无执法之毅力，虽宪章尊重司法，犹之具文耳。美国之大理院于某案件有言，曰，司法为三权之一，固载于宪章之中，实则司法为权最弱，其判决之执行，既仰息于行政首领所得任免之官吏，又无财权可以自豪，无军权可以自威。其所恃以自立者，计惟司法为受理讼争拥护权利不可废之机关，与夫法官谳书之明允，宅心之清廉，有以取信于民耳。美国法院之独立，天下称最，而其言犹如此，甚矣哉司法独立谈之易而行之艰夫。

行政与立法之关系　分权制度，复区行政立法为二部，是又立宪国之通例，尽人而知。惟欲使政府全体，收行政美满之效，必先使各部分之机关，灵运而无滞。即立法行政二者，相辅而不相侵，是制宪者所亟当致意而善为之调剂者也。盖一国实行之制度，恒视乎此二部分宪法之规定为如何。今世界大邦，不少立宪前型，通例具在。中华宪法，诚无庸事事仿效他邦之制度，惟必须体察民情，视何种制度为最宜，然后于立法行政二部分之间，规定互相之关系。顺序进行，厥效当大可观也。试就立法行政互相关系一端，稽诸世界列国，制异政殊，可得而论次之。

（一）总统制　所谓总统制者，昉于美国。行政元首，宪法界以重权，使得便宜从事，不受节制于其他二大机关。其任有恒期，而职由民举，群以公民代表目之，故其综理万几也。民之望之，犹望国会代表之制律建猷。必将审断咸宜，登国民于福利之域也。总统之政权，非宪法所赋畀，即国会所授与，舍是而外，虽位之崇，不能擅行尺寸。顾总统之行权也，无论受诸国会，畀自宪法，国会终无术以监督之使负政治上之责任焉。由是以观，总统制有特征二，一为总统拥重权而独任，一为立法行政之间关系不密。二者位等权齐，各于其范围内之事，独断而不相为谋。

（二）立宪君主制　普国与日本之政体，又一种立宪政体也。行政元首操有主权，为凡百政权所自出，大权在握，可以左右政策方针。虽有半表民意之公选议会，然受权至仅，不足以大有为。惟有消极权能，以否决元首之提议，以阻止某种政策之实行而已。顾按之实际，并此区区权能，亦往往为元首隐施恩威于选举者与当选者所厌挫而暗损。且元首复得无论何时无论何故解散议会，召集新选，则其权之未移于行政者，曾几何哉。

（三）议院制　第三类立宪政体，行于英国，即学者所称责任内阁制或议院制是也。此制人所习闻，原无待词费。语其特征之较要者，则阁员秉握实权是也。阁员匪独位居行政之首席，而且擘画阃猷，以树各大部院遵循之准。不宁惟是，各种法律案，何者应提出于议会，何时交辩论，辩论若干时，何时付表决，凡此诸端，勿论理论上若何，按诸实际，固皆由阁员主之也。至其修正案，若者应交讨论，若者不应交讨论，阁员实亦主张之。增税议案，非经阁员同意而提出者，不生效力。又阁外议员，不得有支用国帑之建议焉，而内阁所预算财用案，即加修正，亦仅得减少其原数而已。坎拿大之宪章，根据于英国之英属北美律，固规抚英制者也。坎宪明载，凡支用国帑之建议案，非首经总督建议者，下议院不得表决云云。斯法规者，英坎由之而政举，法国违之而宪紊，其间得失，无待蓍龟。使移植此制于美国，固未尽当。然美总统所直辖诸用财部院之不得建议财用案于国会而参驭其讨论修正，害政匪鲜，识者忧之。今集世界立宪国之经验以证吾言，则凡众议院于赋税案财用案独秉建议权者，其政必替。故使议会仅有权否决行政部所造财用案者，良法美意也。其使议会有权自行建议财用案者，乱政之道也。此历试历验，决无容疑者。其理颇赜，不暇详述，姑揭一斑焉。吾闻议员，往往蔽于市惠之褊衷，各欲为其所由出之选举区域谋获特益，而恝置通国利害于弗顾。则互为投票，漫然赞同他员之提议，以易其徇我之所请。长此以往，必至国用增奢，而自举国之人观之，必将疾首蹙额，而兴急所当缓民膏虚糜之怨矣。英国阁员之能安于位者，端赖下议院多数议员为之助耳。盖一失其助，一切议案，将不能通过，行政无由进行，而征税募债预算诸案尤扼机要，悬而不决，万几为滞。是故欲行政长官负责任于立法院，则税之征收，债之募集，款之支用，不可不依立法院所定之法程而行。夫而后立法院，乃得而操纵之。顾行政各部，或其元首，亦当与以相当之预备费，以应意外紧急之需。惟此种款项，及其额数，应由立法院特为规定之。世有以宪法定本年必要预算案，若不成立得执行前年旧案视为合法者，例如美人所建斐律宾政府是也。然绳以吾所言者，其于责任内阁制，未免龃龉不相容耳。英制，内阁失败时，非引避贤路，则解散下议院而命重选，二者必居其一。然考诸实际，多年来恒出于解散一途，而其所影响者甚大。盖领袖政党之阁员，权势因以隆固，足以左右本党议员之投票。曷言之，此等议员，置不信任内阁，而议院解散，则议员将先失其位，而重选之际，酬费浩繁，获选未卜，道路指为叛员，政党不为之助，欲再登议员之席，不亦戛乎其难。阁员窥其然也而利用之，威以解散之权，而众莫之敢撄矣。故今日英内阁为失助于议员而致失败者，绝罕闻矣。英制，内阁阁员由总理选择，然阁员非其属僚乃同寅也，惟总理既为党魁，权自较重耳。内阁政策，须由全体表决，始能实行。政见恒须一律，进止恒须一致。其有持异议万难强同者，辞而已矣。所谓总理者，实无专职，不过行政官员而为柄权党之首领耳。英内阁之组织无法律上之规定，其常期开议协商政策之时，不留记载。而凡诸发表之意见，亦秘而不宣，且无书记随属之员焉。内阁诸员，同时分长各部，权区位等，此部长所管辖之事，他部长不得干涉，虽总理亦不能也。苟有于协商政策，意见迥异，而又不能说人从己者，则辞职耳。部长之职既辞，阁员之职，亦如影随竿而没。苟其异见关系宗旨辞职犹未足者，更可脱离党籍焉。惟部有恒职秘书官一人，不隶党籍，其在部内，综理一切部务，仅受方针于部长而已，此又英制之一特征也。又英国度支部，有监督财政用途之权，与他国之财政机关不同，其他各部之用度开支莫不受其监察操纵。此英制财政集权之良果也。其长处难以数语罄之。英之议会有二大党，一党柄权，一党反对。组织有制，厥势几均。内阁制之能奏伟绩者，实多赖焉，反对党时时观察柄权党之所为，指摘责难，暴其短失，并使于其所为，负责任于人民。是反对党者，世称王命反对。其有造于国家，直与柄权党异致而同功。且政党迭为兴替去留，柄权党一旦失位，则反对常领袖诸贤，即弹冠翩来，代秉国钧焉。

　　法国之议院制　法国之制度，与他国又有不同。其行政诸部长，对于立法院，负有责任，是固同乎英制。然考其实施，则呈异状，与英制迥然不侔其尤著者。则其立法院未能如英议院，畀其政党领袖之在内阁者以柄政重权，而法内阁亦未能如英内阁联络声气，齐其政见，融为一体。人谓法师英制蒙其韩而遗其质，信哉。推原其故，盖由内阁人物，集由各党，政见庞杂。甚或新组内阁，有兼留前度旧阁员者，谋国如是，无惑乎政之驰且紊也。顾穷其远因，殆由议会之中，党派繁多，莫能左右议员之多数有以致之。虽然，因果正复相寻，安知混杂内阁，独非繁党议会之造因耶。吾观法之内阁，数数更易，几无宁岁，正坐此二弊耳。英之内阁，有监视议会及日程之权，而法之内阁，则无此权也。且法国总统，原以元老院之同意，得解散众议院，曾行一度而乏良效。今其权若存若灭，现在国中舆论，咸谓非万急之时，此权不可施行，是法内阁并失解散议会之权矣。而英内阁饶有此权且能善用之，此英制之所以赫乎其有成功也。后之欲师英制而避法辙者，无弃解散之权庶乎其可。综言之，法国行内阁制，其成效不逮英甚远，其建国以来，所以能颇著熙绩者，幸赖行政集权而实事求是耳。内阁制之仿行，不与有功焉。

　　单院制与两院制　议会之内，将设一院乎，抑设两院乎，实属重要之问题，制宪者所亟应解决者也。二者孰为优孰为劣，政学家之议论，尚未一致。夷考寰宇立宪各国，多采两院制而罕行单院制者，岂两院制优于单院制乎？笃而论之，凡行两院制者，其蹈袭本国之沿革与夫漫效他邦之先例者，无论已。舍是而外，必有所以行此之原因者。即如美国联邦政体，有代表国民之下院，不可无代表群州之上院，此其必设两院者，势也。若夫中国厉行行政集权，为当务之要图。原不可妄效联邦合众之制度，故有进美制之说于中国者，直类持凿以围柄也。夫议院之制实权舆于英国，英国当时所以采两院制，而舍一院或三四院制者，殆偶然之事耳，其足资吾人考镜者。独其后上院之权，愈趋愈减。迨一千九百十一年，世所盛传之议院法制者颁布实行，于是上院所有重权历年把持向不肯舍者，至是乃剥夺几尽矣。其在英属坎拿大，亦有上院焉，然操权至仅，使或争植权势，则民将群起而诟病之。其在英属澳洲与南斐洲，亦有上院焉。然宪条严密，足以羁之，使不得拒驳下院所通过之议案焉。若夫欧陆帝国，其上院之所以建设而继存者，别有故焉。盖帝国议院之设，原胁于人民之要求。在上位者，鳃鳃焉隐虑民权之盛昌，因增设上院，置保守派与贵族，借此挫之驭之。然则所谓上院者，察其建设之用心，观其后来之作用，实与共和制度，理论上不相为谋。是故有援此设立两院以律夫今日中国之国情者。虽三尺童子，犹知其谬也。盖中国今日既无袭荫贵胄攘权于朝，且无社会阶级为之梗阻，则所谓阶级代议者，无存在之理由也。且今日人民之意，是否愿下院受牵掣于上院，又谁能臆度之哉。虽然，上文吾所剖论，尚非主张中国不宜行两院制之正式辩论也。吾仅谓当衡论此事，就题论题，不可成其师心，泛引他邦之两院制以自辅其说耳，明乎此而后鄙人始敢贡其一得之愚。鄙人不苟同于众见，窃以为今日中国，苟得人数适中之单院制而行之，其利最溥。盖凡欲实行责任内阁制而又增设上院，非惟无益，为梗转多。试回观彼行单院制而致良绩者，匪独希腊一邦，瑞士诸郡，坎拿大诸省，具可征也。

财用案　英制吾既论及之，凡支用国帑及增课租税议案，非经阁员同意，不得提出于议会。而议员对于阁员所拟财用案，除酌减其款额外，不得加以他项之修正焉。

立法程序　议院制度，既备论之矣。而议院程序律者所以程其职务，而范其步趋，所关匪轻，自不容忽。美国议会自委员会制度施行，其立法机关，遂呈殊异之象。法之议会亦按期分股，股举一人或多人，组织委员会以讨论议案。英之下议院，有特别委员会与普通委员会，亦一特征也。其他若特别制律之程序，亦属重要。特别制律者，即英人所谓议员建议案之表决也。夫英国立法程序成效之良，昭在人目。制宪者，当三致意也，惟立法规程，不宜载入宪章。盖宪章期于垂诸久远，而规程贵乎因时制宜。纳规程于宪章，则规程将失其伸缩之地。于是宪法常举议院程序法，属之议院，使有自制之权也。惟于特定事件，宪法常增其法定出席人数，且积极表决之票数，又须多于寻常表决之数。然限制未可过严，过严则有扞格之虞矣。且议院更须定辩论之规程，及议事之次序，案之通过与否，固取决于多数，然少数议员之权利，亦不可恝然置之，使有向隅之怨。议会之内，人众事繁，发言盈庭，莫衷一是，甚有故为无谓之建议，以稽阻紧要之议案。于是不可无多数之制，借以扶正斥谬，使实属重要之议案，得早表决焉。顾此多数者，必宅心公正，存诚爱国去泰去甚，无颇无偏，而后可以语此。而彼少数者，虽有言之发权，其无谓之抗议，当勿轻发也。大抵民主政治，事常决于多数，少数之人，不过有陈议之权，尽其辩说，以期群情之回从，终成多数耳。总之，议院之最良者，各员能矢忠诚以恪守定程，协衷同济，尔毋我诈，我毋尔虞，夫而后乃克有成。苟阙此德，纵使余美具备，而议院之未能克尽厥职，可断言也。

行政元首之职权　与议院制有密切关系者，为行政元首之职权问题。元首之与美国总统职位相等者，应由民选而非举于议院，事权独揽，无待乎阁员之副署而后发生效力。其对于议院法律案，有否决之权。其任期年俸，议院不得任意变更。又身居行政之首，于宪法及他法律所界之权限内，得任免文武官吏，并宣示命令，使之遵行而无违。而吾人最当审慎研究者，为总统任期及其连任之二问题。总统继承，国家之安危所系，制宪者必须远虑大计，妥定宪条，勿令国家，一日陷于无行政元首之境则善矣。若采由法国之议院制，则行政元首，当由国会选举，对于立法，只有停止之否决权，国务员必各就其范围副署其名，方能有效，而一切政治上与法律上责任，遂由副署之人负之。最要者，无论政制若何，国会总不宜涉及行政琐细事件，此各国政治之通例也。其应有之权，为监察及评议行政者之行为，而行政官所执行而含有裁量权者，使之负其责任。且行政官之执行职务，负有个人法律上政治上之责任。若多人构成之议院，越职而为行政官之事，非特无效，且有害也。观夫世界国会权力之盛，无过英国，而从未闻有议及削夺其元首之权者。良以国会既可执副署之阁员以法律上与政治上之责任，固不必再减削其行政之权，此应注意者也。中国当今之时，尤需强固之政府，即创设议院责任制度。行政部之职权亦须兼筹并顾，近世各国无论其政制为统一为联邦，且无论阁员对议会负政治上之责任与否，均趋向于行政扩权充之一途，学者多称许之。其实行政者，既负有政治之责任，议会不应掣其肘，以阻行政之进行也。

地方行政　究应如何以定成文宪法内地方行政之性质，此等问题，实难为精确之答复。但果欲定地方行政之性质，只应于广大重要区域内，列举行政之大纲而已。夫联邦制度与统一制度之区别，实为根本上之异殊，丝毫不容混淆。盖在统一制度，地方之自治权，无论若何广大，与联邦制度截然不同。其异殊之处，头绪纷繁，此间无从尽述。要之在联邦之制，中央政府，对于各邦之行政，其权至微也。联邦之制，虽亦有优胜之处，然非有特别之保障，其优胜亦无由得见。普通而论，行联邦制度，不特费用浩繁，行政者，且必软弱无能。不第此也，人民苟无政治上之习惯，不克谨守宪法上之限制而不逾，中央无力，必呈危险之状态。所以近世联邦政体之国，因迫于时势，已时时增益中央政府之权力矣。而行统一制与政权集中之法俄诸国，地方行政区域，广有裁量之权，各于其区域之内，因地制宜，谋展其区域之利益。惟此项裁量之权，名义上既受诸中央立法机关，则中央政府当然能监督其施行。凡遇地方区域轶出其范围之时，中央能修正取消其行为，或强其执行法律上之义务，如是中央有监督之权，地方有裁量之地，两不冲突，各得其宜矣。

宪法之解释　必有机关焉以解释宪法之正义，固无疑义。然此为何种机关，宪法当预先指定之，以杜争端。美国之制，各级法院，有解释宪法之权。有疑，则质诸大理院受终审焉。惟仅于寻常理讼案中问题涉及宪法而生疑义者，乃起而解释之，未有平空无事专以解释为题者也。法院既有此权，可凭其衡断，指某法律某命令为违宪，某法律某命令为合宪，不受牵掣。然此制美国所独然也，考诸他国宪法，无不认立法院为惟一之解释机关，然则立法院若于宪法有重要之修正，虽不按照特定之程式，其修正是否有效，将莫得而过问焉。故宪法对立法院之拘束力甚弱，宪法之维持，仅恃立法者敬法之念，与其良知之督责而已。

宪法保障之停止　国家遇有紧急情形，宪法所规定治平时之权利与行使权利之手续，得暂行停止之。夫暂停平时权利，固以减避重大危害，然亦即危害之一端，特较小焉尔。故宪法于戒严之宣告，极当慎定条件，不然，恐有酷法代替宪法之虞矣。

修正权　宪法修正权之规定，在成文宪法，甚为重要。其修正之手续，固不可太难，亦不可太易，能求其折中之道，则善矣。美洲合众国内现行之成文宪法，计四十八种，历一百二十五年，大势所趋，皆为除去修正宪法手续之障碍，数省之内，得有立法院二次继续之通过，即生效力。其所以必须二次者，欲有计量得失之余地，且使国人得径在选举场中，或假途其他适当之处，对于兹事，发表其意见也。英制，法律之变更，苟其大致无背宪章，得依寻常之立法程序行之。独根本上之变更，非先于选举议员之际，征求舆论，则不得行之，此揆诸惯例然也。英国惯例类此者，正复不少。其庄严难犯，较诸他邦成文宪法，不稍让焉。法制修正宪法，则由两院联开会议取决过半数焉。普制，修正宪法，须经两院前后通过，此前后之间，相隔二十一日，此其与寻常立法，惟一之异点也。美国制，修正宪法程序，艰繁泰甚，此其国公法家之公言也。盖必由国会两院三分二议员提议修正，或由三分二州议会之请求，夫然后召集宪法会议，草拟修正。修正案拟就后，径由四分三之各州议会承认之，或由四分三之各州特开会议承认之。二者奚择，由国会定焉。顾考诸实际，凡修正案，皆由国会提议，而各州议会承认之也。

结论　宪法之涯略，吾既述之。然而徒法，不足以为政，政之举也，必赖夫官吏人民秉忠劻廉，敬法重公，捐小己之利，以成大众之美。之数德者，苟有阙焉，而能建大中之政，靖内御外，庶绩咸熙，同享自由幸福于永永无极者，未之前闻也。

（郭云观译）

录自《政治学报年刊》1916 年第 1 期，
第 51—71 页

政府之率导与其权力

韦罗璧

是篇演讲文字曾在政治学会宣读，时一千九百十六年十月二十三日也。

今日获与盛会，复得贡言，洵殊遇也。欢幸无□，独惜前知不早，未得从容属稿，以无辜负今日之会，为足憾耳。

去岁予闻中华政治学会成立于北京，辄忆十三载前予亦尝在美襄创一学会，与此同类，且任会中书记会计之职凡八年。会务之进行，悉躬任之。抚兹思昔，声应气求，不禁跫然以喜。又闻贵会将刊发季报，而予又尝任美国政治学会所刊学报之总编辑，亦复十年，于是喜弥至矣。贵报第一二期业已刊发，予读而笃好之，深叹刊发斯报之贵学会，与主任报务之严博士，卓识硕画为足佩也。

贵报刊行，应用国文，抑用英文？此一问题，予固知诸君必尝熟虑及之，今诸君可谓智于决断矣。因类而及之，尚有一事，窃盼斯会他日必能举之，则将千八百九十八年初议建设立宪政府以来，所有曾经公布关于立宪之重要命令训令，及其他公文，译为英文，编辑成帙而刊发之。此其价值之高，自不待言。而日本亚洲会社所辑译，一八六七年至一八九〇年现行宪法成立之时，其间所有政府公文，都七百叶，于一九一四年刊布者，无足专美于前矣。

虽然，斯会所能优为之事，诸君备知，予不复喋喋，盖其事之众多而且大有价值，不待证而明矣。

承诸君不遗，邀我演说。余客都门日浅，然默察贵国政治上之需要，不无所感于心，敢略陈一二，以答盛意。窃以政治教育之需要，其需要之最著者乎。顾余为此言，绝不谓华人阙乏政治上之经练也。华人之言治与运用治术，实有足尚者焉，善处殊多，兹不具论。第论建邦设职，原以保民，故虐民之君可放，不职之吏可诛，此其义之在泰西，挽近始昌，古无闻焉。而征诸贵国载籍，其说之由来旧矣。又贵国幅员辽广，城镇乡村，为数奚止数千，而自昔地自为理，有暗合乎今世共和政体之司治制度者焉。乡井勃谿细故，鼠雀之争，辄有为之排解处息，卒归于无讼。而西人于此往往非诉诸严法武力，终不能释。则是华人能以理喻，西人犹待威慑也。华人解纷，初无定准，随事以断，务底于平，而西人舍坚持严法外，无他术焉。

虽然，时降境迁，欲举昔日之良法美政，而行之于今，适以襮其短而已。夫使中国而恒以农立国，不与强邻交接，则墨守成法，率由旧章，诚未尝不可。独今非其时耳，列强压迫于外，士夫倡革于内，锐意变法，审思而毅行，举凡政制之规定，法律权之解释，胥舍其旧而惟泰西是从。而所资以厉行一切新政者，则有行政之统系。其精颐干敏，殆倍蓰于旧时矣。

余在中国，为日尚浅，凡所言论，辄多存疑。然余敢谓中国人对于近来政法制度之变更，大都观察未甚明晰。须知此种变更，非由演嬗而来，直举历久相传之政法哲理一旦而骤革之也。夫过惊肤鞟，而遗其神髓，危事也。他国固有铸此大错，而卒受其害者，可为殷鉴矣。

旧时专制政府，既就倾覆矣。国会既已召集而畀以立法之权矣，于此而建设共和政体，殊非难事。独欲使人民对于国家政策，胥得表陈美善之公意，复得责其必行，而政府之建设，有适当之组织，绰裕之权能，以施行政令，副彼民意，斯真难事耳。今中国政府，表面观之，固共和也，由是而循名责实，毋使中空，实为当务之急。惟兹事綦难，泰西诸先进国，陟阶登堂矣，犹未有入于室者，至于中国，则仅践其阈而已。

今日之会，为时至暂。中国政治问题，所应讨论者，至为繁殊。即仅概陈通论，亦未易毕。虽然，余愿商榷一二焉。其一，中国而欲图治也，必图法治。申言之，官吏之资格权能，应以法律厘定之。官吏行事有涉违法之嫌者，应有机关焉以审判之。官吏有越权行为，仍使以私人名义负刑事上民事上之责任。盖法律上责任，实立宪政体之要素，犹政治上责任之为共和政体之要素也。此层予所以不厌丁宁者，良以华人能识其重要者尚寡，不若西人惯居森严法治之下，一切权利义务胥断于法也。

中国所不容忽者，其二，则亟须组织绝有力之政府，足以举办一切应为之事。夫政府，犹机器也，使其结构与动力不良于运用，则将焉用彼矣。通常机器所资以为动力者，非汽则电，然苟不接以他项机器，以制造需要之品，犹之无用也。

彼政治机关，亦何独不然。民主政体，亦犹专制政体，必有行政权能之规定焉。惟其行权，须以民意节之，譬如用电与汽，须节以表计耳。然苟下无完善之行政统系，以奉行其政令，犹之无用也。试观世界民主诸国，其行政一端，征诸经验，恒不及君主国之善。今中国改建民主政体，此一弱点，本属势所难免。况中国自昔行政，其机关少，其范围狭，人民之视政令，远弗若欧美人民之关切耶。无论欧美何国，苟其行政权能薄弱，制度不备，则其国内秩序必未能整饬，而政治之运用或几乎息矣，此吾所敢断言者也。以今日中国行政之权能之制度，而尚能维持现状者，无他，人民日常生养，不假助于法权，久沿成习。而中央政府地方公署所办职务，方之欧美，实觉寥寥无几耳。

由是观之，中国而欲重建政体，遵循泰西民主立宪之轨则，使政府不仅为维持秩序之具，且能积极奋为，力图实业商务教育民德之发扬昌茂也，则必使政府有充裕之权能，与完善之编制而后可。民主政体者何？政事主于民意之谓也。然民意之作用，固将趣促政府积极施行利国惠民诸政策，不独时时监督政府无使越权为虐己也。

再请以汽机喻。夫汽机之动力，视乎薪炭之多寡为差，政府犹汽机也，国库财源之于政府，犹薪炭之于汽机也。方英与欧陆诸国犹未富强之时，其政府舍警备而外，似无所事。且所谓警备殊简，非如今日海陆军备需费之浩繁也。国库有不时之需，则临时募公债课租税以应之。其经常费用，类多取资于公家征用权及鬻官，特许之所入，与诸侯之赋贡。厥后文化演进，财用浩繁，入不敷出，如十三稷之英，十八稷之法，乃不得不求助于民。惟欲有求于民，遂不得不从民之请，此近世民主政体所由滥觞也。政府既召集人民之代表，使之承认纳税于君，而人民之代表，遂得借缘要求政府革除弊政，尊重人民生命自由财产之私权，以为交换条件。于是非经人民代表允诺，不得课征新税，寖假成为原则矣。人民受商之权，日益巩固，寖假而成为议院监督政府之权矣。议院之内，民权发展无已，卒能使选举资格普及全国。是故下议院议员，所由选之区至广，所受托之民至众，不独庶民之代表，直全国之代表也。则其权力骎骎乎驾上议院而上之者，宜耳。自一千九百十一年，议院令颁行，而后上院于财用议案，乃尽失其牵掣下院之权。其于他项议案，亦仅剩有停止否决权而已耳。

一千七百八十九年，法国诸州大会，底亚州之代表，主张凡英国众议院所获民权，历时甚久，为功甚渐者，法国直可一蹴而几焉。其后民权主义，虽屡经挫折，而其国政治学说时复称道弗衰。至现行宪法制成，其义乃大昌，一一见诸实行。瑞士与比利时二国，固甚服膺民权主义者，而其他欧洲各国，亦未始不尊重民权，特其程度不齐耳。至于美国，则凡百政权，莫非受诸人民，此其义未有疑之者也。

一千九百十一年，中国数千年来专制之羁绊忽然中断，追踪法国，肇建民主政体，足见中国人民毅然起任艰巨，不独将共立精干之政府，服从其命令已也，且将设法使国库充裕，庶政府得优尽厥职，不独使政府能维持秩序已也，且能为提倡实业振兴教育敦励民德之一大机关也。

由是言之，人民代表自应畀行政机关以相当权能，足以征税募债，以赡国用。国用足，然后政举。惟须有法定机关焉以司审计，汇呈议院察核。然又不可限制过严，使行政机关毫无裁量之余地。吾观凡人民或其议院中之代表，所不能优为之事，往往强欲自为，此殆世界各民族之通患。今集世界民主国之经验，而求一确实无疑之事可为后来之嘉训者。其惟民党不可无领袖，议院人众，书定政策，不可不借助于行政者之指导乎。夫欲提议法案，自必洞悉国家行政，与需用款项，种种个中情形而后可，此岂议员所易能者。就令议员能探闻而知，然欲决定政策，须有领袖议员，资望素崇，足以动众，融洽异见，协衷一致，而后可。此又岂易事耶？夫英吉利，非诞育议院之祖国，而辟自由政治之先河者乎。今试观其政治趋势，则内阁之权能日以增，议院建议法案之权日以让，此后进于政治者，所应取则者也。议员所务者，惟对于阁员所提出之政策，决其可否。与监督行政各部长，使对于职务上便宜行事负责任焉，如斯而已。兹所谓行政各部长者，即各该阁员之兼职耳，凡极要之议案，如增征赋税，支用国帑之类，须待阁员首先提议。而提议之后，众议院不得有所修正，只能议减原案款额而已。不宁惟是，察其迩来趋势，内阁竟能左右众议院中之议事日程。各种议案，何者应付修正，或应付辩论，及辩论若干时，胥由内阁主之，其效殊著。即为议员者，亦自以为欲代表人民优尽厥职，惟有专务慎选行政部长，评衡其政策，而使于所办职务担负责任，如斯而已，勿干预他事可耳。其在美国，政治之趋势，亦复如是。美无所谓内阁制也，故其行政与立法二大机关之间，关系不甚密切。虽然，美有政党，其规律甚善。大总统与各部长之政见，因有政党从中斡旋，遂能与国会接洽。盖国会之内，有所谓考克斯者，即多数党秘要会议之称。其领袖党员，于此大运其权能，凡国会重众议案，皆预决焉。大总统原为多数党所举，其画一政策也，恒于该党领袖商定。故立法行政二大机关，实隐相为谋。由是观之，美制固大类乎英制也，政策拟定，乃提出于考克斯，视为该党之政策，全党党员，应同协赞其成，大体既已先事布置。比至提出国会之时，程序大为简省，不过受其批难衡论。俾国人咸晓然于多数党所主张之政策，有何利弊得失而已。

　　政党制度，美人固亦不訾议之者，然深谙民主政体之性质与其需要者，谓为当然之事耳。非有政党，断难实施民主政体。夫政党者，表示民意之机关也。民意既倾向于多数党，则多数党自得用种种方法，以求实行民之所好之政策，斯亦职所应尔，夫何疑焉？且权力所在，责任随之，苟有实行民意之权力，而卒或不能善其事者，咎有攸归矣。

法国固仿行英内阁制者，然其效绩不如英国，此固政治学家之公言也。此无他，英之众议院，肯畀其领袖之在内阁者以秉政重权，而法之众议院，则未能尔也。

更有一途术焉，由之可以致行政之良效，则立法者肯自检约是已。凡立一法，只须规定其宏纲要义，而使行法者得因时因地而制其宜，盖普通律例，有时而穷，有特别命令以济之，而后法乃不可胜用，欧洲各国多采取此种办法。美国近年来始知其利用之溥，然诸州议会，仍有琐琐厘定细则，以夺行政部裁量之余地者，不智甚矣。顾时亦采仿开明办法，如群州通行商法，载各州联运货物税率，概应公平合理。至应如何乃谓公平合理，则一任行政者临事推断之也。

政党之率导，与行政之权能二者，民主政体需之孔亟，既如上述。然有充裕裁量之权能，即负法律上与政治上之责任，自不待言。凡行政官吏，无论高级属僚，非依据法律所定，不得稍有权能。倘或越权行事，不独无效，而且须受刑事上民事上之制裁。倘不立此要则，而严守之，而欲宪政之举，真无望矣。行政者虽应有裁量余地，然必以法律界之，而复严立之限，乃可。

欲实行民主政体者，则行政长官在职务上便宜行事，对于人民，非负政治上之责任，不可。此责任有直接间接之分，关于被选时所述政见之负责，乃直接也。一失众议院多数议员之协助与信任，即应辞职，则间接之责任也。

民主国之议会与政府，各有范围，今欲挈纲提领，蔽以一言，则政府发议，议会授权，政府施行，议会评问，而使政府于所施行负责任焉。

今日题义至广，而余所论至略。凡中国所当注重者，余辄不厌警切言之。顷开始演论，便道中国人自古不习于泰西所谓法治者，并未深悉强有力之政府为内政外交上所不可阙。时至今日，始觉欲外御其侮以护卫主权，需此孔殷矣。虽然，苟不兼务内政，使政制完善，官方整饬，用财有道，而欲徒借外交冀登世界列强之席，亦不可得也。中图生齿，以万万计，而其禀赋皆可以为灵秀之民，今复设建共和政体，以人民福利为惟一目的，以人民与论定施政方针，亦云盛已。然而名则共和，实多涣散，真正之政党，以利民福国为主义者，曾未一见。而上焉者率导又未得其方，恐致国力疲敝，而事属徒劳，望治虽殷，而效终莫睹，是可忧也。

夫行政之健锐，与民权之尊崇，两善兼举，本属难事。况中国地博民稠，未有经验而施新猷，其难弥甚。是惟赖夫凝盼中国擢登列强之席者，奋明达之智，励公廉之操，戮力协衷。共济宏艰耳。

（郭云观译）

录自《政治学报年刊》1916年第1期，第85—91页

论中国森林关系民生之切要

佘佛西（农商部农林顾问）

近世寰宇交通，实业发达，国际之竞争日烈。中国虽欲闭关自守，而势有所不能。盖时势所趋，人力莫御，磅礴排奡，无远弗届，宁复有此疆彼界之分。在昔铲夷部族之畦畛，于今沟通万国而为邻矣。外国货物，充牣于市廛，与华产竞售，载接载厉，其间兴衰成败，厥因颇多，兹不具论。第论林产之丰歉贵贱，实为主要原因之一无疑也。

中国之技匠佣工，酬金甚廉，而服事甚勤。然而制造之家，无论大小，纵不免处处陷于艰境，有非政府所能纾救者。独材木薪柴之阙乏，不惟可救，而且简而易举，以创始无待巨资，而出入足以相衡也。中国公地之不宜蔬谷而宜森林者，无虑亿万顷，皆荒芜不治，诚能如法垦植，定见财政收直接之功，而民生受间接之惠，此其成效，可操左券。

中国之佣工艺匠制造家商家，设其所处之境，与人无异，或虽不逮而初未至悬隔太甚者，则其所就，当拔乎其萃。盖中国人既擅才能，而其忍毅辛勤之天性，举世界人种岂惟无出其右，殆罕其俦。即其道德智识，亦复足以自立。所独阙者，犹赖政府妥为保育，使遂其生。或广拓生养之源，使得自赡。凡非人民所能独办之要务，外人与华人竞者，胥资助于其政府，中国政府，亦应仿行焉。

昔余游长江流域，参观一什器铸冶厂，主办者语余曰，厂中所需木炭，乃运自九十英里之遥，半由河渠，而半须人工肩挑。缘成炭之木，产于峻陂幽峡，辙迹难通之处，不可以车载牲负，惟有任用人力而已。物虽致则价腾，而构屋造器，又在在需木，遂使木炭之价，昂贵异常。该厂之不能扩充，与他项实业之恃薪炭者未见兴办，职是之由。夫铸业之成本，薪价实居重要部分，外国薪多价廉，中国铸品若与外国铸品竞售，自必瞠乎其后。乃该厂出品，竟与欧美所铸者竞售于离厂数英里之市焉，诸如此类，不胜枚举。吾所述者，第其一斑尔。天生绝不可少之材三，而木居一焉，或言仅二，木与铁也。当今文化固进于畴昔，然其不能离木也则一，凡百生殖利用，其自始而终，未尝资木而能成者，未之有也。今夫民生资以为用者众矣，设木与他材不得而兼，舍铁勿论，人必取木而遗他材。是故一国之中，材木不可胜用，则价贱，价贱则生殖者成本轻，而消费者得物廉。反之，材木稀贵，工业困滞，国家将无以竞存于今日，而工战日接日烈，更无以竞存于将来。

中国物产之丰，寰球殆无与伦比，顾众美虽备，非假助于木，则其用弗彰。而中国偏贫于木，可惜孰甚。国内铁道，亟宜广筑。而所用枕木及制车之木，皆须仰给于外国，其于建设桥坞，构造轮舶之木料，亦莫不然。木料购自外国，资本有限，则借外债以济之，往往出借之国，即为售木之国，展转售借，而漏卮启矣。

不借木料而能开拓中国矿源，乃绝无之事。矿柱矿坑，既大需木料，而矿物亦必运至炼制销售之处，焉有运输之具，不资于木而能成者乎？中国各处煤矿，纵能广行开采，顾中下之家，自非居近矿山，终无由同沾其益，以免薪贵之叹，凡百工业至今日尚无能完全代木之物。在美，采煤百吨，用木二吨，建筑构造之需木，更无待言。今人虽能利用他材甚多，然世界产煤及金类极富之国，终未见因此而能减木之需。铁与凝土及一切物质，亦未能使木之用稍减。而各国平均以计，用木之途，转觉有加而无已。

天产众材，其所影响之广，而其功用系于民生切且繁者，莫森林若也。森林之为用，岂若理化诸科，织筑诸艺而已哉。保存森林，直所以保存今世文化实业也。人有恒言，治林学者，必属良民，诚以林产之蕃殖利用，非治林学者之最后目的，乃所以致烝民于阜康乐利之要术耳。人又有言，观森林之盛衰，可以觇文化之隆替，虽未可徒泥其言以辞害意，然其言实具深义，颇耐玩味。试思世上苟无森林，地利必荒，木料阙乏，利用无资，则今日世界以工业立国者，何由而兴，何由而存乎？

林学大家某氏有言，森林蟠根山陂，镇固土壤，不令泥沙冲积低原，淤塞河川。凡河运灌溉水机饮用所需之水，多赖森林障卫其源，以畅其流。不然，水之用几乎息矣。分水岭际之森林，譬犹极大海绵，积雨之时，吸蓄有余之水，旱则徐泄所蓄，以润枯干，且茂荫修干遮于上，则雨势为挫。残叶断枝覆于下，则腴壤不漂，而根柢盘纡，腐草酿菌，则土质变松。故地有森林，纵未能尽弭水旱之灾，必可免罹灾之过重，至其能使坡壤不为雨水所冲溃，厥功亦伟。此尽人所知，兹略及之足矣。中国河灾之重，灾区之广，实他国所无。其山岳之陂，不植森林，一经淫雨，山水冲壤莽流入河，始而水势矫健，能挟多量泥沙以行，继入平原，水势递缓，泥沙乃坠沉河底，故流缓之处，积淤必多。而航路所经，必择流缓之处，妨碍不鲜。淤积水溢，则筑堤以遏之，时时增高，时时修补，糜帑无算，贻累靡穷，而人力终不能胜天。总之，筑堤浚泥设闸诸工程，皆属治标之术，欲谋长久万全之计，必自重整分水岭际之森林始。自来中国水灾之烈且久，皆由山无森林所致，苟不绝此祸胎，灾害正未有艾。诚能切实重整森林，不惟所入足敷所出，而且赢余之数，必有可观，他国之受此祸而卒救治有方者，前例颇多，具可征也。

若夫人工灌溉之资助于森林，地面之水因森林而改由地中行，与夫森林之能遏飞沙于内地，阻沙丘之侵岸，荫护农植，使避凛冽之冬风，以及其他种种之功用，难以枚举，兹不遑详论也。

上所推断，皆林学专家所认为科学上不刊之论，更无可疑难之余地。所仅争执者，类多无涉宏旨之处，或仅争分量之多寡，不关体要也。凡诸得失兴衰之故，纪乘所载，历历可征。古时罗马文家，亟称北美洲沃野千里，产谷极丰，罗马之民食资焉。橄榄树尤夥，其出油之多，至用瓦管衔接，导游至口岸，以便装运他处。今乃树艺大衰，考诸纪传，知今日衰况，肇于亚剌伯人攻占斯地屠戮其民之时，力田无人，树艺之事顿荒，而亚剌伯人故习于游牧，以牲畜代垦植，尽伐其地之橄榄树，纵畜践食，而坡际森林素为沃野所恃以为养者，亦渐渐摧损以尽。

当希腊全盛时代，生齿之繁，计达八百万。厥后二百年，沦为罗马属国，大都要邑所出兵士，不过数千。而栢露坦氏竟言以全希腊之力，曾不能具三千人以上之武装，抑何衰也。

上言北斐洲与希腊物产户口之衰减，旁因虽异，而要因则同。栢氏又谓希腊人民之寥落迁散，特一时之忧耳。使希腊诚能善保沃壤，则户口之蕃衍迁聚，必可计时以待，乃其人民卒衰落犹故者。以地夺森林，枯瘠湫恶，不堪居住耳。于是彼复申论森林不殖，瘴疠以生，盖樵牧无度，则森林亡，森林亡，则川流失恒，而砂土漂积于原野，夏间流息，河潦积潴，所在多有，皆为蕃育蚊蚋之所。亚果平原，昔号沃壤胜区，今沦为瘴疠之地，职是之由。且河川之口，积淤成泽，阿鲁弗里丛焉，水经秃坡，挟杂物而下，填塞湖沼之口，而湖水失其流动消长之本能。水平升降，需时甚久，降时湖缘浅处，尽为阿鲁弗里之薮矣。今日惟有哀乌尼诸岛，野茂人稠，差足借示古时希腊之一斑耳。

兹所推论，自读者观之，是否绝无异辞，在所不计。余之繁引兰载博士之言，非欲纵笔肆辩也，不过以明本论之宗旨，与森林系于国家之重，其盛其衰，影响于民族之兴替强弱存亡，至深且切也。

世界各国，林业之隳废，殆未有如中国之甚者。而家与国之蒙其祸害，亦未有如中国之显且烈者也。来华游历者，无论航行车载，结队乘舆，其旅行中之纪述，必及沿途之秃山瘠野。而觇察中国经济状况者，亦必痛论中国森林之匮乏，与民生之直接间接受其损害。此皆纪实，非过贬也。境内深地，前此交通未便，固有茂林犹存者，然不多觏。此外未有不忧木难者。而人烟稠密之处尤甚，居民觅所以替代薪木者，获之至艰，而复不利于用，无惑乎小民之生计日蹙，国内之竞存日烈也。

今者中国改建政府，今后所以扶掖国运，责在人民，而不专在少数柄政之人。然则凡足以裨庶民之生计，使有余力以从事他务，不徒图饱暖而已者，必能促政治之进行。反之，凡足以蹙生计者，必致愚黔首，使生政治上社会上之缺望，故新政府而欲协人民之欢助，非锐意增进人民之生计不为功也。

林业之废，其有碍于人民之生计健康及能力，盖不待辩而明。自榛狉之世，迄于今日，征诸各国史乘，其足以证吾言者，难以枚举也。中国穷民之居茅檐泥壁，编苇为墙者，无虑千万家。制砖之料，虽绰乎有余，然薪柴极稀，先应他项要需。故砖少烧陶，曝之而已，或虽经烧陶，而火候不足，雨时辄饱食湿气。故积雨之余，恒见贫家屋际，水汽蒸腾，屋脊以土为之，本身既重，吸水复多，泥壁为霉湿所侵，松不能支，往往栋折榱崩，而不幸之小民压焉。而污秽之水，复自湫隘街巷，流入室中，遂使凸凹不平之地，俨成群岛罗列之洲。嗟乎！人间世之穷窘湫湿龌龊之地，此为最矣。此其故，实由森林之不殖，自非重整森林，终莫解倒悬之厄也。

至于家用，需薪亦殷。或谓泥壁土阶，器用阙乏，君子居之，何陋之有？斯言似矣。顾奈有碍卫生何，而隆冬严寒，贫民衣单，无力设薪火以取暖，其苦尤甚。人有恒言，中国殆无废物，其贫民樵苏之法，奇险惊人。凡无山林之区，当秋日萧条之际，无数妇竖，匍匐相率，掘草根，耙落叶，斫枯枝，以供炉灶之用。至有烧鸟兽之粪以代薪者，夫粪乃田园所仅资以为养者，今并此而亦夺之，则农事伤而民食竭矣。薪木既阙，凡可以竭薪火之用者，中国人筹之实无微不至。如爨器薄底，睡坑埋火，煤球杂土之类是也。然前昔人民怠忽，政府废职，致令山无森林，民不聊生。纵使后人巧思百出，终莫之能救。且吝用薪柴，则蔬饭失饪，卫生不良，有亏体魄。民为邦本，本弱邦危，关系綦重。姑勿援天赋民权应享乐利之通说，致涉玄远。即切近言之，他时中国所赖以致兴盛富强者，不在内政外交之修睦，而端在今日居恶居食恶食之民也。此辈人民，饥寒交迫，朝不谋夕，乃欲望其热诚爱国。今子弟就学，能乎不能，聚不学之人，而责其表宣衷见，敷陈嘉猷，以翊赞共和，世宁有是理耶？然则倡兴中国林业者，谓林业与人民乐利有密切关系，而人民乃邦家之柱石，重整林业，自属当务之急，其言岂属奢饰不信者乎。

薪木二者，乃山林之要产。薪木不可胜用，则万物阜康，民智日启，民力有余，实业发达，技术锐进，此可想而知，不待辩而明者也。

中国夙昔林业之衰替，吾欲察其所由，而事实学说，纷糅交互，迄无定论。独中国林学家金君自著论说，所具理由，最为惬怀。金君推原中国材木之稀少，厥故有三。秦废封建，一也。国家行放任政策，二也。内乱频仍，三也。封建时世，宗室功臣分受采地，类皆广育深林，以为畋猎之地。设官司之。传所谓虞衡是也。厥后封建寖废，畋猎风替，游乐不出宫闱，于是苑囿深林，稍稍辟为陇亩，生齿日繁，垦植弥广，虞衡既废，斧斤不节，自非远鄙之地，森林鲜有存者矣，故封建废而森林亡。虽然，假使当日政府实行保育政策，森林必不至全遭斩丧，贻害亦必减轻。顾自来中国政府，事事因循，漫遂民欲，罕过问焉，自非扰害公安谋危社稷，政府未肯干涉，是所谓放任政策也。为人民者只肆眼前之私欲，不顾久远之大计。尔时不独中国人为然，外国人民亦都如是也。不过欧洲各国，封建一废，即有强有力之政府踵起，亟图保育森林，不令全遭斩丧耳。至金君所言第三原因，内讧之多，中外同辙。中国四千载来，大乱凡二十有五，小乱不可胜数，兵燹前后，材木大遭殃残。顾他国亦屡经战役，何以独不害其森林之盛？则吾人推求主要原因，不得不深归咎于放任政策实助成众恶也。

民国肇建，庶政维新，政府稍稍谋所以振兴林业保护森林，乃创林务局于京师，议定方针，以策进行，斯亦新绩之昭著者，上古以来所未有也。此其宗旨。可得而条举之。（一）取国有荒地不宜耕耘者，种植森林，以救薪木及各种林产之稀贵，纾农工庶民之艰困，而增进平民之生计焉。（二）于较要之流域，种植森林，以杜水旱之灾，而免泥沙由坡流下，淤塞河川，致阻航程，溃坏堤防，诸患。（三）依科学之方法，以处置现存之国有森林，无使戕绝。（四）证明兴办中国林业，实属获利之举，以奖劝私家投资兴办，并备私家咨询，而匡其不逮。（五）提倡林业，诞告四方，俾咸知国家需林孔亟，林业之兴衰，影响及于个人，与今后政府起衰救弊之术。（六）陶育林学人材，以备分途兴办林业，并设法奖励现有学校兼课林学，以期普及焉。

（郭云观译）

录自《政治学报年刊》1916年第1期，
第133—146页

译华盛顿会议开幕辞

谨按：民国十年十一月间，各国代表开裁减军备会议于美京华盛顿。开幕之日，美国赫定总统致辞，电播寰球，先生时任中国代表团秘书兼股长，特为迻译汉文存考。

兹获欢迎莅会代表诸君于我美利坚合众国之首都，无任荣幸之至。余所为惬慰者，敝国与诸友邦近尝协力同心从事疆场，扶持正义，同牺牲，分忧患，共胜利，使彼此邦交益以亲密，而今日复获致言于诸君之前。诸君者实多数国家民族之舌人，此其心意之所祈向，与夫发而为行为者，世界人类之祸福系焉。故此次会议关系之重要，自不俟言。会中将来议决方案，其影响于人类之进化及世界之命运，必非浅鲜。此非夸扬逾量之语，亦非蔑视其他国家之言。其他国家，虽无代表与会，固亦吾人所应加敬重者。今兹之会，其证明二十世纪文化良知之觉悟乎。所欲会议者，既非追悔既往，亦非隐忧方来，非战胜凯旋，要盟订约，亦非询谋各国，改造人寰。各国代表莅会之使命，盖将本乎烝民彝德，充类而施，期于减免彼此邦交之龃龉，如是而已。

　　敝国忝为地主，延我大宾。顾进一言曰：召集斯会，非特敝国之私愿，亦世界人类之公意，而敝国为之传达耳。盖天下苦于兵革久矣，亟图恢复元气。企望修睦，有如饥渴。而人道困苦号救，又无日不口求久安长治之保障也。夫寰宇人类之愿望，今既显而易知矣。而歆慕自由，盖诚报国，奏凯之荣曜，丰功伟烈之可喜；与夫死伤之痛，债累之重，蹂躏屠灭之惨，亦既遝迩饫闻而衡其轻重矣。敝国一昨才瘗无名美兵，举国致祭，悲悼莫名。我百兆之众，或言或默，莫不深痛启衅之无名，绝难谅恕，战费之浩繁，巧历莫计。万般牺牲，不胜举数。茹痛衔悲，不忍缕述。人类且难自解，天心其能何宥。人纵相疾，何至于此。肆欲残逞，更难姑容。如其咎由误会，则亟当涣然消释，愚事开诚布公，以善意临莅一切，庶无思不格。且吾人所靳求者，亦惟自由与公道而已。二者互需，缺一不可，而同为各国民族固有之权利。固有权利，受赋自天。人间世惨剧之多，正坐蔑视天赋。方今各国竞缮甲兵，无论为攻为卫，究属侵扰天赋人权，使不得安然享受。各国尊重天赋人权，只需彼此开诚相与，为道至简也。

　　世界经此战劫之后，而新友谊新见解新希望生焉。发挥而光大之者，吾侪之责也。举世方陷溺于债累，亟待拯救；怵于无故屠灭之惨，渴思所以减少屠灭之具；鉴既往战争代价之无可计算，而未来之军备负担方殷未艾，莫不企盼切实裁减军备，摒绝战争于公法之外。环球亿兆之众，其平时捐税，战时捐躯者，莫不愿其当轴移破坏之资，充建设之用，期于臻上理，造福人群。虽然，领袖诸贤苟不出而为之倡，芸芸民众，将安所凭借以自纾其重负，而共跻于清平安泰之域。自有战纪，以迄今日，战争之摧残惨酷，愈演愈进，而吾人素自夸诩之文化，愈趋愈低，适成一反比例。岂不哀哉。

　　敝国以大公无我之诚意，欢迎代表诸君。我美国人中心无所戒惧，无猥鄙之图，不逆亿仇敌，不蓄谋侵略，亦不畏人侵略。泰然安于所有，不忮不管。惟是欲图盛举，事资众擎，殊非一国所能独任。顾愿与代表诸君坐于协议之席，共秉良心之主张，掬诚相示，彼此和衷同济。今观察时局现状，欲施挽救，非各国同有牺牲之精神不可。牺牲云者，非谓抛弃主权，减损自由，遏阻希望，罔顾国家生存之需要也。之数端者，敝国已所不欲，不施于人。要之，国不可凌族不可并。惟冀同心同德，彼此相约减少战争之预备，多享和平之幸福耳。前途希望，胥于今兹盛会卜之。平心而论，各国需要之互异，处势之特殊，不可不加体察。苟置他国忧虞于不顾，则会议终归无成，故必先设法刈除忧虑之原因；而刈除之术，又非可以机诈从事也。每当文化濒于隆污关头，各国领袖但以诚意坦怀交相推示，则人类之受赐多矣。

夫政费用逾度，征求无艺，则人民安乐之路塞，成功之机绝，而政府终亦随与俱覆，盖势所必至也。尚有以弭兵为迂阔者乎？试思军备竞争不已，浩费重税，蠹国病民，尽是彰著确凿之事实，亦应矍然以惊矣。自昔仁人君子倡弭兵之说者，无代蔑有。惜当轴之人，类皆因循观望，鲜有听从者。降至今日，穷兵黩武，为祸之烈，空前未有。益见任欲绝无益处。独义理良知友道三者，乃当由之正路耳。

余谨代表美利坚合众国发言：敝国百兆之众，皆求军备之裁减，战争之绝迹。吾人坦然无机，不怀不义，亦信他国同怀此善意。故今日欢迎诸君，不止出自美意具有厚望，而且笃信不疑也。吾等集会于此，实为人类服役。人类之良心，自经过战劫，不啻冶于烘炉，顿觉精炼。而战后祸机环伏，弥令惕然警悟。行见以至纯至实至光荣之笔，记载人类良心之宣言。所望彼此谅解，力谋保障和平。彼此相约，减轻担负，同图上理，务期寰宇乂安。他日功成，贵国敝国之旗帜，将同增辉彩，人寰歌颂之欢声，将永彻来世，靡有既极。

（郭云观译）

录自郭云观：《法学丛论》，张祜辑录，

第 81—82 页

郭云观先生年表 [1]

姜 增

1889 年（光绪十五年）

1 月 17 日（清光绪十四年戊子十二月十六日）诞生于浙江省玉环县坎门镇。百余年前其先祖由福建惠安白崎迁来。因此，他在燕大的学生称郭云观为"福建世家"，显系与其先祖所迁之地有关。

1900 年（光绪二十六年）

受课于李荣斋先生，读《尚书》《礼记》，试作律诗。

1903 年（光绪二十九年）

就学于乐清石聘南 [2] 先生主持的玉环县中西学堂，读《周官》

---

[1] 本年表以郭云观的儿子郭思永的《郭云观先生年谱》为底本，在此基础上作了适当的增充和删修。

[2] 石聘南，乐清人。清末孙诒让初建温州府中学堂时聘任其为监学，死于任所。参见王理孚：《王理孚集》，上海社会科学院出版社 2006 年版，第 27 页。

《左传》《古文辞》，并习英文及科学。

1905 年（光绪三十一年）

2 月，入温州府城中学，补习英文。秋间，应岁试，名列前茅。未几，废科举，成为末代秀才（光绪三十一年乙巳科）。

1906 年（光绪三十二年）

春，赴沪求学，先考入上海中等商业学堂，后又转入吴淞复旦公学肄业。

1908 年（光绪三十四年）

仍在复旦公学肄业，修毕预科，升入正科，补习高等文科。

1910 年（宣统二年）

复旦公学改名复旦大学。夏，以最优等成绩毕业，由校长马相伯先生授证。是年春间，与永嘉马菊眉先生之女马智愔女士订婚。

1911 年（宣统三年）

7 月，考入天津国立北洋大学法律系。未几，武昌起义，推翻清王朝，建立民国。秋，因患病南归，在温州疗养。

1912 年

在瓯期间曾任温州中学英文教员，暑假后仍返北洋大学肄业。改名云观，字阆畴，在此以前名云衢，字明洲。

1913 年

暑期南归，9 月 4 日与马智愔女士结婚。

1915 年

患彩虹炎，视力不能辨五指，就医半载始愈。12 月，以最优等成绩毕业于北洋大学法科法律学门丙班，得法学学士学位。毕业论文《法官采证准绳》以特殊优异成绩在全国大专学校成绩展览会展出。

1916 年

岁应第一届外交官领事官考试，以最优等及第。秋，入外交部秘书处实习。

1917 年

奉令派赴驻美使馆，并入纽约哥伦比亚大学法学研究院，专攻国际法及外交学。最后因先期赴欧，未能参加毕业考试，并没有拿到学位。

1919 年

王正廷博士来纽约，代表南方政府任巴黎和会中国代表团专使。经人介绍，充任王专使秘书。春，随王专使赴欧。当时，国内南北政府对峙，中国代表团成员五人中除王正廷外均为北方人士，首席代表是北方政府的外交总长陆征祥。和会期间，日本代表密谋攫夺我国山东权益，南方政府专使首倡拒签和约，北方政府专使迫于国内人民抗议，也表示拒签。6 月 28 日下午，对德和约在凡尔赛宫签字时，中国代表团"公共决定，不往签"。拒签对德和约，是中国外交史上一次重大胜利，它为日后华盛顿会议上重新提出和解决山东问题奠定了基础。12月，偕同王专使由马赛乘船起航回国。关于巴黎和会，郭云观有《巴黎和会纪闻》一文传世，表述了他对此次大会的观感。

1920 年

原奉派在驻美大使馆学习，因表现优秀，销去"学习"字样以外交官领事官候补，并暂任北京大学法科导师，兼任外交部和约研究会会员、司法行政部法权讨论委员会委员。以法权讨论委员会委员的身份作《上海应设特别法院以代会审公廨暨外交方面应如何进行议》一文。

1921 年

调任国际联盟约法委员会委员王亮畴博士之秘书，并随王博士赴欧。秋，王博士任国际联盟第二届大会中国代表，偕赴瑞士日内瓦，任代表团专门参议。冬，又随王博士赴美京参加华盛顿会议，任中国代表团秘书处股长，并将华盛顿会议开幕辞翻译为中文。

1922 年

2月，随使节回国，就大理院推事职，并兼任朝阳大学英文民法讲席。

1925 年

因病辞大理院推事职，南归暂住温州沧河巷养病。10月 11 日，儿子郭思永出生。

1926 年

病愈，9 月应燕京大学政治系之聘，北上任教，教授法学概论、刑法等课。

1930 年

在燕京大学担任法学教授已多年，并在清华大学兼课，教授法学通论课程。秋间，燕大开设法律学系，任系主任。后又暂任燕大校长。《论陪审制度之利弊》一文在此年完成。

1932 年

司法行政部部长罗文干坚请担任司法行政部参事，5 月南下就职，并兼任司法行政部编纂室主任等职。12 月，调任上海第一特区地方法院院长，宿于愚园路。

1933 年

《中国国际私法沿革概要》一文出版，该文最先提出唐律中"化外人"条是中国国际法起源的观点。

1934 年

在上海第一特区地方法院任职期间，锐意整顿院务，廉洁奉公有政声。

1935 年

复旦大学董事会议决，授予法学博士学位。此时仍在上海第一特区地方法院院长职。组织编写了《中外条约司法部分辑览》一书，对当时涉外案件的审理助益良多。被控贪污受贿等事项，司法行政部派人调查，其结果为并无此事。

1936 年

上海各大学法律教授组织中国法律教育会，郭云观在会上发表《谈改良中国法律教育》的演说。

1937 年

仍任院长职。8 月 13 日上海抗日战争爆发，法院邻近战区，迁至威海卫路。其后，我军西撤，上海沦为孤岛，法院处境危险。

1938 年

《法学丛论》一书由其门人张祜首次辑录出版。

1940 年

数年来，坚持民族气节，团结全院人员，与敌伪斗争。敌伪投寄恐吓信，并拟采取暗杀手段，均置之不理，表现了中华民族的浩然正气。

1941 年

敌伪以炸弹袭击法院，高院院长又被绑架，他奉令兼代高院院长职。为安全计，全院人员均迁入院内办公，膳宿也均在院内。12 月 8 日，太平洋战争爆发，日军冲入租界，两院同时被占，胁迫继任院长，严词抗拒，并乘其不备，化装离院。敌伪到处搜捕无着，登报悬赏缉拿。

1942 年

因敌伪追捕甚急，2 月间化名蔡施福，由浦东登船赴宁波乡下友人家避难。

1944 年

在宁波避难两年，因病潜行来沪就医。7 月，为敌伪侦知，日宪兵头目崛江中尉率宪兵多人至其住处，拟带往宪兵司令部关押，因病重不能移动，乃令人作保候讯。

1945 年

病重暂居友人家。贫病交迫，处境又十分险恶，仍然坚持民族气节，绝不动摇。8 月 14 日晚 11 时许，忽闻日本无条件投降，惊喜欲狂。

1946 年

积极整顿院务，并将办理惩治汉奸案件的人员集中住宿虹口安国路七十六号上海高等法院宿舍，不与外界接触，与全院同仁共勉，廉洁奉公，不徇私情，惩治敌伪汉奸，伸张民族正气。秋后，应上海光华大学之聘，兼任该校法律系主任。

1947 年

春，进入中央研究院院士 150 人正式候选人名单，最终没能当选。人文组中"法律学"候选人除了郭云观，还有燕树棠、李浩培、吴经熊、王宠惠和王世杰，最终当选者为王宠惠和王世杰。"政治学"的候选人有周鲠生、萧公权、钱端升、张奚若和张忠绂，最终当选者为周鲠生、萧公权和钱端升。秋，被聘为国际调解委员会委员。

1948 年

1938 年初版之《法学丛论》一书，再出增订版。

1949 年

春，司法行政部部长谢冠生曾命令赴台任职。美国哈佛大学法律系主任庞德教授邀请赴美任教。由于有爱国报国之心，毅然拒绝去台或赴美，留在上海，坚守岗位。

1950 年

担任东吴大学法律研究所法学教授。

1953 年

大学院系调整后，因病退职在家。

1955 年

上海市人民政府曾聘请其为市文史馆馆员，因病未能到职。①

---

① 还有一说法是郭云观"自恃清高，不愿意去"。参见陈夏红：《风骨：新旧时代的政法学人》，第 142 页。

1957 年

上海市人民政府再次延聘郭云观为文史馆馆员，郭不肯接受聘书。

1959 年

上海市新成区人民检察院以郭云观在国民党政府任职为由，以反革命罪向区法院提起诉讼，在审理过程中郭云观因病保外就医。1985年11月11日判决撤销1959年刑事裁定，宣告郭云观无罪。

1961 年

卧病多年未愈，3月31日因脑溢血病逝，终年七十三岁。

图书在版编目 (CIP) 数据

郭云观论学集 / 郭云观著;姜增编 . — 北京 : 商
务印书馆, 2019
（中国近代法政文献资料丛编）
ISBN 978-7-100-17313-1

Ⅰ . ①郭… Ⅱ . ①郭… ②姜… Ⅲ . ①法学－文集
Ⅳ . ① D90-53

中国版本图书馆 CIP 数据核字（2019）第 069659 号

中国近代法政文献资料丛编

郭云观论学集

郭云观 著

姜 增 编

商 务 印 书 馆 出 版
（北京王府井大街 36 号 邮政编码 100710）
商 务 印 书 馆 发 行
江苏凤凰数码印务有限公司印刷
ISBN 978-7-100-17313-1

2019 年 9 月第 1 版 开本 880×1240 1/32
2019 年 9 月第 1 次印刷 印张 14⅜

定价：68.00 元